серия
Конкретная психология

Владимир ЛЕВИ

как
ВОСПИТЫВАТЬ РОДИТЕЛЕЙ,

или

НОВЫЙ НЕСТАНДАРТНЫЙ РЕБЕНОК

с авторскими иллюстрациями

издательство
ТОРОБОАН

Москва
2002

УДК 159.922.7
ББК 88.8
     Л36

Адрес редакции (для писем): 117588, Москва, а/я 32,
Леви Н.А., тел.: (095) 316-6370, 316-7322

Л36   **Леви В.Л.**
        Как воспитывать родителей, или
        Новый нестандартный ребенок. —
        М.: Торобоан, 2002. — 416 с.: ил. —
        (Серия «Конкретная психология»).

        ISBN 5-901226-04-6

                                    УДК 159.922.7
                                    ББК 88.8

Потерять ребенка очень легко: потерять в собственном доме...
А как уберечь, как вывести на жизненную дорогу?..
Как помочь стать счастливым?..

Книга из серии «Конкретная психология» всемирно известного
психотерапевта и писателя Владимира ЛЕВИ. Мировой
бестселлер о взрослых и детях, о понимании и любви.

Новейшее, переработанное и дополненное издание.

Главный редактор: Н. А. Леви

ISBN 5-901226-04-6   © Издательство «Торобоан», 2002
                                © В.Л. Леви, 2002

ДОБРО ПОЖАЛОВАТЬ
В ПОНИМАЮЩИЙ МИР!

Сейчас вы узнаете,
как дети делаются хорошими,
несмотря на воспитание,
и как вырасти
вместе с ребенком.

Оглавление

1. Вопрос на засыпку .8
   ЗАЧЕМ НУЖНО ДЕТСТВО?

2. Испорченный телефон 15
   О ТРУДНЫХ РОДИТЕЛЯХ

3. День защиты от предков 53
   ВЗРОСЛЫМ ДЕТЯМ: УКРОЩЕНИЕ МАНИПУЛЯТОРШИ-МАМЫ

4. Врата души 75
   КАК ГОВОРИТЬ, ЧТОБЫ ДОХОДИЛО

5. Посол рыбьей державы 113
   ОПЬЯНЕНИЕ ТРЕЗВОСТЬЮ

6. Баланс 157
   О НАКАЗАНИИ

7. Аванс 191
   О ПООЩРЕНИИ И ПОХВАЛЕ

8. Леонардо Подбитый Глаз 231
   ПОВЕСТЬ О НАСТОЯЩЕМ РЕБЕНКЕ

9. Запретный плод 281
   О ПОЛОВОМ ВОСПИТАНИИ

10. Здравология 311
    О ТЕЛЕСНОМ И ДУШЕВНОМ ЗДОРОВЬЕ РЕБЕНКА

11. Добровеpие 341
    О ВЕЛИКОЙ ЦЕННОСТИ НЕПОЛНОЦЕННОСТИ

12. Кошелек г-на Кайфа 367
    О НАРКОМАНИИ И ПРЕДНАРКОМАНИЯХ

13. Понимающий мир 387
    О ЖИЗНИ, ПРАЗДНИКЕ, СКУКЕ И СЧАСТЬЕ...

ГДЕ И ЧТО?

КАРТА КНИГИ

Почему люди не рождаются взрослыми? 11
Понять детство — значит понять человека 18
Взрослые глазами детей 22, 100, 186, 282, 388
Как отвечать на детские вопросы 27
Как родители и дети не слышат друг друга 34, 93
В какой угол поставить родителя?.. 34
Родители горячие, холодные, никакие... 42
Как предки и потомки друг друга уделывают? 46

Как стать самостоятельным при давящей маме,
как укрощать невменяемых родителей? 60
Когда и как начинать жить отдельно от предков? 69

Что такое внушение и внушаемость 77, 83
Зачем нужна недоверчивость 82
Что такое ум? 85
Почему дети не слушаются? 85, 102, 168
Почему и зачем дети упрямятся? 87, 94, 95, 97, 102
Как начинаются многие детские страхи 88
Что делать, чтобы ребенок делал, что надо? . . .30, 90, 107
Сколько лишнего мы говорим и делаем?.. 97
Когда и как настаивать, когда уступать или
достигать компромисса?.. 98
Как преодолевать упрямство обходными путями? . . .32, 99
Как развивается психоаллергия детей на родителей? . . .102
Большие опасности детского послушания 109
Почему правильное воспитание
дает неправильные результаты 114-156
Страшный вред родительских автоматизмов 161
Инструкция: как успешно вырастить из ребенка лентяя,
бестолочь, негодяя, сумасшедшего, идиота... 167
Как образумить без унижения 169

Ценные указания в области наказания 170
Почему ребенок напрашивается на наказание? 172
Что самое главное для ребенка? 173
Надежный способ привить отвращение к труду 174
Каковы показания для сурового наказания? 174
Народный способ предупреждения наркомании 175
Когда нельзя наказывать и ругать 178, 181
Как наказывать с пользой? 180
Как выстраивать настроение? 183
Что делать, если ребенок грубит и хамит 184

Как ребенок «подсаживается» на похвалу 192
Подводные камни рыночной психологии 192
Когда не надо хвалить ребенка? 198
Кого и когда хвалить можно и нужно? 201
Как хвалить за то, чего нет, чтобы появилось? ...204, 208
Как правильно хвалить ребенка при заикании? 205
Что делать и говорить при разных навязчивостях? ...206
Правильная тактика при ночном недержании 206
Как вести себя при онанизме ребенка 206, 290
Как помочь справиться с детскими страхами 207
Что такое опережающее одобрение? 210, 212
Поздравление с первой двойкой 211
Два важнейших мгновения для целебного одобрения ...211
Почему ребенок время от времени портится? 212
Как хвалить не хваля 214
Как и зачем просить у ребенка совета и помощи? 216
Похвала как спасение 217
Как не дать переесть похвалы 217
Как общаться с инвалидами и неисправимыми ...217, 342
Как обращаться со способными детьми? 218
Как быть со слишком самолюбивыми? 219
Несовместимость любви с оценкой 223
Как найти потерянный общий язык с подростком 226
Как и зачем вспоминать свое детство 228

Как не надо врать о любви и сексе 286-288
Как ограничить преждевременный интерес к сексу 292
К чему приводят половые репрессии 294-295
Если ребенок подвергся сексуальному покушению 296
Как быть при нестандартной половой ориентации 298
Инструкция по неупотреблению мата 301
Что делать, если ребенок влюбился 305

Смертельные опасности скуки 312, 392
Как не надо кормить ребенка 315-321
Если девочка толстая 319
Режим без нажима 322
Не мешать выздоравливать .323
Детский сад: как помочь ребенку 325
Дети садовские и несадовские 333
Заповеди закалки 335

Что делать, если ребенку трудно общаться 342-345
Как себя вести, если диагноз страшен 344-348
Воззвание к неудачнику 350
Несчастье как средство счастья 352
Есть ли надежда у даунят? .355
Как себя вести с умственно отсталым ребенком 358

Что делать при подозрении на начало наркомании 368
Как предупредить наркоманию 372-379
Что делать, если наркомания уже началась 382-384

Как вместе сделать интересной жизнь и учебу? 396
Как бьют по ребенку войны родителей 403

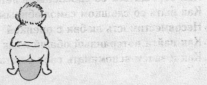

ВОПРОС НА ЗАСЫПКУ

Зачем нужно детство

Дураков среди детей не больше,
чем среди взрослых.

Януш Корчак

*Н*е у всех есть дети, но у всех есть родители — или были, где-то и как-то были... Не всем дано повзрослеть, но каждый рожденный был и остается ребенком — где-то и как-то...

Я начинал эту книгу как психологическое пособие для родителей и сперва назвал «Нестандартный Ребенок».

Детский сад — прямо напротив моего окна — жил своей громкой жизнью у меня в комнате. Я их, чуть приподняв голову, видел — оглушительно чирикающих, гикающих, победно визжащих, одетых заботливо и нелепо.

Шквальные брызги их голосов сообщали моей голове одурелую ясность; а когда внезапным штилем смолкали — ухо сразу попадало в проходной гроб переулка, и от жирных шумов коммунальной квартиры спасения уже не было... Весенний прибой жизни, галдящее неподвластие, воплощенное расхождение желаемого с действительным...

Шли годы практики, годы жизни... Книга, как человек, оставаясь собой, росла и менялась, и уже к третьему изданию (а всего их было на русском языке шесть, это седьмое) я понял, что это и книга для детей — о родителях.

В семьях, куда приходил «Нестандартный...», дети, вырастая и становясь мамами и папами, а своих родителей делая бабушками и дедушками, относились к этой книге уже как к двойному пособию. А некоторые продвинутые домашние психологи читали ее уже лет с восьми-девяти и применяли вовсю. Они-то и подсказали мне, наконец, самое правильное, объединяющее название:

КАК ВОСПИТЫВАТЬ РОДИТЕЛЕЙ, ну конечно!

Для курицы и яйца, вместе взятых.

Привычное словосочетание «воспитываю ребенка», если разобраться, — нелепо: ребенок, которого «воспитывают», все время скрывается под завесой времени, а цель воспитания — сделать из него взрослого, сделать родителя!

...Я живу теперь подальше от центра, в «спальнике». Под боком парковый лес. Окрестных детсадовцев выводят сюда на прогулки. Вот и опять — не успел присесть на скамеечку и поздороваться с весенней землей, как на поляну высыпал шум и гам, косички, колготки, розовеющие щеки, присохшие сопли...

«В войну! — Маринка! — Ну-тебя-Игоряха! — Та-таам!..»
«Строиться парами! Сейчас уйдете из леса! Морозов, тебе что, особое приглашение? Где твоя пара? Еще одно замечание, и все уйдете из леса!»

Морозова заталкивают в строй. Еще окрик, неохотное равнение, все стихает. И куда-то ведут их мимо припудренных зеленью берез, мимо вспышек первых одуванчиков, мимо меня... Ловлю лица: у девочек сердито-серьезные, знающие — кто-то виноват. У мальчишек туповато-угрюмые... Смотрю на воспитательницу — миловидные черты с легкой помятостью; наверное, сама молодая мать; в переносье какая-то тупая просоночная боль: да, кто-то виноват перед ней еще со вчерашнего вечера, и адресует она свой раненый взгляд в сторону вон тех серых громад...

На закате, если глядеть отсюда, дома эти кажутся домнами, в которых плавятся сработанные шлаки бытия. Наверное, где-то там она и живет, и в какой-то из клетушек расплавилось ее настроение...

Мальчишка из последней пары, видно, что-то почувствовал, рассеянно отделился и подошел ко мне.

— Дядя, что это у вас — шкура?

— Это шарф.

— А он мягкий?

— Мягкий.

— Правда, мягкий. Нате вам витаминку, — сует мне в руку желтую горошину и бегом: оттуда уже крик...

Жизнь врасплох или зачем нужно детство?

Этот первый год, эти несколько пеленочных месяцев кажутся вечностью. Так будет всегда: купать, стирать, пеленать, вставать ночью, болезни, диатезы, бутылочки — бесконечно!.. И вдруг — встал и пошел, пошел... «Гу, а-гу» — и заговорил!.. Эти первые пять-семь лет, кажется, никогда не кончатся: маленький, все еще маленький, совсем глупый, забавный, чудесный, несносный, и сколько нервов требуется, сколько терпения...

Детский сад, он всегда будет ходить в детский сад, дошкольник, он всегда будет только наивным дошкольником. И болеет, опять болеет...

Эти школьные годы сначала тоже страшно медлительны: первый, второй, третий... седьмой...

Все равно маленький, все равно глупый и неумелый, беспомощный, не соображает... И вдруг: глядит сверху вниз, разговаривает тоном умственного превосходства. Отчаянный рывок жизни, непостижимое ускорение. Врасплох, все врасплох!.. Успеваем стареть, но не успеваем взрослеть. *Кто же внушил нам эту детскую мысль, будто к жизни можно успеть подготовиться?..*

Почему бы нам не рождаться взрослыми сразу?

Из вечности в вечность. Что происходит в полном жизненном цикле, хорошо видится в сопоставлении. За девять утробных месяцев успеваем пробежать путь развития, равноценный миллиарду лет эволюции.

Разница в год между новорожденным и годовалым безмерна, кажется, что это создания по меньшей мере из разных эпох. Двухлетний и годовалый — тоже еще совершенно различные существа, трудно представить, что это практически ровесники...

Двух- и трехлетний уже гораздо ближе друг к другу, но все-таки если один еще полуобезьянка, то другой уже приближается к первобытному дикарю.

Та же разница делается почти незаметной между четырех- и пятилетним, пяти- и шести-, опять ощущается между шестью и семью или семью и восемью, опять скоро сглаживается, чтобы снова дать о себе знать у мальчиков с 13 до 17, у девочек — с 11 до 15, и окончательно уравнивается где-то у порога двадцатилетия.

Разница в десять лет. 0 и 10, 1 и 11 — разные вселенные, другого сравнения не подберешь. 10 и 20 — разные планеты. 20 и 30 — разные страны. 30 и 40 — уже соседи, хотя один может полагать, что другой находится за линией горизонта. 40 и 50 — мужчины почти ровесники, между женщинами пролегает климактерический перевал. 50 и 60 — кто кого старше, уже вопрос. Семидесятилетний может оказаться моложе.

Так, стартуя в разное время, мы догоняем друг друга. Перелет из вечности в вечность.

На пути этом мы превращаемся в существа, похожие на себя прежних меньше, чем бабочки на гусениц, чем деревья на семена. Перевоплощения, не охватимые памятью, не умещающиеся в сознании. Таинственное Что-то, меняющее облики, — душа человеческая — «Я» в полном объеме...

Наука доказывает, что мой прадедушка в степени «эн» молился деревьям — могу поверить, ибо и сам в детстве доверял личные тайны знакомым соснам.

Наука подозревает, что он к тому же еще и был людоедом, и вот в это верить не хочется. Трудно представить, что прабабушка Игрек жила на деревьях и имела большой волосатый хвост, что прадедушка Икс был морской рыбой и дышал жабрами...

Зачем нужно детство? Великий поход в Зачем-то — великий возврат. Как прибойная волна, жизнь снова и снова откатывается вспять, к изначальности, повторяется, но по-другому...

В цветах, почках и семенах прячутся первоистоки: жизнь происходит, жизнь не перестает начинаться. В мире есть детство, потому что Земля оборачивается вокруг Солнца, потому что есть времена года, приливы, отливы. Детство повторит все, но по-другому.

Каждое семечко, каждая икринка несет в себе книгу Эволюции. И когда в молниеподобном разряде устремляются навстречу друг дружке две половинки человеческого существа — выжить, сбыться, — повторяется тот самый первый вселенский миг зарождения жизни, повторяется, но по-другому...

О Великом Возврате говорят нам и кисть художника, и рифма, и музыка; о Великом Возврате — все песни любви. Мало кто отдает себе отчет, что всякий раз, засыпая, возвращается в глубокое младенчество и еще дальше — в эмбриональность, за грань рождения.

Наши сновидения, с мышечными подергиваниями и движениями глаз, с изменением биотоков, — не что иное, как продолжение той таинственной внутриутробной гимнастики, которая с некоторой поры начинает ощущаться матерью как *шевеление*. Возврат в то священно-беспомощное состояние, когда мы были еще ближе к растениям, чем к животным... Утомление, болезнь, травма — все жизненные кризисы, физические и духовные, возвращают нас к нашим корням...

Соединение времен — великое чудо жизни. Вчерашнее принимает облик сегодняшнего, самое древнее становится самым юным. Половые клетки, средоточие прожитого — средоточие будущего.

Выход из материнского чрева эволюционно равнозначен выходу наших предков из моря на сушу; каждый новорожденный — первооткрыватель земновоздушной эры, предкосмический пионер.

Миллиард лет позади — и вот первый крик...

Скольких я видел вас?.. Скольких старался понять, пытался лечить? Со сколькими подружился? Давно сбился со счета... Иногда кажется, что всю жизнь помогаю одному-единственному ребенку, в неисчислимых ликах.

Может быть, это всего лишь я сам?..

ИСПОРЧЕННЫЙ ТЕЛЕФОН

2

о трудных родителях

«Сердитые родители». Рисовала Маша Леви, 5-ти лет

Единственная моя ошибка: подозреваю родителей
в способности мыслить...

Януш Корчак

*М*ягкий свет настольной лампы, стеллажи, книги, рукописи: домашний кабинет д-ра Э., психотерапевта, автора нескольких книг. Э. сидит за столом, явно нервничая, беспокойно поглядывает на телефон, на часы. В кресле, в свободной позе — представитель общедоступного журнала «Чихатель» журналист С.

— Включен?.. Проверьте уровень записи.

— Раз-два, раз-два... Проверка... Ролевой тренинг врачей-психологов, игровой сеанс. Сколько сейчас времени? Телефон работает? Перематываю...

«...Увидеть себя, вжившись в другого, увидеть другого, вжившись в себя...» Это кусок старой записи, оставляем?.. Нет, вы лучше сюда, а микрофон отодвиньте...

Понять детство, понять человека

С. Прошу вас, доктор, раскованнее, непринужденнее... Расслабьтесь по вашему методу, забудьте, что это интервью. Представьте, что мы просто беседуем, совершенно неофициально, расправьте плечи... Представьте, что я выключил магнитофон...

Э. Мне хорошо, я спокоен...

С. Вот-вот, прекрасно. Итак, вы ежедневно принимаете больных...

Э. Не только больных.

С. Ну, скажем, людей, просто людей. Лечите их...

Э. Не только лечу.

С. Изучаете...

Э. Подвергаюсь изучению.

С. Включаетесь в разные судьбы, в разные ситуации...

Э. Очень разные.

С. Потом про все это пишете...

Э. Не про все.

С. Про самое главное, самое нужное, интересное...

Э. Не про самое.

С. Понимаю, самое интересное всегда впереди... Не для печати, позвольте полюбопытствовать: сами вы, при такой занятости, успеваете ли жить личной жизнью, воспитывать детей?

Э. Видите ли... (*Телефонный звонок.*) **Извините... Алло. А, привет. Извини, пожалуйста, я... Да понимаешь, тут у меня... Нет, лучше завтра... Нет, никак... До завтра.** (*Отбой.*) **Видите ли...**

С. Вижу. (*Оба смеются.*) Ну, а читать?

Э. Смотря что. За текущей литературой не поспеваю, а вот, например, с этой книгой стараюсь не расставаться — Януш Корчак, «Как любить ребенка». И вот, его же, — Януш Корчак, «Избранные педагогические произведения». Читали?

С. Увы...

Э. Ну, а кто такой сам Корчак, конечно, знаете?

С. Педагог...

Э. Врач прежде всего. В равной мере и воспитатель, психолог, исследователь, писатель и более того... Прилагательные типа «выдающийся», «крупный», «великий» сознательно опускаю. Писал на польском, но общечеловеческая драгоценность... Пережил Первую мировую — «Как любить ребенка» писал в окопе. Не дожил до конца Второй...

С. Знаю. Погиб в газовой камере.

Э. Вместе с воспитанниками. Мог бы этого избежать, но не захотел оставить своих детей...

С. Да... И это ваш...

Э. Кумира не творю. Он живой, понимаете?

И не потому, что сказал все или все правильно сказал, нет, не все, хотя и сказанное невместимо...

Понять детство — значит понять человека, вот это простое он разглядел как никто другой. Вжился, постиг детство в тысячах подробностей, отклонений, оттенков.

И он — он же! — признал, да что там признал — кричал, что не знает ребенка!..

Простите, я, кажется, вынуждаю вас поменяться со мной ролями. У вас дети есть?

С. Да. А что?

Э. Вы их знаете?

С. Я?!

Э. (Смотрит на часы.) **Сейчас нас прервут. Вот что я хотел вам сказать. Понимаете, никакая книга...** (Телефонный звонок. Смотрит на аппарат. Звонок повторяется.) **не помогает. Не помогает...**

С. Не совсем понял...

Э. Сейчас поймете. (Берет трубку.) **Да. Добрый вечер, Вита Витальевна. Да, да, конечно... Опять то же самое? Я так и предполагал... Но ведь я же вам объяснял... Я просил учесть... Нет, этого я не говорил, минуточку... Я хотел сказать... Хорошо, я слушаю.**

(Из трубки слышится хорошо поставленный женский голос: «Опять ни черта не делает, шляется неизвестно где... Грубит, врет...») **Слышите?** (Прикрывает рукой микрофон.)

С. Это ваша пациентка?

Э. Вита Витальевна. Пациентка, дочь пациентов, жена пациента, мать пациентов... И читательница, и Корчака держит на полке... (Из трубки: «Просто кошмар какой-то... Вся ваша психология...»)

С. Что-то случилось, какое-нибудь несчастье?

Э. Ничего сверх обычного, многолетняя ситуация...

Вита означает «жизнь», обратите внимание, Вита Витальевна: высокая блондинка, еще нестарая, обаятельная... Диалога сейчас не требуется, она должна разрядиться. (В трубку — мягко, сочувственно.) **Да, понимаю... Да, конечно...** (Собеседнику.) **Да, книги... Теперь понятно?**

С. Признаться, не очень.

Э. Ну как же... Вот, слышите? (*Из трубки: «Сумасшедший дом... Никаких сил не хватает... Опять в два часа ночи...»*)

С. (Покрутив у виска.) Исключительный случай?

Э. Вполне ординарный. (*Из трубки: «А ему хоть бы что... Свинья!»*) **Вот, стало быть, каково положение: как раз тем, кому наши книги нужнее всех, — тем меньше всех и помогают, даже если читаются...**

(*В трубку.*) **Да, да-а... Неужели, подумать только...**

С. Но позвольте — нет, не могу с вами согласиться... Один случай — не доказательство, вы поддались настроению. Как же можете вы, человек пишущий, отрицать смысл вашей работы? Хорошие книги, настоящие книги...

Э. Не отрицаю, не отрицаю. Огромное воздействие, воспитывают, развивают, открывают миры...

(*Из трубки слышится звон посуды, неразборчивые восклицания. Трубка вибрирует.*)

Одну секунду, кажется, начинается... (*В трубку — громко и вдохновенно.*) **Да! Совершенно верно! Вот в том-то и дело! Именно!** (*Еще несколько вскриков и междометий, откидывается в изнеможении.*) **Ну вот и все. На сегодня все...**

С. Оригинальная методика. У вас железные нервы.

Э. (*Прикладывая палец к губам.*) **Тс-с... Тише. Вита Витальевна, вы меня слышите?** (*Передает трубку С.*) **Тишина.**

Прозвучала обработанная магнитозапись.

Роль доктора Э. исполнял Д.С. Кстонов, роль журналиста — В. Л., роль Виты Витальевны — Вита Витальевна.

Доктор Кстонов

Тем, кто не успел прочитать «Искусство быть другим» (ИБД), позвольте представить заново: доктор Кстонов Дмитрий Сергеевич, мой коллега, друг и соавтор. Привожу небольшую автоцитату с попыткой портрета.

«*...Внешний облик Д.С. отличается необычайной обыкновенностью: это невысокий, долговязый, сухощавый, крайне толстый мужчина с могучими узкими плечами, весьма сутулый шатен, стройный, как тросточка, с густой шапкой прилизанных, черных, как смоль, курчавых белокурых волос на совершенно лысом черепе.*

Его курносый профиль, похожий на молодой месяц, напоминает Данте, а узкоскулый монгольский фас, подобно солнцу, зашедшему за тучу, то и дело сурово улыбается. Кожа то бледная, но гладкая, то морщинистая, но румяная... Непредставительный мальчикообразный мужчина. Расхаживает, раскачиваясь (не любит сидеть), остановился в зеркале, сутуло утонул в халате. Пошел опять, распрямился... Затылок топориком, шея тоненькая, полупрозрачная; вместо лица — повернулся, идет на меня — плоскенькая, сухая, наспех сделанная рамка для глаз неопределенного цвета, зависимого от освещения; глаза, пожалуй, слегка пульсирующие...

И еще деталька: почему-то пахнет сосной, может быть, такой одеколон. Пока этот марсианский цыпленок ходит по кабинету, рамка свежеет, рост и ширина спины увеличиваются, из тенорка выплывает упругий выпуклый баритон и развивается в сочный солнечный бас, тусклый шатен вызревает в брюнета...»

С тех пор доктор нисколько не изменился, то есть продолжал изменяться во все стороны, и постарел, и помолодел. Поскольку ни одна из фотографий не может хотя бы

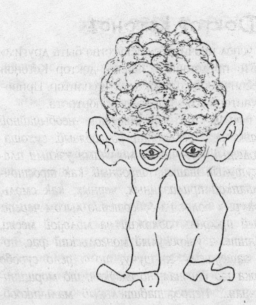

отдалённо передать облик Д.С., представляю на этом развороте для ориентировки читателей два своих карандашных наброска. Все говорят, что очень похоже...

Доктор Кстонов по-прежнему занимается индивидуальной и групповой психотерапией. Ведёт психологический клуб «Пятачок». Клуб этот посещаю и я со своим семейством. Приём по очереди ведём в одном кабинете.

И вот что знаменательно: когда мы начинали, ребёнком оказывался приблизительно каждый пятый из принимаемых. Теперь — примерно каждый второй или даже первый. В каждом втором-третьем письме чьи-нибудь мама или папа бьют тревогу: не такое растёт дитя, что-нибудь да не так...

Дети тоже читают нас, а иногда пишут письма и жалуются на родителей, на себя и на жизнь.

Дети о взрослых

из записей Д.С.

В сравнении с тем, как обычно многословны родители в рассказах о детях и о себе, дети — великие молчальники. И не потому, что им нечего рассказать. Потому что некому.

— Ты маму любишь?
— Угу. (Раз в день люблю, пять раз не люблю.)

Перед ликом врача младшие трепещут, средние смущаются, старшие замыкаются.

Как докажешь, что ты не в сговоре? Ответствуют, как приличествует. Иногда почти искренне...

Узнать, как ребенок относится к взрослым, можно отчасти по его поведению, глазам и осанке, отчасти по играм, рисункам, тестам и прочим косвенным проявлениям, но только отчасти. Кое-какую информацию можно было бы почерпнуть, имей мы незримый доступ к детским компаниям; но даже если бы наша познавательная техника и шагнула столь далеко, мы, боюсь, оказались бы в научном смысле разочарованными.

В том, что касается отношений со взрослыми, с родителями особенно, дети не часто откровенничают и между собой. Нужно еще поверить в свое право не то чтобы говорить правду, но хотя бы думать о ней.

Гоша, 5 лет.

— Моя бабушка добрая. Но она не умеет быть доброй.
— Не умеет?
— Нет.
— А как же?
— Она кричит.
— Кричит?.. И добрые кричат. И ты тоже иногда, а?

— Когда я кричу, я злой. А бабушка все время кричит.
— А откуда ты знаешь, что она добрая?
— Мама говорит.
(Страхи, капризы.)

Даня, 7 лет.

— Моя мама очень хорошая и очень скучная. А мой папа очень интересный и очень плохой.
— А что в нем... интересного?
— Он большой, сильный. Он умеет... *(Перечисление.)* Он знает... *(Перечисление.)*
— И ты, наверное, хочешь быть хорошим, как мама, и интересным, как папа?
— Нет. Я хочу быть невидимкой. Хочу быть никаким.
(Ночное недержание, повышенная возбудимость. Родители в разводе. Мать из «давящих», у отца периодические запои.)

Даша, 11 лет.

— Папу я очень люблю. У меня другой папа был, но это неважно. Папа замечательный, я его очень...
— И маму, конечно.
— И маму... Только она не дает.
— Чего не дает?
— Она мешает... Ну, не дает себя любить. Вот как-то толкается глазами. Будто говорит, что я ее не люблю.
(Глубокий внутренний конфликт на почве неосознанной ревности, депрессия.)

Дима, 12 лет.

— Стук слышу — папа входит — все, не соображаю, и сразу вот здесь что-то сжимается... Раздевается... Шаркает, сопит... Еще не знаю, в чем виноват, но в чем-то виноват, это уж точно...

Времени уже вон сколько, а за уроки не брался, в комнате бардак, ведро не вынес, лампу разбил мячом, ковер залил чернилами... А откуда я знал, что мячик туда отскочит!..

(Хорошо развит, спортивен, однако невроз с расстройствами внутренних органов. Родители — сторонники наказаний.)

Оксана, 13 лет.

— Они у меня чудесные, самые-самые... Я еще в восемь лет решила, что, когда они умрут, я тоже умру... Они меня не знают, я рассказывать не умею, а они сразу говорят, хорошо или плохо, правильно или неправильно... Они умные, добрые, я такой никогда не стану. А теперь я хочу умереть, больше не могу их любить...

(Кризисное состояние. Родители — педагоги.)

Саша, 14 лет.

— Когда я дома, они говорят, что я им мешаю жить. А что я им делаю?.. Музыку включаю... Ракету сделал один раз из расчески, немного повоняло... Ухожу, стараюсь не приходить подольше. Возвращаюсь: опять шляешься, ни фига не делаешь, нарочно заставляешь волноваться, мешаешь жить!.. Котенка принес — тоже им плохо, не нравится, как пахнет... Ну я им и сказал один раз.

— ...

— Ну, что не надо было меня рожать.

(Нежелание учиться, склонность ко лжи и мелкому воровству. Подвижен, сообразителен. Родители без юмора, между собою не ладят.)

Марина, 18 лет.

— Вчера я им в первый раз сказала, что больше не могу есть яйца всмятку. Они уже двадцать лет подряд едят яйца всмятку, каждое утро, ни разу не пропускали...

Взрослые не умнее, они тухлее
письмо с ответом Д.С.

Здравствуйте, Дмитрий Сергеевич. Моя подруга Галка и я учимся в 7-м классе, сидим за одной партой. Я тоже Галка. Учимся не так плохо, как могли бы. А вчера первый раз в жизни задумались и спросили друг дружку, почему нам не хочется учиться.

Я сказала: «Я бы, может, и захотела, если б знала, что дальше будет. Мама все мне твердит в упрек, что была отличницей и много читала. Она и сейчас любит читать, только времени не хватает. А работает в какой-то конторе, денег мало, болеет много. Жить ей не нравится, жить не умеет, сама говорит. Зачем было отлично учиться, а теперь заставлять меня? Не понимаю». Галка сказала: «Да взрослые вообще глупые, ты что, не поняла еще? Хотят, чтобы и мы были такими же. Мы и будем такими же». Я говорю: «Не, я не буду». — «Будешь, куда ты денешься. Вот увидишь». — «А я не хочу. Я не буду». — «Ха-ха. Заставят». — «Никто меня не заставит». — «Ха-ха. Ты уже и так дура порядочная». — «А ты?» — «И я тоже. Только я уже понимаю, что я дура, а ты еще нет. Потому что ты дура круглая». — «А ты квадратная». Разругались, в общем. А сейчас я думаю: может, Галка права? Маленькой я была наивной, но ум свой какой-то у меня был, точно помню. А сейчас поглупела, правда. Потому что жить меня заставляют чужим умом, а не своим. Теперь я знаю, что взрослые не умнее детей, они только взрослее. И не взрослее даже, а просто больше и как-то тухлее, что ли. Скажите, пожалуйста, можно ли поумнеть? И зачем? Вот главное.

Здравствуй, Галка, есть от чего в этой жизни поглупеть и протухнуть, в этом вы с Галкой правы, один телик чего стоит или компьютерные игрушки. А можно ли поумнеть (и нужно ли), над этим всю жизнь ломаю голову. И всегда кажется, что задумался первый раз в жизни. Хорошо учиться, по-моему, необязательно, но если не вредит здоровью, то почему бы и нет?.. Что менее глупо — учиться хорошо, учиться плохо, вообще не учиться?.. Ответа у меня пока нет, думаю. А раз нет ответа, приходится выбирать какую-то из глупостей и считать эту глупость своим умом. И вообще, ум кажется мне разнообразием глупостей. Короче, давай пытаться умнеть дальше вместе, договорились?.. *Д. С.*

...Наши материалы: отрывки из дневников Д.С. и моих, записи бесед и встреч, письма... Соединить все в одно целое оказалось, признаюсь, головоломкой не из простых. Когда принимаешь или пишешь письмо — что ни человек, то особый мир. В какой-то момент требуется рецепт, в какой-то — шутка, сказка, молчание...

Вот еще один вид письменного сообщения, который мы с Д.С. приняли для себя и наших читателей. Близкие синонимы: узелки на память, NB (нота бене, заметь хорошо), мысли на полях, незабудки...

...Есть такое слово — «кредит». Того же корня и «кредо» — верю. Кредит — нечто, данное на веру, на доверие, но с отдачей. Ребенок приходит в мир с кредитом доверия. Этот кредит отдается взрослым и прежде всего родителям. Если бы этот кредит был бесконечным...И если бы взрослые умели не только тратить его, но и возвращать и приумножать...

ТРУДНЫЕ РОДИТЕЛИ

*П*озавчера на «Пятачке» был игровой день цикла «Трудные Родители». Было нас 27 человек, в том числе пять бабушек, два дедушки и три семейства с детьми-подростками, в обязанности коих при участии в играх входило переставлять стулья и следить за порядком.

В игровой актив входили также:

Дана Р. (Завсвободой, странная должность), Антуан Н. (Черный Критик), Кронид Хускивадзе (Завпамятью), Наташа Осипова и я — Переводческое Жюри.

Д.С., как обычно, в начальство не выдвигался и играл в основном Ребенка, что при его «всякой» (при желании) внешности выходит естественно.

Сначала, разминки ради, минут семь поиграли в любимый наш Детский Сад — все превратились в детей и делали что хотели, а настоящие дети пытались быть нашими воспитателями. Обошлось благопристойно: разбили лампочку, слегка помяли два стула, у вашего покорного слуги изъяли небольшой кусок бороды, в остальном без человеческих жертв.

Дальше — «психоаналитические этюды».

«ВСЕ МЫ НЕМНОЖКО БАБУШКИ»

ПСИХОЛОГЕМА ИЗ СЕРИИ «ЖИЗНЬ ВРАСПЛОХ»

За обеденным столом пятилетний Антон, он же Сын и Внук; Папа, он же Зять; Бабушка, она же Теща.

Антон плохо ест, играет вилкой; Бабушка сердится, требует, чтобы Антон ел как следует.

Папа слушает и ест.

Вдруг Сын спрашивает:

— Папа, а почему Бабушка такая скучная и ворчливая?

Бабушка, напряженно улыбаясь, смотрит на Папу. Что он ответит?.. Этюд разыгрывался повторно: импровизируя, роль Папы поочередно играли семь человек (три женщины, четверо мужчин). Вариантов получилось много, привожу восемь.

1. «На страже авторитета».

— Вынь вилку из носа и не болтай глупости. («А завтра ты спросишь у Мамы, почему Папа такой чудак?»)

Бабушка удовлетворена, Антон абстрагируется.

2. «Жизнь реальна, жизнь сурова».

— Вот станешь таким же — узнаешь.

Антон не удовлетворен. Бабушка плачет.

3. «На войне как на войне».

— Спроси у Бабушки сам.

Бабушка швыряет в Папу тарелку, Антон смущен.

4. «Промежуточный ход».

— А посмотри, Антошенька, какая пти-ичка летит.. *(Сладким тоном и одновременно беря за ухо.)*

Бабушка сдержанно торжествует, Антон ловит кайф.

5. «И волки сыты и овцы целы».

— Это тебе кажется, Антоша, а почему кажется, я тебе потом объясню. *(Подмигивая, с обаятельной улыбкой.)*

Неудовлетворенность Бабушки, презрение Антона.

6. «Меры приняты».

— Это тебе кажется, Антоша, а почему кажется, я тебе сейчас объясню. *(Подмигивая Бабушке и снимая ремень.)*

Бабушка бросается на защиту внука.

7. «На тормозах».

— *(Мягко, вкрадчиво-отрешенно.)* Видишь ли, сынок, исходя из принципа относительности, а также имея в виду проблему психофизического параллелизма, все бабушки немножко ворчат и немножко скучные, а также все мы немножко бабушки, немножко скучные и немножко ворчим. Вот я сейчас на тебя и поворчу немножко за то, что ты задал мне такой скучный вопросик. Когда мне было пять лет и у меня была бабушка, я никогда не задавал своему папе таких ворчливых вопросиков, потому что у папы был большой-пребольшой ремешок..

Бабушка и Антон впадают в гипнотическое состояние.

Еще варианты — Папа грустно смеется; Папа весело молчит; Папа поет «В траве сидел кузнечик»; Папа включает радио, а тут как раз передача «Взрослым о детях», и т. д. до бесконечности...

Последовал разбор, комментарии. По поводу каждой из сценок, как выяснилось, можно написать целый трактат: о том, как Папа относится к Сыну, к Бабушке, к самому себе; какие у него ценности, идеалы, взгляды на воспитание, как воспитывали его самого; насколько культурен, интеллигентен, находчив; насколько способен чувствовать и понимать окружающих; здоров ли психически; может ли уравновесить интересы свои и чужие...

8. Вариант «Доктор».

— Понимаешь, Антоша (заговорщически), человек становится скучным оттого, что с ним не играют. От этого и ворчливый делается, что скучно и не играют с ним. Ты согласен?.. Ты ведь тоже скучный и ворчливый, когда я с тобой не играю, так? («Угу...») Ну вот, а если будешь с Бабушкой играть побольше и притом иногда слушаться, увидишь, она станет веселой-веселой, правда, Анна Петровна?.. *(Бабушка растерянно кивает.)* А вилку (еще более заговорщически) я бы на твоем месте из носа вынул. И навсегда, понимаешь?.. На всю жизнь.

КАК НЕ ПОЛАДИЛИ ПРЯНИК и АПЕЛЬСИН

Антона сыграл Д.С., Бабушку — Дана Р.

За обеденным столом все те же Антон и Бабушка. Антон задумчиво грызет пряник.

Бабушка *(ласково, заботливо):* — Антоша, оставь пряник, он черствый. На, съешь лучше апельсин. Смотри, какой красивый! Я тебе очищу..

Антон *(вяло):* — Не хочу апельсин.

Бабушка *(убежденно):* — Антон, апельсины надо есть! В них витамин цэ.

Антон *(убежденно):* — Не хочу витамин цэ.

Бабушка: — Но почему же, Антон? Ведь это же очень полезно.

Антон *(проникновенно):* — А я не хочу полезно.

Бабушка *(категорически):* — Надо слушаться!

Антон *(с печальной усмешкой):* — А я не буду.

Бабушка *(возмущенно обращаясь в пространство):* — Вот и говори с ним. Избаловали детей. Антон, как тебе не стыдно?!

Антон *(примирительно):* — Иди ты знаешь куда..

Кто есть ПНО
комментарий Д.С.

Д.С. Довольно простой пример ситуации «Столкновение Двух Слепцов». И Бабушка, и Антон ведут себя так, словно и не догадываются о существовании Мира Другого. Они и на самом деле в данном конкретном случае не догадываются, что перед каждым из них находится ПНО — Психологически Неопознанный Объект, а вернее, субъект...

Бабушка исходит по меньшей мере из Пяти неосознанных предпосылок:

- ☞ *Антон так же, как и Бабушка, придает большое значение вопросам питания;*
- ☞ *знает, что такое витамин цэ;*
- ☞ *так же, как и она, Бабушка, понимает слово «полезно»;*
- ☞ *способен отказываться от своих желаний и принимать не свои желания за свои;*
- ☞ *доступен влиянию авторитетов — медицинских и прочих.*

Понимает ли Бабушка, что перед нею ребенок? Да, конечно, она заботится о нем, воспитывает его, пытаясь внушить, что необходимо слушаться... Но обращается ли Бабушка к конкретному ребенку, который перед нею сидит, к Антону, каков он есть?.. Нет, конечно. Она обращается к некоему *исполнителю* роли ребенка соответственно ее, Бабушкиным, ожиданиям; обращается к *образу* Антона, пребывающему в ее, Бабушкином, воображении. И если можно было бы этот образ увидеть, то оказалось бы, что он очень похож на саму Бабушку...

А вот только что произошедшее *глазами Антона*. Вы сидите, занимаетесь своим делом, никому не мешаете. Вдруг подходит иностранец-непониманец, притворившийся Бабушкой, и требовательно лопочет что-то на своем языке.

Иностранец уверен,, что вы его понимаете. Вы отвечаете ему: не понимаю, что означает нихт ферштейн, но иностранец продолжает лопотать, да еще сердится. Тут вы догадываетесь, что иностранец-то глух, и пытаетесь объясниться с ним жестами; но он продолжает лопотать и сердиться. И вы вынуждены прекратить общение...

Видел ли Антон Бабушку любящую, заботливую? Нет, не видел. А Бабушку беспомощную, Бабушку наивную, Бабушку-ребенка, которой не грех было бы и уступить? Нет, конечно, тоже не видел. Видел ли в Бабушке себя — каким она его видела? Нет, не видел, но чувствовал, что образ Разумного Послушного Мальчика ему предлагают, навязывают, — и защищался как мог...

«Как Апельсин перехитрил Пряника»
переигровочный вариант, признанный лучшим

Бабушка: —Антон, помоги досказать сказку. Однажды Апельсин *(достает апельсин)* пришел в гости к Прянику и вдруг видит, что Пряник уходит в рот. «Эй, Пряник, — закричал Апельсин. — Постой, ты куда? Я же твой гость! Давай поговорим».

Антон-Пряник: —Давай.

Бабушка-Апельсин: —Слушай, Пряник, я ведь твой старый друг. Мне скучно без тебя. Если ты уйдешь в эту пещеру, я останусь один. Так с друзьями не поступают.

Антон-Пряник: —Я не знал, что ты придешь. Я могу и не уходить. Только вот меня немножко откусили уже.

Бабушка-Апельсин: —Это неважно. Давай пойдем вместе. Чур я первый!

Антон-Пряник: —Хитрый какой. Я первый начал..

Бабушка-Апельсин: — А я первый сказал, я и пенку слизал. Открывай-ка рот!

Антон-Пряник: — Давай по очереди.

Бабушка-Апельсин: — Ты уже откушен? Теперь моя очередь.

Антон ест апельсин. Цель достигнута перемещением взрослого в игровое поле ребенка и незаметным внушением «своей игры» с долей компромисса. Импровизация и чуть-чуть веселой фантазии! Все балдеют!

ИСПОРЧЕННЫЙ ТЕЛЕФОН

Давняя детская забава. Чем больше участников, тем смешнее. Вы что-то шепчете на ухо соседу, тот — следующему и так далее, пока сообщение не возвращается к вам обратно. Я, к примеру, послав на одной игре Антуану: «Много дел, молодежь!» — получил от Наташи: «Долго же ты сидел, мародер».

Модель рождения слухов, легенд. Модель взаимонепонимания: скрытые искажения смыслов уже на уровне видения и слышания, восприятия друг друга...

Играем в похожую игру «Подсознайки». Подробности опускаю; суть в том, чтобы совместными усилиями прочитать (перевести, вытащить...) контекст, скрытое содержание сообщения. Подводная часть айсберга всегда больше надводной...

Вот, например, «переводы с подсознательного» одного самого обычного разговора мамы и сына. Переводы, разумеется, не единственные, было много вариантов. Точный буквальный «подстрочник» подсознания вообще невозможен — лишь толкования, интерпретации, версии...

Смотрим в книгу, видим фигу

СЕАНС СИНХРОННОГО ПСИХОАНАЛИЗА

Сын: — Мам, я пойду гулять.

Сын подсознательно разумеет: «Мне скучно, мой мозг в застое, мои нервы и мускулы ищут работы, мой дух томится»

Мама подсознательно слышит: «Не хочу ничего делать, я безответственный лентяй, мне лишь бы поразвлекаться»

Мама: — Уроки сделал?

Сын подсознательно слышит: «Не забывай, что ты не свободен».

Мама подсознательно разумеет: «Тебе хорошо. А мне еще стирать твои штаны»

Сын: — Угу.

Сын подсознательно разумеет: «Помню, разве ты дашь забыть»

Мама подсознательно слышит: «Смотрел в книгу, а видел фигу»

Мама: — Чтоб через час был дома.

Сын подсознательно слышит: «Не верю тебе по-прежнему и не надейся, что когда-нибудь будет иначе».

Мама разумеет: «Можешь погулять и подольше, у меня голова болит. Хоть бы побыстрей вырос что ли».

Сын: — Ну, я пошел.

Сын подсознательно разумеет: «Не надеяться невозможно. Ухожу собирать силы для продолжения сопротивления».

Мама подсознательно слышит: «Ты отлично знаешь, что я вовремя не вернусь, а проверку уроков замнем».

Мама: — Надень куртку, холодно.

Сын подсознательно слышит: «Не забудь, что ты маленький и останешься таким навсегда».

Мама подсознательно разумеет: «Глупыш, я люблю тебя».

Сын: — Не, не холодно. Витька уже без куртки.

Сын подсознательно разумеет: «Ну когда же ты наконец прекратишь свою мелочную опеку? Я хочу наконец и помёрзнуть».

Мама подсознательно слышит: «Есть матери и поумнее».

Мама: — Надень, тебе говорю, простудишься.

Сын подсознательно слышит: «Оставайся маленьким, не имей своей воли».

Мама подсознательно разумеет: «Пускай я не самая умная, но когда-нибудь ты поймешь, что лучшей у тебя быть не могло».

Сын: — Да не холодно же! Ну не хочу! Отстань!

Сын подсознательно разумеет: «Прости, не могу выразить это иначе. Не мешай мне тебя любить!»

Мама подсознательно слышит: Ты мне надоела, ты глупа, я не люблю тебя».

Мама: — Что? Ты опять грубишь?

Подсознательно разумеет: «У тебя все-таки характер отца».

ПЯТЫЙ УГОЛ

Название этой душераздирающей игры заимствовано от одной малосимпатичной забавы, когда несколько человек толкают одного из угла в угол, друг к другу, отвешивая при этом пинки и затрещины.

Четырехугольная площадка расчерчивается квадратами, наподобие детских «классиков», вот с такими обозначениями.

Это **Поле Отношений**, построенное по координатам главных взаимных позиций Взрослого и Ребенка.

Ребенок находится в самом центре.

Взрослые — где-то внутри.

Затем разыгрываются сценки, в которых каждый поочередно исполняет роли Родителя и Ребенка.

После каждой сценки Переводческое Жюри (с обязательным участием Ребенка) прочитывает контекст поведения, и в результате несложной соотносительной процедуры Родитель оказывается в некоем квадрате — то на одной стороне Поля, то на другой, то ближе к какому-нибудь из углов, то центральней.

Задача Родителя каждый раз одинакова — попасть точно в центр, к своему Ребенку. Когда это получается, выдается какая-нибудь шуточная награда — за достижение Гармоничной Позиции.

Трудно, однако!..

Я, например, участвовал в четырех этюдах, где вся моя роль заключалась в том, чтобы подойти к своему Ребенку с простым вопросом: *«Ну, как дела?»* — и каждый раз в результате оказывался в одном из углов, получая соответственно титулы Виноватого, Сверхопекающего, Отстраняющего или Обвиняющего... Вот как звучали в каждом из случаев мои «подсознайки».

 Виноватый: «Бедняжка, я знаю, что тебе скверно живется, и я опять делаю что-то не так, но...»

 Отстраняющий: «Надеюсь, ты понимаешь, что мне не до тебя, и не станешь рассказывать, как дела».

Сверхопекающий: «Дай мне исчерпывающую информацию, чтобы я понял, во что следует немедленно вмешаться. Дай возможность позаботиться о тебе».

 Обвиняющий: «Что еще натворил, признавайся, засранец. Хорошего от тебя не жду, ща как дам...»

Вот ведь как!.. Стоит чуть проявить темперамент, как моментально впадаешь в суперактивность, опаснейшую ошибку! Чуть пригасил себя — угодил в пассивность, чреватую хаосом; шарахаешься из вины в обвинение, то слишком мягок, то давишь, а до Ребенка не добираешься — дело ведь еще и в том, каков он, Ребенок, вот этот, конкретный — каков в сей миг?!..

Одна мама в нескольких сценах повторяла одно и то же: «Ужин готов», и каждый раз, как и я, оказывалась в каком-нибудь из углов. Подсознайки-контексты выходили такими:

 Виноватая: «Соизволь, сделай милость, покушай, лапочка, хоть это и не совсем то, что ты любишь».

 Отстраняющая: «Как видишь, я выполняю свою функцию. А вообще, шел бы ты к бабушке».

 Сверхопекающая: «Не вздумай отказываться, ешь все до крошки, это полезно».

 Обвиняющая: «Марш к столу, паразит!»

Еще один папа пытался сказать каждодневное «садись заниматься» или «иди делать уроки».

Вот что из этого выходило.

Виноватый: «Знаю, тебе не хочется, но хоть для очистки совести, хоть для вида — позанимаемся чуток, а?.. Ну, пожалуйста, ну хотя бы немножко...»

 Отстраняющий: «Делай в принципе что угодно. Главное, чтобы тебя было не видно и не слышно».

 Сверхопекающий: «Я и только я знаю, что тебе надлежит делать в каждый момент и всю жизнь, без меня ни шагу. Я всегда буду делать с тобой уроки! Я всегда буду с тобой, вечно вместе!..»

 Обвиняющий: «Опять будешь ловить мух, лентяй злостный, халявщик бессовестный. Я тебе покажу, я научу, я заставлю, ты у меня получишь!»

В конце игры подвели итоги. Оказалось, что всех нас, родителей, можно разделить еще на три типа.

Уравновешенные
гармоничные

Колеблясь в умеренном диапазоне между разными сторонами Поля Отношений, находятся все-таки большей частью поближе к центру, к Ребенку. Доверяя себе, отдают отчет и в своем незнании Ребенка, не перестают его изучать, гибко перестраиваются.

Если и не оптимисты, то не лишены юмора, в том числе и по отношению к себе. Сочетают энтузиазм и скепсис, доброту и эгоизм; самоотверженны в критических ситуациях; трудолюбивы, но вместе с тем и слегка ленивы...

Это не значит, что на всякое свойство непременно имеется противосвойство, эдакая во всем золотая серединка, нет, могут и резко выступать несбалансированные черты, например вспыльчивость или тревожность, порядочный эгоизм или глупость, даже алкоголизм или душевная болезнь — что угодно; но плюс к тому три непременных качества: **самокритичность** (без самоедства), **стремление к самоусовершенствованию** (без упертости) и **умение быть благодарным жизни**.

Счастливый билет для Ребенка, особенно если таких родителей целых два. (А если еще и бабушки с дедушками такие — уже просто сказка!..)

В дружных семьях Единый Гармоничный Родитель получается из двух «половинок» — мамы и папы или хотя бы из мамы и бабушки. Главное, чтобы на «выпуклости» одного приходились «вогнутости» другого, пусть и не в полном соответствии. Собственно, для создания такого, более или менее слаженного Родителя и нужна семья.

Неуравновешенные
раздерганные

Размахи колебаний в Поле Отношений чересчур велики, равновесие удерживается ненадолго. Буквально в течение минуты Раздерганный может перейти из одной **сдвинутости** в другую, третью, четвертую и т. д. Например, такая последовательность: чувство вины перед Ребенком, тревога — неумеренная заботливость, сверхопека и сверхконтроль — давление, чрезмерная требовательность — обвинения, наказания (неблагодарный, не принимает заботы) — опять чувство вины и тревога (бедное дитя, затравили) — потакание и вседозволенность — снова обвинения и наказания (совсем распустили, сел на голову окончательно) — опять чувство вины...

Обычное явление, к которому Ребенок, однако, в большинстве случаев приспосабливается и превращает своего Раздерганного Родителя в относительно нормального. Конечно, не без некоторых издержек...

Сдвинутые
упертые

Тяготеющие лишь к какой-то одной из возможных позиций, сидящие в одном из углов.

От Раздерганных (которых можно назвать и подвижно-сдвинутыми) отличаются **внутренней малоподвижностью, вот этой самой упертостью и слабым самоосознаванием.**

Часто — разведенки или одиночки... Если оба Сдвинутых Родителя живут с Ребенком под одной крышей, то вместо положительной взаимодополняемости работает отрицательная: один сдвинут в одну сторону, другой — в другую или оба в одну и ту же, а Ребенок совсем в иную...

Помимо обширного семейства Виноватых и Виновато-Тревожных *(«Я виноват уж тем, что я родитель»)*, которые легко становятся Сверхопекающими *(Наседки, или Клуши Обыкновенные, Клуши Страждущие, Клуши-Кликуши)* и Сверхконтролирующими *(«Мы делаем уроки»)* с подтипом в виде Производителя Вундеркиндов *(«Мы ставим рекорд»)*, здесь оказываются:

Потакатели-Сопереживатели (до степени невольного развратительства), Устраиватели-Пробиватели — все те же Сверхопекающие, уже в великовозрастной ориентации; легион Обвиняющих *(«Ты виноват уж тем, что ты ребенок»)* всевозможных окрасок, тембров и жанров *(Крикуны, Ворчуны, Пилы, Подковыры, Кувалды, Проповедники и т. д.)*, а также изрядная партия Безучастных Созерцателей *(«Меня нет, тебя нет»)* и Бронирующихся Эгоистов, в чистом виде, впрочем, довольно редких (чаще в сочетании с обвинительностью).

Ужасен Родитель Преследующе-давящий: сочетание сверхопеки с постоянными обвинениями — залог либо шизоидности, либо глубокой неискренности у Сопротивляющегося Ребенка и паралича воли у Сдавшегося. Страшна и Уходящая Мать, и Забронированный Отец.

Не говорим о пьяницах и хулиганах, о родителях-кукушках, о вымогателях и эксплуататорах собственного потомства...

Во всех этих и многих неперечисленных случаях даже гармоничный и сильный по природе Ребенок имеет большие шансы вырасти тоже Сдвинутым в свою сторону или по меньшей мере Раздерганным — неуравновешенным, невротичным. Возникают дефекты характера, деформации личности, болезненные зависимости, различные бзики... Весь этот груз обращают в духовное благо лишь мощные творческие натуры...

СЕ ля ви?...

Игры закончились — началась дискуссия. Причины нашей всеобщей раздерганности обсуждались долго и страстно. Общепринятая гипотеза «такова жизнь», высказанная мною, была резко отвергнута оппонентами, и Д.С. в их числе, утверждавшими, что «таковы мы».

«А почему мы такие? — я не сдавался, — такая жизнь потому что!» «Жизнь такая у нас потому, что такие вы», — возразила Наташа. — «Кто это вы?..» — «А вы?» — «Не переходите на личности, а то дам характеристику!» — пригрозил Черный Критик.

Из этого круга не намечалось выхода, пока не попросил слова Завпамятью Кронид Хускивадзе, в мирской должности доцент, археолог.

— По моим личным наблюдениям, — сказал он, — родители бывают горячие либо холодные, вот и все, это две крайности.

Очень редко встречается уравновешенная теплохладная середина, эта самая рациональная норма, которую я уважаю, но, честно говоря, не люблю.

Кажется, все ясно. Горячий родитель нормален, холодный — патологичен; это доказывается уже тем, что нас — горячих родителей — подавляющее большинство. И все же я хочу поделиться соображениями о ненормальности именно нашей.

Вот в чем, наверное, дело. Наш родительский инстинкт потому так и горяч и дан с таким мощным избытком, что Природа, не знающая противозачаточных средств, вменяет нам в обязанность проявить его не какие-нибудь один-два раза, а много раз.

В яичниках женщины находятся 500-600 яйцеклеток, каждая из которых имеет шансы быть оплодотворенной; в семенниках мужчины — миллионы сперматозоидов. Много раз должна беременеть и рожать нормальная женщина, много раз зачинать и воспитывать нормальный мужчина.

Нормальная природная семья — многодетная, с несколькими поколениями детей — ранними, средними, поздними... Так рассчитан и организм человеческий, и психика с ее инстинктами. По идее мы все должны становиться многодетными отцами-патриархами и матушками-героинями!

И так ведь оно и было на протяжении тысяч предшествовавших поколений. Год за годом — ребенок, еще ребенок, еще... Старшие уже самостоятельны и имеют своих детей, младшие еще вынашиваются и вынянчиваются.

Старшие нянчат младших, те — еще более младших. Общий тяжелый труд и борьба за существование. Высокая смертность... Со стороны родителей — никакой демократии, никаких таких сантиментов.

Повышенное внимание только к самым малым, грудным. У каждого ребенка свои права соответственно возрасту, но еще больше обязанностей...

Таков в общих штрихах портрет естественной семьи. Это наша история, наши истоки, и так обстоит дело еще и до сих пор у изрядной части населения Земли. Восемнадцать детей имела еще и моя прабабушка, не отмеченная никакими наградами. И вот, если посмотреть на жизнь *так,* то оказывается, что у горячего родителя избытка родительской любви не так уж и много, а пожалуй, и вовсе нет. В самую меру, как раз.

Ну а что получается сегодня у нас с вами?..

Нормальная, простите, обычная цивилизованная городская семья имеет детей — один, два... Подумать только, с тремя уже считается чуть ли не многодетной! По счету дикарей «один, два, три — много»!..

Да ведь и троих-четверых детенышей с точки зрения эволюции с ее миллионовековым опытом недостаточно даже для обеспечения мало-мальской вероятности продолжения рода!

Легко представить себе, с какой жалостью и ужасом посмотрели бы наши пращуры на современную городскую пару, размышляющую, заводить или не заводить второго ребенка.

Давайте же осознаем внезапную перемену, эту серьезную ломку нашей природной психики. Не будем говорить «хорошо — плохо»: и в многодетности есть очевидные минусы, и в малодетности свои плюсы. Не все естественное хорошо, но все хорошее естественно!..

Основной, массовый факт: родительская любовь из естественно экстенсивной, то есть широко распределенной между множеством детей, сделалась неестественно интенсивной — узконаправленной на одного-двух.

— Хочешь стать человеком? Подумай, дитя мое...

То, что тысячелетиями распределялось между семью — двадцатью, теперь получает один, в лучшем случае двое. Всю любовь, все внимание. И не только, заметим, всю любовь и внимание. Ведь и тревогу, и властность, и агрессивность тоже можно распределять...

Воспитывая одного-двух детей, мы не успеваем объемно изучить роль Родителя и остаемся на всю жизнь неопытными. Когда дитя подрастает, наш неизрасходованный инстинкт заставляет нас видеть в нем все того же маленького; если дитя этому сопротивляется, инстинкт загоняется вглубь. Становясь бабушками и дедушками, либо выплескиваем избыток на внуков, что тоже опасно, либо, спохватываясь, решаемся наконец пожить для себя, но уже поздно...

— Ну-с, так что же вы наконец предлагаете? — холодно перебил Черный Критик. — «Плодитесь и размножайтесь?» Как минимум четверых сопливых?

— А почему бы и нет?

— А безденежье? А жилплощадь? Назад, в пещеру? (Аплодисменты.) Или зарплаты доцента на все довольно?

— Не вульгаризируйте, уважаемый, — Кронид сразу завелся, а при упоминании о зарплате начал дымиться.

— В нормальной дружной семье даже при самых ограниченных средствах можно все рассчитать и согласовать, было бы желание...

— Перевожу: да здравствует нелюбимая вами умеренность и теплохладность, да здравствует рациональность, долой порывы и безрассудство... А стало быть, и любовь долой, а?..

— Чушь, передергивание! — Кронид не на шутку взорвался. — Злоупотребление демократией! Вывод: не ограничивать Ребенка своей любовью и не ограничиваться любовью к нему! Позволять себе любить и чужих детей, позволять себе любить целый мир, черт возьми, не боясь, что у Ребенка от этого что-то убавится! Наоборот, прибавится! Целый мир!

— О, целый мир-то любить полегче, чем одного-единственного неудобного индивида. Что скажете, если я попрошу вас принять и меня в сыночки?..

Ежели ПНО помножить на ПНО...

Взял заключительное слово Д.С., и все мы примолкли, внутренне уличая в каком-то из видов сдвинутости себя, кое-что вспоминая...

 — **Все встанет на места, если мы поймем, что родителей, психологически готовых к родительству, не бывает, и что родительство — не работа, не функция, которую нам надлежит исполнить, а Путь Исканий — судьба, которую мы выбираем...**

Не со знаком качества приходим в родительство. Преподносим Ребенку свою наследственность с ее неизвестными и известными бяками, свой характер с его изъянами, свое невежество и свои комплексы, свое переменчивое настроение, свои страхи и бзики, свою глупость...

А Ребенок?.. Не ангел, отнюдь. Кот в мешке. Уравнение с неизвестным числом неизвестных. Психологически Неопознанный Объект — ПНО. И с этим вот ПНО мы повязаны всепроникающей взаимозависимостью.

Уже в утробе между плодом и матерью может обнаружиться несовместимость, родственная аллергии и опасная для обоих. А сколько дальше, на других уровнях?..

Ребенок получает травму или серьезно заболевает — у всякой, даже и самой гармоничной матери возникают тревожная напряженность, некоторая суетливость... А если мнительна? Если дитя — единственный свет в оконце?..

Такой матери, можно сказать, обеспечена длительная невротическая реакция с судорожным стремлением держать чадо под колпаком, постоянная паника. Жизнерадостный, уравновешенный ребенок такую реакцию выдержит, из-под колпака вылезет, с потерями, но отобьется.

А если и сам тревожен, меланхоличен? Обеспечен уже и его невроз или деформация личности... Ребенок вялый, медлительный, слабо ориентирующийся может побудить и вполне уравновешенных родителей к сверхопеке, которая будет задерживать его развитие и загонять еще прочнее в пассивность, побуждающую родителей к дальнейшим инициативам... Опять замкнутый круг. Ребенок активный, подвижный и возбудимый, если родители относительно флегматичны, может легко выйти из-под контроля и причинить много неприятностей и себе и другим.

Если и родители достаточно активны и властны, все может быть в полном порядке; если у одной или обеих сторон, как часто бывает при энергичном характере, повышена и агрессивность — уже страшно: конфликты, жизнь в атмосфере обвинений и наказаний... Из пяти детей, растущих у Обвиняющих Родителей, двое выработают защитную толстокожесть и станут такими же родителями для своих детей.

Из трех остальных один имеет большие шансы стать озлобленной, всеотвергающей личностью — негативистом или непрерывно самоутверждающимся психопатом; другой — бесхребетным небокоптителем или безответственным прожигателем жизни; третий — либо подвижником, либо депрессивным невротиком с повышенным риском самоубийства. Для этого последнего любая доза обвинения была противопоказана с самого начала — полнейшая беззащитность. (Как раз беззащитность порой и провоцирует...)

Ребенок — наш проявитель, при встрече с ним мы обнаруживаем в себе уже готовые отпечатки того, что в нас есть, что «отснято». И более того! — этот жизненный реактив рождает в нас новые качества! — Невозможно свести жизнь с Ребенком к схеме, что мы только действуем, мы дитя «делаем», а оно «получается». И Ребенок нас делает, и дитя нас творит. Сколько угодно случаев, когда не без помощи деток мы ускоряем свое отбытие в мир иной. Но столько же и родителей, исцеленных и возвращенных к свету, спасенных детьми!..

На этой полуоптимистической ноте Д.С. закончил, и мы побрели по домам.

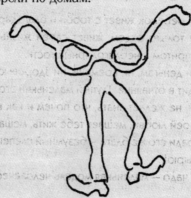

отпечатки

Родитель! С тебя лепится первообраз мира. Глубина и мощь отпечатка, оставляемого тобой в детской душе, никакому сравнению не поддается — сильнее этого только сама Природа.

Может быть, он забыл тебя и не вспоминает долгие годы, лица твоего не знает... Может, и не хочет знать — но ты в нем навсегда, узнаваемо и неузнаваемо, в утверждении и в отрицании. Иной, непохожий, отвергающий тебя, кажется, всем существом — всю жизнь будет искать тебя и с тобой бороться, будет ждать и любить, находить и не узнавать. Всю жизнь — прижиматься и убегать, улыбаться и плакать...

И не проведает, как тебя много в нем...

Мир ребенка — маленький мир, кажущийся тебе ничтожным, но для него это Вселенная. Этот мир строится из чудом уцелевших кусочков твоего позавчерашнего утра. Но ты не узнаешь, ты не видишь... Этот мир хрупок. Пытается подражать твоему, но, как сон, отклоняется, рассыпается... В нем другое пространство, другое время.

Ты думаешь, твой ребенок живет с тобой и благодаря тебе?.. Нет, ребенок живет только рядом, живет своей жизнью. Ребенок — гость в доме, притом и неблагодарный гость.

Не знает цены ни деньгам, ни времени, ни здоровью, а потеряв игрушку, приходит в отчаяние. Глупый маленький эгоцентрик, занимается ерундой, не желает знать, что почем и как все дается... Не понимает твоей любви, мешает тебе жить, мешает работать и управлять им ради его же блага — безумный слепец, сопротивляющийся поводырю!..

Да, все так: твое чадо — маленькая модель человечества.

И ты был таким же и остаешься. Маленький детеныш Истории, несущий в себе отпечатки всех прежних жизней…

Помни: каждый конфликт, каждая крупная ссора, каждый удар по самооценке оставляют в душе следы на всю жизнь. Конфликты неразрешенные, подавленные — вылезают, как крысы, из щелей памяти; принимают вид невроза, отравляют любовь…

Не зарывайся в сиюминутность — остерегись утерять большие ценности в погоне за меньшими. Бойся сужения сознания!

Если недоверие, отчуждение и война составляют основной фон, атмосферу ваших отношений, ребенок понесет их с собою и дальше как мешок с отравляющими веществами, будет терзать душу себе и другим.

Окончит то-то, станет тем-то, добьется того-сего — но если ценой утраты жизнерадостности, ценой потери души?..

Ты хочешь своему ребенку добра и только добра. Ты заботлив, предусмотрителен, требователен, иначе нельзя… Но спроси себя, где кончается **ему (ей) это хорошо, это нужно** и начинается субъективное: **я этого хочу** — твоя воля — страшная воля властвовать — подменять собою судьбу?..

Не забыл ли ты, что ребенок — не твое продолжение в том узком смысле, который ты в это вкладываешь, не актер твоего спектакля, не кукла?

Не забыл ли, что это живая душа, которую ты не знаешь, тайна вселенская, которую не постиг?

Что это и есть твое **настоящее продолжение?**

нежное дыхание спящего ребенка
между мной и вечностью
тает перепонка

Ты и спишь, и не спишь,
       ты все слышишь, малыш...
А я тихо, я тихо иду, не будить,
нет, зачем, просто быть,
       вот и все, просто быть...

А еще побывать, да, еще побывать
там, где можно, где можно глаза открывать
и смотреть, и смеяться, и петь, и зевать,
и кого-то заметить и в гости позвать,
       там, где можно летать...

А я утро твое, я твой солнечный луч
и прошу: долгой спячкой меня ты не мучь,
       я люблю просыпаться!

ДЕНЬ ЗАЩИТЫ ОТ ПРЕДКОВ

Паучиха

поучает

паучат:
— Жить на свете надо тихо,
не кричать.
Чтоб ни слуху и ни духу,
чтобы слышно было

муху...

ДЕНЬ ЗАЩИТЫ ОТ ПРЕДКОВ

для взрослых детей

...укрощение манипулямы
(манипуляторши-мамы)...

...как стать папой своей мамы,
дедушкой своей бабушки...

Знаешь, что думал мальчик,
которого ты вчера спрашивал, почему он грустный?
Он подумал: «Да отстань ты от меня...»

Януш Корчак

КАК ОТРЕЗАТЬ СВОЙ ПСИХОПУП
УКРОЩЕНИЕ МАНИПУЛЯМЫ (МАНИПУЛЯТОРШИ-МАМЫ)

Из письма-близнеца № 1

..С мамой у меня какое-то чувственное неприятие, физическая непереносимость. 1000% давления каждый день. Бесполезно что-то объяснять и стараться изменить. «Вот кушай это, а потом иди сюда (тянет меня за рукав) вот этот салатик порежь, а вот здесь, иди, холодильник, здесь — огурчики (я уже пятый раз пытаюсь объяснить, что я знаю), вот здесь на столе (уже позавчера показывала) пирог ешь». (Да, да тетя Галя прислала, знаю, знаю — тем более, что мне уже 27, и, как говорят, я уже вполне сформировавшийся мужчина, чтобы справиться с вводом пищи в организм.)

Естественно, я буду всегда для нее ЕЕ писенышем, «ну матери, они же, знаешь, все одинаковые, спокойнее, че ты не можешь спокойно ответить?»

«Когда уходить будешь, сдавай все на сигнализацию», «ну чего ты дверь в туалет закрываешь, кто тебя там видит?» «Осторожней, осторожней с.. (вставить любой предмет)».

Заходит в комнату: «Так, я у тебя все здесь выкину, ну-ка разберись». — «Все, тихо, я ложусь, а то как начнешь дверьми хлопать». — «Какими дверьми? Я уже хожу как ниндзя». — «Делай, что тебе говорят. Иди сюда. Слушай». — Бросает взор по моему телу.

«А что за девочка тебе звонила? Ну правда, кто?» Я, конечно, понимаю, мама, что ты несравненно лучше, но..

Один раз я попытался поговорить. Руководствовался советами товарища Жикаренцева — что мы (родители) не виноваты, нас просто так вот отформатировали, и надо принять, и надо простить. Диалог проклюнулся. Мама стала стучать мне в дверь. Очень громко.

Я потом еще раз попытался объяснить, что она давит, что так же нельзя. Ответ: «Ну что ты. Я же все для тебя сделаю, кроме меня ты никому не нужен». И я опять ощутил себя то ли в бойнице, то ли в больнице.

Моя мама, забыл сказать, детский врач, очень уважаемый человек в городе, через нее проходят сотни детей и родителей, лучший знаток души..

Она выбивала в моей комнате дверь, когда я был с девушкой, и чтобы поддержать и заглушить происходящее, врубил тяжелую музыку. В конце концов, пришлось выкрикнуть послание в точку «х» и с полуодетой подружкой высвистнуть из дома на вьюжную улицу..

..Отслеживаю теперь, насколько отношения с мамой извратили мое отношение к женщинам. Уже вижу: хочу того, чего мой ум не хочет.

Встретил недавно идеал женщины (красота, ум, душа, понимание с полуслова, сердечность, поддержка..) — дружить прекрасно, а сексом заниматься тянет не на нее (материнское начало проскальзывает?), а на эгоистичную стерву.. *Георгий.*

Из письма-близнеца №2

В.Л., мне 21 год. Вы последняя надежда на решение моей СУПЕРпроблемы, которая не дает мне свободно вздохнуть и начать жить и развиваться полноценно..

Все мои знакомые, выслушав меня, отвечают примерно одно: «Саш, ну тут уж ничё не поделаешь» — и разводят руками. Психолог, к которому я обратился, сказал только: «Придется вам терпеть до конца..»

Ни у кого из сверстников я этой проблемы не наблюдаю.. И втройне тяжело оттого, что не от меня, как мне кажется, зависит положительный исход..

Все управление ситуацией находится в руках моей мамы, которая, собственно, и является источником проблемы.

Мать меня воспитывала одна, они с отцом развелись, когда я был совсем крошкой. Она потратила на меня всю свою молодость, хотя иногда и встречалась с мужчинами, оставляя меня с бабушкой..

В основном я рос рядом с ней. Она учительница, работает в школе. Маленького брала на экскурсии со своим классом. Делала со мной уроки, дарила подарки, устраивала праздники. Научила плавать, кататься на велосипеде, играть на фортепиано, приучила к хорошей музыке. Была строгой, наказывала, но и баловала тоже..

Я рос послушным, любящим, преданным сыном. Когда мама долго отсутствовала, очень скучал, буквально бредил ею..

А общение со сверстниками, с одноклассниками не ладилось. Привыкнув быть под маминой защитой, я среди них оказывался каким-то растерянным, никчемным, забитым, и в этом она никак не умела мне помочь.

Хуже того: после ее «воспитательных мероприятий» со мной — суровых унизительных выволочек или наоборот, потачек и сладких поглаживаний, в компаниях ребят я чувствовал себя не мальчишкой, а каким-то дрожащим мямлей, изгоем.

Во мне укреплялся страх. Долго, слишком долго я оставался привязанным к материнской юбке. Слишком поздно начал понимать, что мать — это не окружающий мир, а лишь его ближайшая и не самая характерная частица. Болезненно наверстывал упущенное.

Представьте себе, каково было шестнадцати-семнадцатилетнему парню, уже с пробивающимися усами и бородой, слушать материнские окрики и отчитывания в присутствии девчонок, моих одноклассниц.

В восемнадцать она требовала от меня никогда не приходить домой позже двенадцати ночи. Я, конечно, протестовал и часто соскальзывал на откровенное хамство. А мать в ответ старалась меня «опустить»:

— Самостоятельный, да? А ты зарабатываешь? Самостоятельные люди живут за свой счет. А кто живет на материнские деньги, тот не самостоятелен.

— Что же, если я еще не успел встать на ноги, меня надо принижать и закабалять?

Я ведь так никогда и не поднимусь!

— А ты трудись, готовься к жизни, учись, и нечего шляться!

Ей уж и друзья ее советовали: «Да перестань ты тюкать Сашку, отпусти его, дай погулять немножко по-молодому..»

Мать отвечала: «В распущенность, в грязь, в мерзость, в наркотики отпустить? Терять сына?.. Через мой труп».

Ни о каких наркотиках я и не помышлял, до сих пор не курю, изредка только пью пиво с приятелями. Этот «через-мой-труп» вдолбился мне в череп..

..И вот мне уже двадцать один. Отчислен из института за академическую неуспеваемость. Устроился на работу. Зарабатываю пока мало, и все же принял решение жить отдельно от мамы, снимать комнату.

Стал готовить к этому и себя, и ее. И тут новая напасть: она ни за что не хочет меня отпускать никуда из дома, она, оказывается, очень боится умереть в одиночестве, при том, что ей нет еще и пятидесяти и никакими особыми болезнями не болеет.

— Кто мне подаст стакан воды, если мне будет плохо, а тебя рядом не будет?.. Ты уедешь, а меня скорая заберет.. А как я буду без тебя.. Что же, я буду одна с рынка сумки носить?..

Дома у нас обстановка казарменная, гнетуще-унылая, мрачная. Ни девушку привести домой не могу, ни друзей — мама смотрит на всех волком, а меня окрикивает и погоняет.

В любое время суток, в любой момент может ворваться в мою комнату, чтобы проверить, чем я занимаюсь.

Стала религиозной и требует от меня, прежде всего, исполнения заповеди почитания родителей и послушания.

Утверждает, что я ее использовал, а теперь, как сношенную перчатку, хочу выбросить из своей жизни. Сажает в «долговую яму», требуя благодарности за потраченные на меня лучшие годы.

И все чаще мне кажется, что «через-мой-труп» становится ею — уже буквально, физически, и привязывается ко мне толстой цепью, все крепче и крепче, сковывая по рукам и ногам..

— Мама, — уговариваю — разве можно требовать от выросшего ребенка полного возмещения всех своих убытков по жизни, разве родительство — это инвестиция? Моя благодарность тебе будет выражена в воспитании моих детей, в моем любимом деле.. Я тебя не собираюсь бросать, но ведь ты хочешь, чтобы я оставался твоей пожизненной сиделкой, ты ревнуешь меня к жизни..

— Хорошо, оставь меня, выбрось, сдай в дом престарелых. Интересно, как на тебя потом будут люди смотреть..

До престарелости далеко, она еще работает. Достает меня всюду, бомбардирует телефонными звонками, где бы ни находился, держит на поводке, в любую минуту может дернуть и потащить к себе..

Обнимаю девушку, а в голове мысль: а вдруг в следующую минуту придется сломя голову бежать домой, а вдруг телефон там плавится от маминых звонков, и как я опять буду отчитываться за поздний приход.. Сами понимаете, что может при этих навязчивых мыслях получиться в любовной близости..

..Однажды подумал, не глотануть ли разом пачек 10 снотворного, чтобы закончить разом всю эту мутотень.

Если такие мысли приходят в голову, может, я уже сломался?.. *Александр.*

СВОИ ТАРАКАНЫ БЛИЖЕ К ТЕЛУ
ИЗ ОТВЕТА НА ПИСЬМО — БЛИЗНЕЦ 2

Александр, сперва — выдержка из твоего письма, для понимания положения.

«Не от меня, как мне **КАЖЕТСЯ**, зависит положительный исход.. Все управление ситуацией находится в руках моей **МАМЫ** (подчеркнуто тобой), которая, собственно, и является источником проблемы».

Вот и заноза, которую следует вытащить... Пока тебе будет КАЗАТЬСЯ (а тебе это только КАЖЕТСЯ), что «все управление ситуацией сосредоточено в руках мамы» — оно так и будет. Пока ты будешь видеть «источник проблемы» ТОЛЬКО в маме — ты ее не решишь и даже не возьмешься решать. Пока будешь уверен, что «положительный исход зависит от мамы» — исход будет только отрицательным.

Пойми: «источник проблемы» — и в тебе тоже, и сейчас уже в наибольшей степени именно в тебе. В твоей зависимости от мамы. В твоей затянувшейся инфантильности. В твоей нерешительности. В твоем неумении общаться с мамой так, как это нужно тебе. В твоем страхе вести корабль собственной жизни, строить свою судьбу.

Хотя характер и отношение к тебе мамы во многом определили и твой характер, исход твоей ситуации зависит сейчас — уже ТОЛЬКО ОТ ТЕБЯ. Мама — величина практически постоянная (хотя есть и тайный резерв возможных изменений, о нем дальше...), а ты пока еще переменная и развивающаяся. Мама — только участница предстоящих в твоей жизни событий. А УПРАВЛЕНИЕ ИМИ ты можешь взять в собственные руки. Как взрослый человек. Как мужчина.

«Ни у кого из сверстников я этой проблемы не наблюдаю»..

Каждому, кто еще не бывал у соседей, кажется, что тараканы водятся только в его квартире. Хотя тебе видится, что у других все иначе, твой случай не единичен, а очень типичен, с великим множеством вариаций и степеней... Есть выбор решений.

От одного ты, подумав, уже отказался и 10 пачек снотворного сэкономил.

Просто сдаться тоже не хочешь.

Остается еще два:

1) **удрать в свою жизнь** — с концами, обрубить одним махом, сжечь мост, бросив мать на произвол ее старения и прихватив с собою неизлечимые муки совести;

2) **отойти на дистанцию**, отдалиться — нерезко, по возможности бережно, но вместе с тем твердо и целенаправленно, с сохранением дозированного, регулируемого ТОБОЮ общения, с возможной психологической балансировкой и совестью относительно спокойной (абсолютно спокойной она бывает только у законченных подлецов).

Очевидно, последний вариант, более-менее компромиссный, наиболее предпочтителен, ты именно к нему и склоняешься. Но он и самый трудный психологически, ибо давление с МАМИНОЙ стороны будет непрестанным и даже увеличивающимся, ты это предвидишь, и это тебя страшит. Так вот, пускай это тебя не страшит.

Как у всякого человека, у тебя наряду с тем, что именуется сыновним долгом (не в смысле, выплаты родителям пенсии, а в экзюперийском смысле ответственности за тех, кого приручили, матерей ведь мы приручаем с момента зачатия), есть священные обязанности перед собственной жизнью, перед ее осуществлением, перед исполнением Замысла о ней...

Именно для этого тебя родила и воспитывала твоя мама, понимая то или нет.

Родительский эгоизм, ограниченность, глупость, тупость, непрошибаемость, так же как и твои собственные аналогичные свойства, суть естественные препятствия к осуществлению жизни. Но это также и естественные побудители душевного роста.

Творческая задача: найти способ освободиться, осуществить себя — и в то же самое время по возможности успокоить и согреть маму. Она ведь на жизнь одна, мам не выбирают, и бросить даже плохую, никудышную мать, когда она теряет силы, тем паче разум — великий грех.

Нет, не бросать — но и не дать ей задушить своим эгоизмом твою жизнь, которая, хоть она и не понимает того, есть и ее жизнь в другой ипостаси, в другом измерении...

Найти то психологическое золотое сечение, которое две эти задачи уравновесит и соединит: поддержать стареющую мать и осуществить расцветающего себя.

Как стать папой своей мамы

Как тело человека почти на 90% состоит из воды, так душа взрослого почти на 90% состоит из ребенка.

Узнай: это не твоя Мама давит на тебя, стремится закабалить и удушить зависимостью и чувством вины, а Маленькая Девочка в ней, девяносто процентов отчаявшейся девчонки в телесной оболочке крикливой, агрессивной, авторитарной тети, Мамы-манипулямы...

Она боится, боится! Боится одиночества и пустоты. Боится того неизбежного и уже близкого уже периода жизни, когда «мне время тлеть, тебе цвести».

Ее панически страшит твое отдаление, потому что в подсознании оно у нее отождествляется и с потерей мужа, и с потерей отца... У нее сейчас сильнейший невроз, тревога, тоска, депрессия, кризисное состояние.

Ей действительно дико страшно и тоскливо оставаться одной, ей нечем себя заполнить, она видит перед собой черную дыру смерти... И она хватается за тебя с судорогой утопающего, тянущего на дно и спасателя, если у того нет грамотной хватки.

Вот главное: учись слушать и понимать в маме ее Внутреннюю Маленькую Девочку. Учись с этой девочкой обращаться и — да не покажется невозможным — немножко воспитывать. А поможет этому знаешь что?

ФОТОГРАФИИ

Да, да! — Пристальное рассматривание, изучение детских маминых фотографий — ты эту Девочку через них реально УВИДИШЬ и вживешься в нее, введешь в себя этот ее образ... Это она — эта вот малышка... эта девчушечка... эта милая отроковица... и эта совсем юная девушка, еще и ведать не ведающая о каком-то там Сашке, который уже Где-то Кем-то намечен в ней, задуман, замыслен... Это Она, настоящая, видишь?.. Верь Ей!..

Никакой человек не исчерпывается своею сейчасностью, собой видимым-ощутимым, наличным. Все преходяще в нас, но все где-то и остается, все было-есть-будет, и где-то совсем поблизости прячется и несбывшееся...

Расспрашивай маму о ее детстве, дошкольном и школьном — пусть чаще и подробнее вспоминает, рассказывает... Как можно детальнее разузнай все возможное о биографиях и характерах бабушки и дедушки с ее стороны и даже прабабушки и прадедушки, об их отношениях с ней и между собой...

Начинай срочно осваивать роль Взрослого по отношению к маминому Внутреннему Ребенку. СВОЕГО же Внутреннего Ребенка посади в забронированную камеру и усыпи — Мама кричит, а Ребенок спит...

Осваивай внушительные манеры и покровительственные интонации Большого-Взрослого-Дяди-Который-Знает-Что-Прав. Говори с мамой-Девочкой, представляя себе, что ты ее перевоплощенный Отец. (Она его не узнает, конечно, но подсознательно, глубиною души почувствует что-то напоминающе-сокровенное...).

Будь уверен: в представлении себя перевоплощенным Отцом (или Матерью) собственной матери есть высокая истинность. Не для того ли разве и рождаются дети, чтобы воскрешать собой в новом качестве праотцов и праматерей?.. Не для того ли цветет цветок, чтобы переливать в себя и последующие поколения тот бесконечный поток цветений, который дал ему жизнь?..

Сосредоточься и представь себе в лицах, картинно, подробно — как бы себя вел с этой Девочкой, которая стала когда-то твоей мамой, ее любящий, умный и дальновидный Папа, у которого есть свои разнообразные интересы, взрослый мужчина, в меру эгоистичный, в меру альтруистичный?..

Понимающий, что он ответствен за своего ребенка, но лишь в определенных пределах, далее которых ребенок уже отвечает за себя сам...

Ну во-первых, он звал бы девочку ее детским именем, да?.. Вот и ты теперь чаще зови маму не мамой, даже не мамочкой, а ее уменьшительным детским именем. Кто она — Леночка или Сонечка, Галенька, Танюшка или Лизок?.. Зови ее так — как бы невзначай... И все чаще — зови ласково, игриво-шутливо, зови строго-приказательно, зови всячески...

Вставляй в свои обращения к ней нежно-шутливые слова-определения, относящиеся к детскому существу, к детской основе психики: «моя маленькая», «моя детка», «моя малышка», «котенок»...

Это только поначалу покажется диким, вымученным и невозможным, а на самом деле — наилучший, естественнейший стиль обращения взрослеющих детей со стареющими родителями — прекрасные примеры этого я наблюдал в самых теплых, веселых, сердечных, дружно-счастливых семействах. Не бойся отклонений от ваших устоявшихся внутренних стереотипов, привыкай к легкой экстравагантности, не стесняйся, дерзай, скоро привыкнешь — и ты, и мама... И может статься, вы оба будете изумлены взаимными переменами...

Давая некоторые поблажки и снисходительно прощая агрессивные выходки, капризы и эгоизм, в то же время не позволяй Девочке-маме садиться себе на голову. Будь с нею мягко-тверд, нежно-строг и уверенно-властен, девочки это любят. Как можно больше добродушного подтрунивания и иронии. Почаще обнимай, гладь и целуй. Дари незапланированные маленькие подарки, сюрпризы.

А в то же время решительно, хотя и вежливо, пресекай диктаторство, тиранию, вмешательство в твою жизнь и неуместное любопытство. (*«Тебе это еще рановато знать, моя маленькая, вот немножко вырастешь и узнаешь»* — иронически улыбаясь и гладя по головке...).

Твердо и спокойно раз навсегда (если нужно, и повторно, и многократно...) запрети без спроса вторгаться в твое личное пространство и время.

В твою комнату без твоего разрешения не входить. (Сделай задвижку, замок.) На службу или к друзьям не звонить. (Исключения по крайним надобностям, конечно, могут быть, но лучше самому делать СВОБОДНЫЕ упреждающие звонки, см. ниже).

Истерики, нападения и скандалы принимай с рассеянной холодностью или сочувственной брезгливостью, пережидай или просто уходи, но не хлопай дверью...

Давай иногда «воспитательские втыки» и задания, требуй, например, чтобы она делала зарядку, ходила на регулярные прогулки или читала психологическую литературу. Поощряй ее эмоциональные успехи — уменьшение настырности, увеличение тактичности — внеплановыми сюрпризами общения. А обратные «успехи» придется, увы, слегка наказывать увеличением дистанции...

Как стать дедушкой своей бабушки и так далее...

Самое трудное... Что делать, когда привычные к «управлению» руки в очередной раз натягивают манипуляторские удила, когда вонзаются шпоры обвинений, когда бьют на жалость, на совесть? Как реагировать на НАЕЗДЫ?

Очень просто: как врач. Да-да, именно. Ведь не станет же врач, слушая бред больного, уверенного, что доктор — палач, и обзывающего его всеми словами, относить эту ахинею К СЕБЕ. Нет, доктор справедливо отнесет эту околесицу к болезни больного, к ЕГО состоянию и останется сочувственно-спокойным, сострадательно-понимающим.

Выслушивай неправомерные требования матери, ее упреки и ругань врачебно-внимательно — как кардиограмму ее подсознания, как симптомы душевного состояния; но ни в коей степени НЕ ПРИНИМАЙ КАК ОЦЕНКИ ТВОЕЙ ЛИЧНОСТИ, хотя именно такую форму привычно имеют почти все обращения мамы к тебе. Отныне ты (конечно, не вдруг...) становишься по отношению к матери человеком ОЦЕНОЧНО НЕЗАВИСИМЫМ — это до чрезвычайности важно, ибо поможет тебе обрести должную степень оценочной независимости и с другими людьми.

Все, что в моих книгах «Приручение страха» и «Травматология любви» говорится об оценочной зависимости и способах освобождения от нее, целиком относимо к тебе и твоей ситуации с мамой. Сейчас ты пока еще оценочный раб своей матери, и ядро твоей личности, сердцевина души еще в инфантильной скорлупке, человеческое достоинство лишь в зачаточном, скрюченном состоянии...

Пора, наконец, подняться и распрямиться, уверенно и спокойно. Ты это можешь — уже дозрел.

При нажимах и наездах, при продолжающемся мамином «управлении» прежде всего осознавай это — и доводи, по возможности, свое осознание до ее сознания. Обозначай свою новую позицию без грубости, просто четко. Озвучивай, называй, доброжелательно-иронически (но НЕ обвиняюще-разоблачительно!..) проговаривай чувства, которые в ней видишь. Вводи в разговор отзеркаливающую игру, вкрапливай гипноз ласково «опускающих» нежно-родительских обращений.

«Вот сейчас, моя хорошая, ты пытаешься мною командовать как малышом. Это трогательно, это забавно. Ну давай я сейчас лягу в колыбельку, а ты меня покачай. А хочешь — наоборот, я тебя? (С легким смехом.) Баю-баюшки-баю, баю мамоньку мою...

А сейчас ты меня очень по-детски, совсем по-девчачьи ревнуешь к моей подружке... И я тебя ревную знаешь как?— У-у-у! — Сейчас привяжу к столу... Сейчас бессознательно тревожишься за себя под видом меня, для девочки это вполне простительно...

...А сейчас ты, детка, пытаешься манипулировать своей возможной болезнью, играешь на моем чувстве вины — я тебя вполне понимаю и охотно прощаю, малыш, прощаю за то, что я перед тобой виноват, прощаю за то, что мне кушать хочется... А мой настоящий долг перед тобой, зайка моя, — не сидеть с тобой в четырех стенах, а жить своей собственной, свободной, неподотчетной, цветущей и полнокровной жизнью. Скоро ты убедишься, что моя свобода и счастье тебя радуют...

Моя маленькая, пойми же — ДОЛГА любить родителей, детей или кого бы то ни было не существует и не может существовать. Любовь долговым обязательствам не подчиняется, убегает от них, умирает от них — ты же знаешь это сама... Но любовь дарится, нисходит как благодать, и вот тогда МОЖЕТ ДЕЙСТВОВАТЬ добровольно взятая на себя душевная ответственность любящих — с обеих сторон. При этом условии, родная моя, мы можем вполне общаться как любящие друг друга друзья...»

(В этом модельном монологе содержится девять пиков внушения, гипноакцентов, уже нашел?..)

Свои чувства к маме когда озвучивай, а когда нет — как настоящий Взрослый... Чувства эти были и будут противоречивыми — это естественно: внутри человека всему есть место... Но помни, что ВЫРАЖЕНИЕ чувства — всегда воздействие на другого, всегда внушение. Выражение добрых чувств — оживляющее облучение, солнечное питание души; а выражение отрицательных, негатива — удар, нацеленный как на душу, так и на тело.

Щади в маме ее Внутреннего Ребенка, жалей в ней глупенькую, беспомощную, невинную Девочку. Свою досаду, раздражение, отвращение, злость — конечно же, следует РАДИ НЕЕ сдерживать и скрывать (это чувства твоего беспомощного Внутреннего Ребенка) — а нежность, сочувствие, жалость, понимание, ободрение, благодарность, любовь — выражать открыто и разнообразно. Девочка-Мама, как всякий ребенок, должна чувствовать, что любима безусловно и безоценочно, несмотря ни на что (взрослые дети, отчаявшиеся получить любовное подтверждение своему бытию, подменяют это единственно-подлинное подтверждение ложным — утверждением своей власти, зависимости от себя).

Повторяй разными способами и себе, и ей, что хорошо понимаешь, чего она боится, почему судорожно тревожится и пытается тобою манипулировать; почему и болеет чаще, чем могла бы — потому же, почему становится капризным и чаще болеет ребенок, которого приучают оставаться на целых бесконечных полдня в детском саду...

О неиспользуемом праве Восхода быть донором и почти неисполнимом долге Заката не быть вампиром

Твое решение поселиться отдельно и жить независимо — решение совершенно правильное и более чем своевременное (надо бы пораньше!.. но еще не опоздал) — решение, которое следует осуществить безотлагательно, какого бы напряжения сил это поначалу ни требовало. Пусть это будет первым, но не последним взросло-мужским поступком в твоей жизни.

Отойдя в самостоятельное житье, остерегись поспешно вляпаться в новое рабство, в эмоционально-оценочную зависимость от тех, с кем будешь встречаться, кто понравится, в кого влюбишься.

Именно у таких ребят, как ты, повышена вероятность стать подкаблучником, попав в лапки стервозной женки, в сравнении с которой мамочка покажется ангелом.

Как минимум три года, а лучше пять-семь тебе стоит пожить свободно, по-молодежному, по-холостяцки, общаясь с разными ребятами и девушками, пробуя, испытывая, изучая разные способы жизни и общения, укрепляясь душевно, продвигаясь духовно, ища свое призвание, профессию, дело, входя в него — и только уже после этого можно, если дозреешь ты и обстоятельства, приступать к созданию своей семьи.

Живя отдельно, ты будешь помогать маме привыкать к новой форме ЕЕ самостоятельности: всем ведь когда-то приходится учиться жить в физическом одиночестве, и оно вовсе не обязательно есть одиночество душевное. Душой ты всегда будешь с мамой, но только ОСВОБОЖДЕННОЙ душой, окрепшей в свободе, — душой, способной любить и прощать — только свободная душа способна любить и прощать. А в критические моменты, конечно, постараешься быть рядом...

Восход молодости не должен быть приносим в жертву Закату старения (особенно если старение, как нередко случается, обретает черты эмоционально-энергетического вампиризма) — долга такого не существует, это не совместимый с жизнью абсурд.

Но Восход МОЖЕТ ДАРИТЬ Закату свои силы и время, свою любовь — дарить от свободы, дарить от избытка, дарить от благодарности и от чувства единства жизненно-родовой основы — дарить как духовный вклад в самого себя на будущее не столь дальнее, как представляется... И такая осознанная, свободная благотворительность щедро вознаграждается благоприятствиями судьбы — такие примеры я знаю.

Принимай отношения с мамой как тренинг, как поток репетиций твоих грядущих (быстрее, чем думаешь...) взаимоотношений с будущей любимой, с женой, твоими детьми, тещей, друзьями, сослуживцами и партнерами, начальниками и подчиненными, государством, со всем миром людей...

Не беги, а освобождайся

Пока вы с мамой живете вместе, и потом, навещая ее, почаще подходи и разговаривай с ней ласково-взрослым тоном, когда она лежит на диване или в постели, сонная или просто усталая. Если даже этого незаметно, все же настойчиво-заботливо предлагай ей прилечь или полу-прилечь, отдохнуть-расслабиться, и уж тогда говорить с тобой разговоры... В таком положении в человеке под-сознательно просыпается Ребенок, и все, что говорится и делается сидящим или стоящим рядом, если только это окрашено духом уверенного благожелательства, тем паче любви, воспринимается как сильнодействующее внуше-ние... (Аналогичное пожелание для родителей трудных де-тей всех возрастов.)

Говори с мамой неторопливо, размеренно, внятно, со свободными паузами, голосом как можно более уверен-ным и низким, завершая каждый период речи «октавной» басовой нотой. (Если ты музыкант, тебе легко понять, за-чем и как это делать.)

О задержках где-либо предупреждай максимум ЧЕ-РЕЗ РАЗ, не вдаваясь в объяснения. За редкими исклю-чениями (сильно болеет...) не звони тогда, когда мама от тебя этого требует (это ведь исполнение роли по сцена-рию общения «Властно-тревожная Мама — Послушно-за-висимый Сынок») и не давай обещаний звонить, вообще лучше не давай никаких обещаний...

Зато почаще звони сам, по собственной инициативе, неожиданно для нее, причем не отчитываясь, где ты и что делаешь или собираешься делать — даже намеренно не сообщая о самых простых вещах, а властно-ласково (в подтексте — отцовски) спрашивая ЕЕ О НЕЙ — поела ли, как спала, сделала ли то-то и то-то...

Не рассчитывай на скорые перемены, на то, что будешь, наконец, услышан, понят и отпущен, освобожден... С гарантией нет! — будет долгое и усиливающееся сопротивление. Важнее всего, чтобы ты услышал и освободил себя сам... И вот тогда-то однажды с изумлением заметишь потрясающий результат: твоя требовательная, неприступная, властная мама стала вдруг кроткой, доверчивой и послушной...Даже если всего на миг — ты победил!

Итак: не бежать, а отойти на управляемое расстояние: дистанцироваться. Не вырываться, оставаясь во внутренней зависимости — но освобождаться изнутри — сознанием, а после и подсознанием. Стать с мамой взрослым, стать умственно и душевно взрослее ее и помогать ей уже как по сути младшей.

Так, обрезав свою психологическую пуповину — детскую эмоциональную зависимость, — ты войдешь с мамой в новые отношения настоящей, свободной сыновней любви и душевной ответственности.

Знай, Александр, что этот обмен жизненно-психологическими ролями — ЕСТЕСТВЕННОЕ РАЗВИТИЕ: в некое время дети ДОЛЖНЫ становиться душевно старше, умней, сильней, благороднее и мудрее родителей. И твои будущие дети — дай Бог, чтобы стали со временем духовно развитее тебя — тогда в них осуществится твой Смысл: будет передана восходящая духовная эстафета.

ДЕТИ ВОСПИТЫВАЮТ РОДИТЕЛЕЙ — иначе не может вверх подниматься род человеческий...

*Родители ушли. А мы свободны
жить как хотим и можем умирать.
Но вот беда: мы ни на что не годны,
и некому за нами убирать...*

*Родители ушли. Остались раны
и в них, и в нас... Родители ушли
в далекие лекарственные страны,
а мы на жизнь накладываем швы.*

*Родители ушли... Прочь сантименты,
зачем рыдать, о чем жалеть, когда
галактики, планеты, континенты
друг с другом расстаются навсегда...*

*Вы снитесь мне. О, если бы вернуться
и вас из сна с собою унести,
и все начать с последнего «прости»...
О, если б ненароком не проснуться...*

Не может ножик перочинный
создать перо — к перу прижатый
лишь отточить или сломать...
Родитель детям не причина,
не программист, а Провожатый
в невидимость...

Отец и Мать,
как я терзал вас, как терзали
и вы меня, судьбу рожая.
О, если б мы не забывали,
что мы друг друга провожаем.

Не вечность делим, а купе
с вагонным хламом. Сутки-двое,
не дольше... Удержать живое —
цветок в линяющей толпе —
и затеряться на вокзале...
О, если б мы не забывали...

Вы уходили налегке.
Я провожал вас в невесомость
и понял, что такое совесть:
цветок, зажатый в кулаке...

ВРАТА ДУШИ

...как дети делаются хорошими,
несмотря на воспитание...

...зачем они упрямятся и врут...

...как говорить, чтобы доходило...

Было бы ошибкой считать, что понять —
значит избежать трудностей.

Януш Корчак

Доверчивость!.. Немыслимая жалость
влечет меня к тебе... Я помню звук —
те девять нот, которыми рождалась
Вселенная на кладбище наук,
*   я видел этот миг...*

Великий Логос
распался, рухнул, сам себя поправ.
Ткань Истины, как ветошь, распоролась,
и сонмище наоборотных правд
плоть обрело в потугах самозванства:
Добро и Зло, Начала и Концы,
Вражда и Дружба, Время и Пространство,
две мнимости, уроды-близнецы...

То был финал магического цикла:
смерть Знака и зачатье Вещества.
Но раньше ты, Доверчивость, возникла.
Беспечная, как первая трава,
ты собрала безликие частицы
в земную твердь и звездный хоровод,
ты повелела встретиться и слиться
враждующим корням огней и вод...

Живая кровь в сосудах мирозданья,
Доверчивость! — я твой слуга с тех пор,
как застонало первое страданье
в ответ на первый смертный приговор...

Внушаемость — альфа и омега

Если бы все мы постигли до основания тайну внушаемости, человечество, может быть, стало бы сонмом богов...

☞ *Когда вы плакали, еще не сознавая себя, и вас брали на руки, успокаивали, укачивали — это было внушение*

☞ *когда вы пугались чьего-то громкого голоса или сердитого лица*

☞ *когда останавливались на оклик; когда смеялись оттого, что кругом весело, — это действовала внушаемость*

☞ *когда подражали кому-то, не замечая или нарочно стараясь, — это было внушение; срабатывала внушаемость*

☞ *когда узнали свое имя и поверили, что оно и вы — это одно и то же*

☞ *когда начали понимать слова и верить словам*

☞ *когда начали слушаться взрослых*

☞ *когда поняли, что нужно ходить в туалет*

☞ *что нельзя многое делать, многое трогать*

☞ *когда играли со сверстниками*

☞ *когда слушали музыку, смотрели кино*

☞ *когда следовали за модой; когда начали пить, когда...*

☞ *...и когда влюбились —*

это было внушение и внушаемость!

Ваша внушаемость — ваша собственная, а не чья-нибудь. Ваша детская воля быть управляемым, воля к подвластности! Потому что вы верили, изначально верили этому миру... И врачебное внушение, и гипноз, и воздействие рекламы, и развращение, и одухотворение — все возможно лишь потому, что в каждом навек остается внушаемое дитя.

Вероспособность, расположенность верить — **Врата Души** — внушаемость — согласует ребенка с окружающим миром, делает его человеком своего времени, своей нации и своей культуры, своей религии и своей семьи, своего класса, своей улицы, своей стаи, компании — всего своего, кроме... **Кроме себя самого.**

Внушаемостью человек лишь начинается.

КАК ВАЖНО УМЕТЬ ГИПНОТИЗИРОВАТЬ

ИЗ ЗАПИСОК ДОКТОРА КСТОНОВА

Спортивный крутой мужчина Вольдемар Игнатьевич Головешкин повсюду появляется не иначе как с рюкзаком. С рюкзаком на работу. В театр тоже с рюкзаком — заядлый турист. Уже чего-то за спиной не хватает, если без рюкзака, и руки всегда свободны для текущих дел. Все это бы ничего — и жена приспособилась, рюкзак так рюкзак..

Только вот сын Вольдемара Игнатьевича, пятиклассник Валера Головешкин, с рюкзаком по примеру папы ходить не желает. И стесняется своего папы, когда он является с рюкзаком в школу. А папа-то думает, что для сына подарок — поехать вместе домой...

— Головешка, а вон твой папец!

— Головешка, а чего твой папец с рюкзаком? Он турист, да? Или интурист? — любопытствует Редискин, въедливый приставала.

— Альпинист, — бурчит Головешкин, краснея. И тут же понимает, что зря он спорол эту ерунду.

— Альпинист! Иди врать-то! Альпинисты в горах живут.

— На Эверест ходит. Килимандж-ж-жаро, — мечтательно комментирует классный конферансье и всезнайка Славка Бубенцов. — Пр-р-рошу записываться на экскурсию...

Все. Прилипла еще одна кличка.

Головешкин мало что всегда был Головешкой, теперь еще и Килиманджаро, отныне и вовеки веков! Килиманджаро — хвост поджало... А через неделю пришлось ему стать просто Килькой.

Головешкин Валера не силен и не слаб, не умен и не глуп. Особых склонностей не имеет, техникой интересуется, но не очень. Серенький, неприметный, тихий.

Он и хочет этого — быть просто как все и со всеми, не выделяться, потому что стоит лишь высунуться, на тебя обязательно обращают внимание, а он этого страшно стесняется, до боли в животе.

В детском саду немного заикался, потом прошло...

— Килька, а твой опять с рюкзаком. Опять на Ересвет свой собрался?

— Ну так вот же тебе, получай, редиска поганая!

Растащили. Редискин против Головешкина сам по себе фитюлька, но зато у него оказалось двое приятелей из восьмого, такие вот лбы...

Идет следствие по поводу изрезанного в клочки рюкзака, останки которого обнаружены уборщицей Марьей Федотовной на соседней помойке.

— Ты меня ненавидишь, — тихо и проникновенно говорит Вольдемар Игнатьевич, неотрывно глядя сыну прямо в глаза. — Я знаю, ты меня ненавидишь. Ты уже давно меня ненавидишь. Ты всегда портишь самые нужные мои вещи. Ты расплавил мои запонки на газовой горелке. Это ненависть, настоящая ненависть. А что ты сделал с электробритвой? Вывинтил мотор для своей... к-кенгуровины!..

(Так Валера назвал неудавшуюся модель лунохода.)

Теперь ты уничтожил мой рюкзак. Т-такой рюкзак стоит ш-ш-шестьсот рублей. Ты меня ненавидишь... Ты меня всю свою жизнь ненавидишь...

«Гипнотизирует, — с тоской понимает Головешкин, не в силах отвести взгляда. — Гипнотизирует... Как удав из мультфильма... Вот только что не ненавидел еще... нисколечко... А теперь... Уже... Не... На... Ви...»

— НЕНАВИ-И-ЖУ!!! — вдруг кто-то истошно выкрикивает из него, совершенно без его воли. — Дд-а-а-а!!! Ненави-и-ижу!!! И рюкзак твой!! Ненавиж-ж-жууу!!! И за... И бри... И Килиманджа-жж... Не-нави!.. Нена... Не-на-на...

Лечить Валеру привела мать. Жалобы: сильный тик и заикание, особенно в присутствии взрослых мужчин. Нежелание учиться, непослушание...

Не требовалось большой проницательности, чтобы догадаться, что Валера и меня готов с ходу причислить к разряду Отцов, Ведущих Следствие, ведь детское восприятие действует обобщенно-размыто, да и не только детское...

Нет-нет, никакого гипноза. Три первых сеанса психотерапии представляли собой матч-турнир в настольный хоккей, где мне удалось проиграть с общим счетом 118:108 — учитывая высокую квалификацию партнера, довольно почетно. Потом серия остросюжетных ролевых игр с участием еще нескольких ребят...

Я играл тоже, был мальчиком, обезьяной, собакой, подопытным кроликом, роботом, а он всегда только человеком, взрослым, самостоятельным, сильным. Был и альпинистом, поднимался на снежные вершины, безо всякого рюкзака...

Играючи и раскрылась постепенно вся эта история.

Новый оранжевый рюкзак Вольдемар Игнатьевич купил себе в следующую получку. С ним и явился ко мне, прямо с работы, пешком, спортивный, подтянутый.

— Спасибо, доктор, за вашу п-помощь, заикаться стал меньше Валерка, вроде и с уроками п-получше. Я тоже заикался в детстве, собака испугала, потом п-прошло, только когда волнуюсь... Спасибо вам. Только вот что делать?

Эгоист растет, п-паразит. Не знает цены труду, вещи п-портит, ни с чем не считается. Вчера телефон расковырял, теперь не работает, импортный аппарат. Спрашиваю, зачем? Молчит. «Ты что, — спрашиваю, — хотел узнать, откуда звон?» А он: «Я и так знаю». Ну что делать с ним? Избаловали с пеленок, вот и все нервы отсюда. Как воспитывать? Как воздействовать? П-подскажите.

— Вы преувеличиваете мои возможности, Вольдемар Игнатьевич. Мое дело лечить. Воспитывать ваше дело, мое — лечить...

— Вы п-психотерапевт, умеете гипнотизировать... Я читал, гипноз п-применяют в школах, рисовать учат... Отличная вещь. Вот если бы овладеть...

— Если вас интересует гипноз как средство воспитания сознательной личности, а заодно и сохранения имущества, то п-проблема очень сложная... Я, кстати, в детстве тоже немного заикался...

Знаете что? Есть идея. Вот этот ваш рюкзак, отличная вещь... Вы бы не могли с ним расстаться?

— К-как расстаться? А, в раздевалку? Сейчас...

— Нет, нет, вы не так поняли. Оставьте его здесь. Мне в аренду, по-дружески, под расписку... На полгода, не меньше. И все это время никаких рюкзаков, обойдитесь сумками. Так надо, Вольдемар Игнатьевич, надо. Потом зайдете и заберете. Понимаете?

— Вас п-понял... То есть... З-зач... ч... чем?

— Я заряжу ваш рюкзак своей гипнотической силой... Пишу расписку... Вот моя подпись, а здесь вашу, пожалуйста... Вы молодец, умница, вы далеко пойдете... Вы всегда будете поддерживать своего любимого сына, всегда стараться говорить ему ободряющие слова и не говорить лишнего... Вы отличный отец! Настоящий папа!.. Счастливо!..

— Спа-па-сибо, д-д-доктор...

Зачем нужна недоверчивость

— Сегодня очень хорошая погода,
и у меня хорошее настроение... Что-то здесь не так!
Маша, 4 года

— Мальчик, поди сюда.
— Пойдем со мной, девочка.

Если вы человек, совсем незнакомый ребенку лет от двух до десяти (да и старше...), но произносите вышесказанное тоном твердым, энергичным, уверенным, не содержащим ни доли сомнения в том, что ребенок послушается, — тоном **внушительным** — ребенок послушается...

А точнее: пятеро из десяти послушаются не раздумывая, безотчетно; трое-четверо — с колебанием и сомнением; и лишь двое или один — не послушаются, то есть поступят реалистично, с точки зрения безопасности **правильно**. Вдруг вы хищник, киднэппер, маньяк, людоед?..

Почему дети в таком большинстве доверчивы, почему так внушаемы вопреки очевидной опасности этого свойства? Да потому, что тысячи предшествующих поколений вырастали в мире, где это свойство было необходимо, где оно обеспечивало безопасность.

Детеныши росли в Мире Своих.

Одно из ужаснейших противоречий для существа, новоприбывшего в современные человекоджунгли, где разница между Своим и Чужим размывается многолюдьем, обманчивой общностью языка, масс-культурой, средствами информации, стандартами обучения, тупостью и жестокостью ближних... Нынче и взрослые до скончания века не разберутся, что для них хорошо, что плохо, что свое, что чужое. А для ребенка недоверие взрослым равно недоверию жизни. Как с этим жить, как общаться, как развиваться, на что надеяться и куда идти?..

ОПРЕДЕЛЕНИЕ ВНУШАЕМОСТИ

ЧЕРЕЗ ДОВЕРЧИВОСТЬ И НАОБОРОТ

Бизнесмен спрашивает пятилетнего сына:
— Сколько будет дважды два?
— Шесть.
— Как шесть? Ты что, дебил? Я же тебе говорил...
— Пять.
— Ну, ближе уже. Ближе. Не пять, а...
— Да знаю, пап, знаю.
Я просто поторговаться хотел...

Анекдот анекдотом, а подавляющее большинство населения нашей планеты верит, что дважды два в широком смысле совсем не четыре, а сколько угодно. Даже и в узком смысле — ежели заявить взрослому, что дважды два — шесть, предъявив убедительную систему псевдологических доказательств (а такую систему для любой чуши и бреда нагородить всегда можно, в этом и состоит древнее искусство софистики и демагогии), то человек может поверить. Особенно если говорить с такими жестами и таким тоном, которым

Доверчивость и внушаемость по сути одно и то же, только разные уровни. Доверчивость — внушаемость сознания, а внушаемость — доверчивость подсознания. Можно еще несколько условно определить доверчивость как внушаемость левого, «знающего» полушария мозга, а внушаемость — как доверчивость правого, «чувствующего». Одно действует через другое.

Программа Да и Программа Нет

Уже в самом раннем младенчестве один лучезарно тянется ко всем без разбора, другой выборочно — только к своим, к проверенным и привычным, а третий не доверяется почти никому, на общение не идет, не дается на руки, растет букой, угрюмцем...

Одна кроха упряма, своевольна, капризна, другая послушна, покладиста. Один — дикий одинокий волчонок, другой — ручной всеобщий щенок.

Почему?.. Что будет дальше?.. И у животных, и у людей есть два инстинкта, две большие врожденные стратегии мироотношения и поведения: доверие и недоверие, открытость и закрытость — Программа Да и Программа Нет. Программы эти закреплены в памяти каждой клетки не только мозга, но и всего тела, имеют свои биохимические механизмы, свои вещества Да и Нет...

Нельзя жить без доверчивости: ни с кем не пообщаешься, никого не примешь в друзья и близкие, и никто не примет тебя. Ничего не воспримешь, ничему не научишься. Тупик изоляции, мороз одиночества, ад подозрительности... Нельзя жить и с безграничной доверчивостью. Даже самая преданная и самоотверженная собака имеет какую-то меру доверия своему хозяину, какой-то предел, за которым зверь вспоминает, что он зверь...

Существо всего лишь доверчивое — это робот, машина: жми кнопку — и получай искомое. И это всегда овца, всегда жертва. Доверчивый и внушаемый человек в народе имеет звание дурака или лоха. (Между прекраснодушием интеллектуала и некритичностью клинического дебила расстояние не столь велико, как кажется...)

По тому, насколько преобладают и каким образом распределяются у человека по жизни Программа Да и Программа Нет, проходит водораздел характеров, социальных установок, мировоззрений...

Ум, заметил однажды Д.С., есть прибор, определяющий, чему верить и как, исходя из этого, поступать. Более никакой надобности в уме в общем-то нет, сказал он, потому-то с него так легко сойти. «А что же такое разум?» — спросил я. — **«Ум, научившийся определять, верить ли себе самому».**

УДАРЫ МИМО ВОРОТ

— Я ей говорю: веди себя прилично, некрасиво заниматься онанизмом публично. А она продолжает.. Что делать, доктор, бить, да?

Мать о двухлетней дочке. Всерьез.

Малыш может не понимать обращенную к нему речь; может, заигравшись, не услышать сердитый оклик; у него может не хватить внимания, чтобы дослушать нас, может быть слишком хорошее настроение, чтобы понять по выражению глаз, как мы серьезны.

Ребенок постарше может не знать многих взрослых слов, не иметь (а вдобавок, родительскими усилиями, и не желать иметь) многих понятий, кажущихся родителям само собой разумеющимися, универсальными.

— Я ему говорю: почему ты исходишь из презумпции своей правоты и нашей виновности, это неправильная презумпция. Ты должен иметь правильное мышление. А он мне: сами надевайте свои трезубции, мне они не нужны!.. Ну что тут внушишь? Просто не хочет слушаться и издевается!..

Мама-юрист о десятилетнем сыне. Всерьез.

В подобных и иных случаях ворота внушаемости не заперты; но тот, кто не имеет навыка входить в мир другого существа и смотреть из него на себя, в них просто не попадает — как незадачливый футболист, лупит мимо или забивает в свои ворота. Очень многие такие вот нулевые родители и бабульки-дедульки, путая невосприятие с сопротивлением, ведут себя как вышеописанные мамаши, наращивают претензии к ребенку и тем лишь ускоряют приход того времени, *когда*

Ворота запираются изнутри

У дураков надо учиться.
Ведь все равно же мы у них учимся.
Вова, 7 лет

Защита от внушений — антивнушаемость — внешне проявляется недоверчивостью, капризностью, непослушностью, строптивостью и упрямством, наоборотным поведением («из вредности», «из хулиганства»), а позже и отчуждением, скрытностью, лживостью, явной или скрытой ненавистью... Развивается неравномерно: полосами, периодами. Каждый ребенок проходит через несколько «возрастов упрямства» — они же и переходные.

ПЕРВЫЙ ВОЗРАСТ УПРЯМСТВА
2-4 года

Иногда что-то подобное заметно уже и у годовалых. Очаровательный покладистый малыш вдруг превращается в злостного капризулю.

Отвергается любое предложение, приказ или просьба; на любой вопрос почти автоматически отвечает «нет», «не хочу», «не буду», «не дам»...

Может вдруг совсем перестать говорить, начать снова делать в штанишки, отказывается от горшка или сидит по часу. Все, что запрещают, стремится делать как бы назло или желая проверить, действительно ли запрещается. Шлепки и окрики действуют слабо, терпения не хватает...

В это время оголтелые воспитатели, не понимая, что происходит, могут натворить много бед.

Начинают серьезно наказывать, бить, ломать человека в самом его начале...

А происходит вот что: одно из первых опробований Программы Нет. Ребенок начинает пока еще неосознанно утверждать свое «Я».

Бросает свой первый вызов миру. Учится быть своевольным, отказывать, поступать несмотря и вопреки...

Естественно, это самообучение производится с избыточностью, с издержками — как всякая тренировка!..

Бывают дети, у которых «возраст упрямства» начинается с первого крика и не кончается никогда — негативисты, строптивцы. (И антиподы их тоже встречаются, о них дальше...)

Но обычно уже где-то около четырех перед нами снова милейшее маленькое чудовище, изо всех сил желающее жить с нами в согласии, слушаться, радовать нас, искренне огорчающееся, когда это не получается...

НЕ ПУГАЙ РЕБЕНКА

Вот сейчас тебя собака съест. Отдам тебя дяде (милиционеру, доктору..)! Машина задавит. Простудишься, заболеешь. Будешь трогать пипку — отвалится, и умрешь.

Трудно потом освободить ребенка или бывшего ребенка от разрушительного влияния таких заботливых предостережений. Даже если тут же забудется, внушение сделает свое дело, подсознание его вспомнит... Страх, ужас, ненависть проснутся в другое время, в другом месте...

Не вселяй страх, не плоди ужастиков, в жизни их и так хватит...

Не пугайте малыша,

от него уйдет душа,

убежит в подземный сад,

не найдет пути назад...

Станет взрослым и большим,

будет сам себе чужим

и от счастья убегать,

и своих детей пугать,

слышите?..

Второй Возраст Упрямства
5–7 лет и дальше

Где-то между 5-7, иногда ближе к 8-9 годам. Все то же утверждение самости, та же Программа Нет на другом уровне. «Мама, ты говоришь неправильно, дядя Саша знает лучше тебя!» «Папа, ты сам ничего не умеешь!..» «Бабушка, ты противная, ты бы умерла поскорей!» «Не буду надевать эту майку, не нравится она мне, никто не носит такие, и вообще жарко!..»

Плохое настроение, усталость, предвестие болезни?.. Вполне возможно. Надо, однако, знать, что всякое скверное состояние выводит наружу подавляемые побуждения. Ведь как раз в это время начинает стремительно наступать на ребенка чудище обло-озорно-стозевно-и-лайяй по имени Необходимость.

Игрушки уступают место учебникам, маленький раб садится за парту... И снова, снова и снова приходится доказывать старшим — а главное, себе самому — что ты можешь быть если не распорядителем, то хоть совладельцем своего «Я»; что кроме «надо», бесконечного «надо», есть и право на «хочется»...

Положение между тигром и крокодилом: недожмешь «надо» — не состоится ни настоящая учеба, ни настоящая личность; пережмешь «надо» — все то же самое плюс...

Накаты упрямства и всеотрицания будут происходить всякий раз, когда ребенок будет чувствовать себя ущемленным в своих маленьких, но тем более драгоценных правах; когда самооценка его будет ставиться под угрозу; когда будет подавляться его стремление к самостоятельности; когда будет скучно; когда взрослые будут давить, не догадываясь о своей тупости, не догадываясь о непонимании...

дай время себе

дай время ребенку

Не случается ли, что мы ведем себя с ребенком как самозарядный автомат, не давая себе времени не то что подумать, а просто увидеть, что происходит?

Научимся выдерживать паузы: ориентация, а потом реакция. «Лучше ничего не сказать, чем сказать ничего». Дети не уважают суетливость. Некоторая медлительность старших всегда действует внушающим образом.

Быстрее давай! Ну что ты застряла! Опять возишься! А ну, марш за уроки, сию минуту! Садись есть, немедленно! Все, кончай, спать пора, сколько можно! Домой, сейчас же!..

Примерно каждый второй из детей по тем или иным причинам не справляется с темпами, требуемыми со стороны взрослых, и примерно каждый десятый явно медлительнее остальных. Это может быть связано и с какой-то болезнью или задержкой развития; но, как правило, это дети совершенно здоровые и, более того, часто весьма одаренные. Таким увальнем, неуклюжим недотепой был и маленький Пушкин, и маленький Эйнштейн. «Тихая вода глубока». Им нужно быть медлительными: в свое время догонят и перегонят. Ребенок — не автомат.

Правильно (примерно до пятилетнего возраста):

Вот эту башню достроим, ну а потом... Скоро я начну считать до десяти, и когда досчитаю... (позвоню в колокольчик, хлопну в ладоши...)

После пяти-шести:

Скоро спать (садиться за уроки, идти домой), приготовься... У тебя еще ровно 11 минут... Поздравляю, сэр, ваше время истекло. Точность — вежливость королей...

Если необходимость вынуждает к немедленности, твердо и решительно, но обязательно весело и жизнерадостно — приказываем! Если, как часто бывает, начинает препираться и торговаться («Ну сейчас... ну еще немножко...»), не вступаем в препирательства, повторяем приказ более властно или применим мягкое насилие: обнимем и уведем.

Такие ситуации повторяются ежедневно, не так ли? Есть, следовательно, возможность поэкспериментировать...

И у взрослых не все внушения реализуются сразу, большинство требует какого-то срока для проторения.

Не понимает, сопротивляется, а потом вдруг все как надо, само — когда перестают давить...

ВЕРЕВКА В ДОМЕ ПОВЕШЕННОГО

ИЗ ЗАМЕТОК ДОКТОРА КСТОНОВА

 — Пожалуйста, не вцепляйтесь, как клещ, в его (ее): страхи, неуспеваемость, плохое поведение, привычку, болезнь, проблему..

Почти постоянный припев в моих обращениях к родителям так называемых проблемных детей.

— Как?! Вы что, требуете, чтобы я внушил(а) себе безразличие к своему собственному ребенку?!

— Нет. Не так поняли. Я прошу вас не обращать внимания только на это. Я прошу вас относиться спокойно только к (болезни, проблеме), а не к ребенку.

Понимаете разницу?..

Ребенок — не привычка, не болезнь, не проблема.

Ребенок — ребенок.

— А это пройдет?..

— Никакой гарантии.

— Понимаю. Я должна сделать вид, прикинуться...

— Не прикинуться, а проникнуться...

Не доходит... Что уж просить не говорить о веревке в доме повешенного...

Знаешь ли, все у тебя хорошо, если б не родимое пятно, все замечательно, только это родимое пятнышко, понимаешь ли, портит картинку, ну ничего, мы его выведем, жизнь прекрасна и удивительна, жить мешают только родимые пятна, но это не страшно, не падай духом, пойдем в химчистку..

Хотел как лучше, а вышло...

ЧТО МОЖЕТ ПОЛУЧИТЬСЯ,
КОГДА ВНУШЕНИЕ РАБОТАЕТ НА ВСЕ СТО

В следующий раз полезет — дай ему как следует, — учил отец. — Вот так, по-боксерски, или вот так, самбо. Понял? Надо уметь за себя постоять, надо быть мужчиной. Если он сильнее тебя или много их, хватай палку или кирпич. Ясно? А если еще раз распустишь нюни, я тебе еще не так.. (Указал на ремень.)

Так было внушено девятилетнему Толику, мальчику нежному и робкому, бороться с обидчиками только собственными силами и подручными средствами. По-мужски. И так один из его обидчиков, девятилетний Андрей, остался навсегда инвалидом, или, как говорили раньше, кривым: в результате удара палкой в лицо потерял глаз.

«Но я же не говорил ему: бей палкой в глаз, — оправдывался отец на суде. — Я не учил его бить палкой, да еще острой, а только... Ну, махнуть разок, чтоб пугнуть... Кто же знал...»

Я КОМУ ГОВОРЮ?..

На Пятачке, после розыгрыша следующей сценки всем присутствовавшим предложили объяснить поведение Ребенка, его мотивы.

На пляже отец велит 10-летнему сыну: — Сними рубашку.
Сын, ничего не говоря, делает отрицательный жест.
Отец настаивает: — Сними, жарко.
— Не жарко.
— Да сними же, тебе говорю, весь вспотел.
— Не хочу. Не сниму.
— Я кому говорю! — Отец грозно нахмуривается и хватает сына, тот упирается, начинается сцена насилия...

После игры разгадывали возможные мотивы упрямства: сын толстоват, нескладен, стесняется своего тела, не хочет сравнения — не в его пользу; боится какой бы то ни было обнаженности, потому что окружающие чересчур зорки, а у него есть одна постыдная тайна; не желает загара, считает, что белый цвет благороднее — «бледнолицый брат мой»; хочет утвердить свое право быть собой хоть на таком маленьком пустяке...

Почему не объясняет сам? Потому что мало надежд, что отец поймет, скорее подымет на смех; потому что стыдно; потому что нет подходящих слов; потому что и сам не знает... Оказалось — объяснил игравший Ребенка Д.С. — мальчик боится, что его насмерть укусит в пупок оса, прошлым летом ему этим пригрозил в шутку какой-то умник. *(Мальчика пришлось лечить от невроза...)*

Обсуждая, пришли к выводу, что стремление взрослых сделать ребенка послушным, управляемым существом на 99% эгоистично. Ведь они лицемерят или, во всяком случае, искренне лгут себе, когда утверждают, что воспитывают ребенка (читай: пытаются манипулировать им) ради его, а не своего блага.

Прежде всего они хотят, чтобы ребенок не создавал им проблем, чтобы был удобным. И слава Богу, что это в большинстве случаев неосуществимо.

Конфликт между взрослым Надо (*читай — Мне Так Хочется!*) и детским Хочу совершенно нормален. В этом противостоянии Ребенок растит свою волю и учится не только сдаваться и подчиняться, но и сопротивляться и подчинять, развивает не только привычку проигрывать, но и умение выигрывать или проигрывать, по крайней мере, не с сухим счетом.

Взрослый же — раньше ли, позже ли — получает предметный урок оставления плодов действия и смирения.

Вопрос в том, сможет ли он этот урок принять... Вникнуть в мир своего ребенка, вчувствоваться в его жизнь изнутри — значит получить волшебный золотой ключик, открывающий ворота души. Нужно только всмотреться, вслушаться, сопоставить, вспомнить себя...

Увы, как раз потому, что взрослый — взрослый только снаружи, а не внутри, себя он не помнит и слепоглух к детскому существу. Отождествляет родительство с ролью начальства, няньки, охранника, финанс-попечителя, подаркодарителя... Не общается, а дает

указания, не вникает, а вламывается, не разговаривает, а наезжает. И по-детски обижается, и ужасно сердится, когда получает в ответ шиш без масла...

ТРЕТИЙ ВОЗРАСТ УПРЯМСТВА

МАЛЬЧИК: 14–17; ДЕВОЧКА: 11–15 ЛЕТ

Всем известный кризис, эта психогормональная буря, которую и привыкли называть собственно переходным возрастом, или пубертатным.

из переводов с детского и не совсем

...Со мной происходит что-то небывалое, я бешено расту, у меня все меняется, и многое неприятно, стыдно... Хочется то спрятаться и не жить, то обнимать весь мир... Я так нуждаюсь в одиночестве и так от него страдаю! Я не знаю, что подумаю через минуту, не мешайте мне, помогите!..

...Хватит принимать меня за дурачка, я уже взрослый! Прошу на равных, требую уважения! Но остаток детства, который у меня еще есть, дайте дожить, доиграть!..

...Не хочу жить, как вы, не хочу быть на вас похожим! Если бы я создавал этот мир, я бы сделал все по-другому, и вас бы не было! Я уже раскусил вас, наелся, с меня хватит!..

...Отойдите, имейте совесть! У вас своя компания, а у нас своя, нам без вас свободнее, веселее, нам есть чем заняться... Вы нас кое-чему научили, спасибо, теперь мы учимся у себя самих, мы живем! Вы уже это забыли, старики, отодвиньтесь, дайте пройти!..

...Ах вот оно что. Оказывается, я ничего не знаю, не умею и ни черта не смыслю! Ни на что не годен, ничтожество! И это все благодаря вам, дорогие взросленькие, благодаря вашим сказочкам, вашему воспитаньицу!..

...Я должен узнать мир и себя, я нуждаюсь в экспериментах. Я хочу испытать невероятное, хочу проверить известное. Мне нужны трудности и ошибки. Я хочу сам делать свою судьбу, я хочу жить как хочу, но сначала я должен узнать — чего я хочу?

...Хочу верить, слышите? Я хочу во что-нибудь, в кого-нибудь верить! И поклоняться, и служить, и любить! Бескорыстно, самозабвенно! Но не бессмысленно! Хочу понимать — зачем, на роль бездумного исполнителя не согласен! Хочу, чтобы и мне верили, чтобы поклонялись, чтобы любили!

В этом возрасте максимальны и внушаемость, и антивнушаемость. Подросток уже бит, уже терт, уже недоверчив — но пока только на уровне своего сознания, еще слабоватого; а подсознание — словно открытая рана, доступная всем инфекциям...

Очень легко зомбируется, подчиняется всяческим психовоздействиям, если только они идут из источников, еще не успевших показать ему свою задницу. Как невменяемый психбольной устремляется незнамо куда и бешено возводит психозащитные бастионы — бронируется от внушений дискредитированных, и не в последний черед от твоих, родитель!..

Ты в отчаянии стоишь перед наглухо запертыми воротами, а его душа ищет, кому открыться. Всегда ищет...

Дай право на ошибку и себе, и ребенку

Одно из противоречий — каждодневное, ежеминутное. Да, жизнь невообразимо сложна; да, я знаю, что ничего не знаю, уверен, что ни в чем не уверен. А без уверенности нельзя. Без уверенности в своей правоте — не прожить и дня. И не воспитать: не сработает ни одно внушение.

Поймем точно: речь идет не о какой-то маске уверенности, не об игре в уверенность. Если уж на то пошло, необходимо уметь разыгрывать именно неуверенность, а это без уверенности невозможно!..

Нелишне иметь в виду: в среднем

**70% говоримого ребенку может не говориться,
50% делаемого может не делаться**

Наша тревожность производит излишек во всем, кроме ума. Отдадим же эти проценты своей неуверенности, как подоходный налог, но все остальное должно делаться и говориться уверенно. Пусть и неправильно — дадим себе право и на ошибки.

Осознаем это свое право как доверие уму и душе ребенка, как уверенность в нем.

Как вести себя
при упрямстве ребенка
и не только ребенка

Учтем одно важное обстоятельство, которое можно незаметным образом превратить в выигрышное. Дитя не знает мер и весов, не имеет иерархии ценностей — вертикальной структуры отношения к жизни. Для него одинаково важно (и одинаково неважно) надеть новую шапку, поцеловать маму, вытереть попу, взять на прогулку любимую игрушку, увидеться с папой, погладить собачку, похоронить бабушку, съесть конфету...

Отсюда и возможность гармоничного распределения нашего отношения к детскому сопротивлению — поделим свои подходы и тактики, как сердечный ритм, на три трети.

Треть уступательная

Один раз из трех постараемся изыскать возможность уступить своему маленькому упрямцу. С какого конца разбивать яйцо? Брать с собой на гуляние куклу или машинку? Надевать красные штаны или синие? Вилкой есть или ложкой? Есть вообще или подождать?.. В подобных енностепенных для жизни вопросах вполне можно — и нужно! — давать ребенку выигрывать поединки с нашей воспитующей волей. И хорошо бы иногда делать это чуть-чуть хитро — не сразу уступать, а посопротивляться-попрепираться, понастаивать на своем, чтобы цена его победы была для него не слишком низка!..

Треть настоятельная

А это уже та, в которой проявим решительное и неодолимое упрямство мы сами: строго настоим на своем, добьемся послушания, повиновения, если потребуется — и силой…

Понятно, что в эту треть войдет прежде всего самое важное, наиглавнейшее: то, что относится к безопасности и здоровью. Идти гулять (в детский сад, в школу…) надо, а не желаешь? Пойдешь, ежели здоров, никуда не денешься. Одеваться в студеный день не хочешь совсем? — Придется тебя одеть.

(А вот **что** надеть — можно решить вдвоем, в честной борьбе покапризничать-покомпромиссничать.) Лезешь пальцами в электророзетку? — Нельзя, еще раз нельзя. Не понимаешь, не веришь, лезешь нарочно? — Вот тебе по руке, бо-бо. Бьешь бабушку или маленького братика, мучишь котенка, сошвыриваешь со стола чашки на пол нарочно, кидаешься какашками? — Получай немедленно адекватный ответ…

Компромиссная треть

Не настаивать и не уступать, а выждать, отвлечься, поиграть, посмеяться, попеть, поплясать, что-то придумать забавное, неожиданное, незаметно вовлечь в желаемое другим боком…

– Как бы это так сделать, чтобы бабушка вымыла руки перед едой как следует, с мылом... Не умеет она мыть руки... И показать ей некому...

(Пятилетняя девочка тут же бросается учить бабушку мыть руки и очень хорошо показывает, как это делается).

– Какие игрушки сегодня пойдут спать по своим местам, а какие остаются дежурить на ночь?

(Вместо тупого и несрабатывающего: «А теперь убирай свои игрушки и иди спать». По крайней мере, часть игрушек будет убрана, и идти спать уже легче...)

– Сегодня читаем книжку по очереди: строчку я, строчку (слог, слово или два слова) ты... Кто прочтет три слова подряд, тому премия...

Такой подход — наилучший для надобностей, где одинаково опасны и послабления, и пережим. И таких немало! Еда, лечение, обучение, привитие навыков порядка и гигиены, закалка, физическое развитие — все это требует искусной, точной политики —

компромиссов!..

Прием Тома Сойера: парадоксальная демонстрация

«Ни за что не позволю тебе покрасить этот забор». С ребенком, впавшим в упрямство, с негативистом — через два раза на третий делайте вид, что вы хотите-наоборот, ждете-наоборот... Сегодня запрещено: чистить зубы, делать зарядку, браться за книги, гулять с собакой, выносить мусорное ведро!!!

Ожидаемое упрямство-наоборот проявится с вероятностью около 85%. Приемчик срабатывает не только с детьми!..

Все меньше свистите

Представим, что будет с нами, если 37 раз в сутки к нам станут обращаться в повелительном тоне, 42 раза — в увещевательном и 50 — в обвинительном?..

Цифры не преувеличены: таковы они в среднем у родителей, дети которых имеют наибольшие шансы стать невротиками и психопатами. Ребенку нужен отдых не только от приказаний, распоряжений, уговоров, похвал, порицаний и прочая. Нужен отдых и от каких бы то ни было воздействий и обращений!

Нужно время от времени распоряжаться собой полностью — нужна, короче, своя доля свободы. Без нее — задохнется дух...

«Постепенно все меньше свистите и командуйте» — такой совет дают дрессировщикам служебных собак, работающим со щенятами.

Вечный возраст упрямства
с 15–17 до 70 лет и дальше
из писем бывших детей

...Единственный человек, который способен и сейчас довести меня до слезоистечения, — это мама. Хочет мне только всего наилучшего и сказочно расписывает мои несовершенства. Стыжу себя — скоро тридцать тебе, ну что ж ты внимаешь ей, все берешь на веру, как семиклассница... Но рефлекс сильнее. Когда мне «придают ускорение», я торможусь. Поэтому, согласно маминой терминологии, «до сих пор ничего не делается»...

...Мне очень нравится играть в бадминтон, у меня первый разряд. Но я странным образом не могу играть...

В секцию родители привели меня в семь лет. Тренироваться сначала нравилось, но когда обнаружилось, что тренировки — это обязанность, нравиться перестало.

Каждый пропуск тренировки осуждался дома, иногда даже наказывали. И я начал нарочно проигрывать без борьбы, а потом...

На первом курсе вуза вообще бросил спорт. А вот недавно на шуточном поединке по армреслингу, почувствовав упорство соперника, сразу сдался. Стало муторно на душе, будто я не достоин жизни...

Вот стать бы опять как в детстве, до 8 лет. Тогда я боролся изо всех сил, даже не имея никаких шансов!.. Не могу заставить себя пойти в спортзал, с которым у меня связано чувство какой-то самообреченности на поражение. Как починить сломанную волю, как перестать быть беспозвоночной медузой?..

...Мою подружку родители заставляли ходить в музыкальную школу, и она возненавидела музыку на всю жизнь. А я музыку обожаю с раннего детства, но заниматься не позволили: небольшое искривление позвоночника — вот и уговорили: не надо, хребет искривится... Фортепиано продали. Настоять послушная девочка не могла...

Погибаю без музыки...

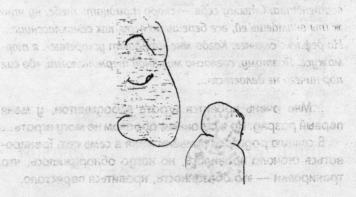

ЛЮБИМЫЕ ГРАБЛИ

ОШИБКА, ОТ КОТОРОЙ ТРУДНЕЕ ВСЕГО УДЕРЖАТЬСЯ

За годы врачебно-психологической практики я узнал не одну сотню людей, маленьких и больших, которые:

НЕ

- здороваются
- умываются
- чистят зубы
- читают книги
- занимаются спортом, музыкой, языком..
- учатся
- работают
- женятся
- лечатся
- живут

только потому, что их к этому понуждали

И приблизительно столько же тех,

КОТОРЫЕ

- сосут палец
- грызут ногти
- ковыряют в носу
- курят
- пьют
- бездельничают
- матерятся
- шляются
- воруют
- и прочая, прочая, прочая..

лишь потому, что их заставляли не делать этого

Всегда ли так? Нет, не всегда, но слишком часто, чтобы это можно было считать случайностью.

Попытаемся разобраться. Вы убеждены — я убежден — мы убеждены, мы твердо знаем, нет никаких сомнений в том, что нашему ребенку

☞ HADO ☜

хорошо и вовремя кушать,

учиться на пятерки,

занимается спортом, следить за здоровьем,

быть честным, ответственным, аккуратным,

быть смелым, уметь за себя постоять..

закончить, поступить, сдать, выполнить,

получить.. добиться.. достичь..

(подставьте любое действие, привычку, состояние, стремление, цель, программу)

мы совершенно правы

И вот мы начинаем:

приказывать,

требовать,

добиваться,

а также:

убеждать,

уговаривать,

напоминать,

а также:

```
                  советовать,
                 подсказывать,
        высказывать свои мнения, пожелания
                 и предложения,
           обещать и брать обещания,
      а также:
   ворчать, скрипеть, нудеть, зудеть, давать
   ЦУ, капать на мозги, пилить, мотать душу
        (нужное подчеркнуть) — короче:
```

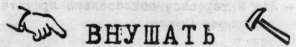

ВНУШАТЬ

С той или иной окраской и интенсивностью, с теми или другими нюансами, но внушать. С той степенью на-ив-но-сти, при которой

сам Факт Внушения
незамеченным не остается

Вы ждете объяснения, почему же

ничего не получается
или
получается торобоан

На то есть, по меньшей мере, три основные причины.

Во-первых, сам Факт Внушения, пусть даже в форме деликатнейшего предложения или намека.

Ребенок не знает слова «внушение», но его подсознание моментально раскручивает, в чем дело. Моментально и очень рано, а именно с первого же замеченного **повторения:** слова, интонации, жеста, выражения глаз...

«Ага, от меня **опять** что-то требуется...»

Сработает антивнушаемость.

(Особенно если дело происходит в один из периодов упрямства, когда и наша воспитательская наивность достигает своего апогея.)

Во-вторых, то, что внушение производим мы — именно мы — именно вы — именно я. Персональная аллергия.

Вы, наверное, как и я, не раз замечали такую обидную странность: даришь книжку, отличную, редкую, крайне интересную, крайне полезную:

— **Это интересно, обязательно прочитай.**

— Ага, спасибо. Прочту.

Не читает.

— **Ну как, прочел?**

— Нет еще. Не успел. Прочту. Обязательно.

Не читает. Собирается, честно собирается. Но вот поди ж ты... Любую мусолит ерунду, только **не это.**

И всего обидней, пожалуй, что та же книжка, небрежно рекомендованная каким-нибудь Генкой как «ничего», будет вылистана от корки до корки!..

Никуда не денешься: для своего ребенка я есть по факту Главный Внушатель. Более чем вероятно, что именно на меня у него уже выработалась обостренная антивнушаемость, родственная аллергии...

Вовсе не обязательно в виде открытого сопротивления, нет, со всем соглашается, понимает, честно старается — и... Честно забывает, честно срывается, честно преодолевает тошноту...

Наконец, *в-третьих*, важнейшее: **как** мы внушаем.

Контекст — скрытое содержание.

ИЗ ПЕСНИ МУЗЫКУ НЕ ВЫКИНЕШЬ

Мы наивно убеждены, что слова, говоримые ребенку (великовозрастному включительно), воспринимаются им в том значении, которое имеют **для нас.**

Но мы не слышим песни своего подсознания, музыки, далеко не всегда сладкозвучной, в которую преобразует наши слова подсознание ребенка.

> АХ, как ты слаб и незрел, мал и глуп!
> ОХ, как же ты ленив и неаккуратен,
> забывчив, безответствен и непорядочен!
> УХ, ничего ты собою не представляешь!
> ЭХ, до полноценного человека тебе далеко!
> ЭЙ, ты зависим от меня, у тебя не может
> быть своего мнения и своих решений,
> я тобой управляю, безвольная ты скотинка!
> ФУ, какой же ты непроходимый чудак!
> ТРАМ—ТАРАРАМ..

— Что за ерунда, что за чушь? — скажете вы. Ничего подобного нет и в мыслях!..

Правильно, ничего подобного. (Допустим, что ничего подобного.) Но **так получается** при нашем безвариантном поведении. **Так выходит,** когда мы не слушаем себя слухом Ребенка. Когда не смотрим его глазами, не чувствуем его чувствами...

Так самое необходимое — и высокое, и прекрасное! — мы связываем для ребенка с адом: с чувством собственной неполноценности и вины, с тревогой и злостью, со скукой и безлюбовностью.

Так в зародыше убиваем и страсть к истине, и потребность в самоусовершенствовании.

Почему я продолжаю делать все ту же ошибку?

По меньшей мере пять раз в день я продолжаю ловить себя в своих общениях все на том же «трам-тарарам». И даже в только что сказанном.

А сколько раз не ловлю?..

Инерция стереотипов. Инерция подражания, в том числе и себе самому. Инерция душевной тупости и нетворческого состояния, чему способствует, в свою очередь, немало причин...

КАК НЕПРАВИЛЬНО СКАЗАТЬ:
«ПОРА СПАТЬ»

Допустим, я не взволнован ничуть, не устал и не раздражен, у меня отличное настроение, олимпийски спокоен (бывает же), и я говорю своему десятилетнему сыну:

— Уже поздно, тебе пора спать.

Говорю самым спокойным, самым благожелательным тоном. Уже действительно поздно. Ему вправду пора спать. Ему хочется уже спать, веки уже набухли, моргает... Однако же:

— Не поздно еще... Ну сейчас, ну еще немножко. Не хочу я спать, эти часы спешат... Сейчас доиграю только (досмотрю, дочитаю, дотяну резину, доваляю дурака до изнеможения)...

Что такое?.. Опять не желает слушаться и понимать очевидное! Опять провоцирует меня на утомительные уговоры, на глубоко чуждое моему демократизму употребление власти!..

— Ты еще не дорос ложиться спать по собственному желанию. У тебя ограниченные права! Ты ничтожество!

Вот что слышит в моих словах его подсознание. Вот контекст!

КАК ПРАВИЛЬНО СКАЗАТЬ: «ПОРА СПАТЬ»

Несколько вариантов из «эн» возможных (по возрасту, по характеру, по опыту, по ситуации...).

— Ух ты, а времени-то уже сколько. Мне спать охота. (А тебе?)

— «Спят усталые игрушки... Баю-бай...»

— Вчера в это время ты уже видел второй интересный сон.

— Слушай, ты молодец. Сегодня тебе вовремя захотелось спать, гляди-ка, правый глаз уже закрывается...

— Опять забыл... Как будет по-английски «спокойной ночи»? А, гуд найт. Ви шел гоу ту слип — мы пойдем спать. Правильно?

Отбой! Можно и потише...

(Безличная краткая команда без употребления глаголов в повелительном наклонении — хорошая форма внушения, особенно для возбудимых подростков; спокойно, решительно, непринужденно — снимает подсознательную оскорбительность императива — подтекст давежки.)

И, наконец, просто:

— *Спокойной ночи.*

(Можно с улыбкой. Можно поцеловать.)

Дает ли какой-либо из вариантов гарантию?.. Нет. Ни один! Но уже легче, что их много. Уже интересно, что они есть... Они всегда есть...

ВРАТА НАСТЕЖЬ — НАЛОГ НА УДОБСТВО
из записей доктора Кстонова

Одна мама, не очень молодая, педагог по образованию, обратилась ко мне с жалобой, что ее ребенок не стелет свою постель. «Как это не стелет?» — «Не убирает. Встает и уходит. Сколько ни уговаривай, ни стыди». Я поинтересовался, сколько малышу лет. «Двадцать восемь. Уже три года женат». — «Вот как... А жена как же?..» — «Ну, жена... Я в их дела не вмешиваюсь». — «Понятно». — «Как ни зайдешь к ним в комнату...» — «Ясно, ясно. И что же, он так за всю жизнь ни разу не застелил за собой постель?» — «Стелил, почему же. До восемнадцати лет. Был приучен. А как в институт поступил — все, ни в какую». — «А в армии отслужил?» — «Да, и заправлял койку как положено, а вернулся — опять все то же. Может быть, это какой-то симптом?..»

Выяснилось: мальчик рос послушным, с короткими вспышками упрямства, энергично гасившимися; был мечтателен, не без самолюбия — в общем, все довольно благополучно. Перестал убирать за собой постель после того, как поступил не в тот институт, в какой собирался, а в который уговорили и помогли...

— Не упрекал ли вас, что не дали встать на свой путь?

— Никогда. Наоборот, говорил, что нравится, что все хорошо, правильно.

— Ну, теперь все понятно.

— Как-как, доктор?!

— Ничего страшного. После того как он сдался вам, ему нужно было хоть чем-нибудь поддержать свою самость. Неубиранием постели его детское «я», или подсознание, это почти одно, и доказывает себе, что все-таки может не делать того, что НАДО.

Мамаша из упертых, понятно. А ребятеночек из удобных, из тех, у кого душа настежь, из зомбанутеньких...

Я узнаю их по глазам — и детей, и взрослых — по особому, чудному, милому и немножко собачьему выражению... Подчиняется без малейших трений, лепится как воск.

Угадывает твое желание с полуслова, настроение — с полужеста, почти телепат...

Любит слушаться, следовать указаниям, примеру, авторитету. Развивается как направляют, даже превосходя самые радужные ожидания...

У этих-то уже и во взрослом возрасте достижима самая глубокая степень гипноза — сомнамбулизм с перевоплощением, с абсолютным самозабвением.

Дыхание древних тайн...

У каждого свои пути и свои путы. Но у такого судьба особенно зависит от того, кому он поверит, кого полюбит, кому и чему отдаст душу.

Я вижу таких и среди подкаблучников и функционеров, и среди опустившихся алкоголиков, и в преступных группировках, и в палатах для душевнобольных...

Схема событий одна и та же, сюжет одинаков. С раннего детства от него добиваются всего, кроме внутренней независимости. Им управляют — он поддается; чем более управляют, тем более поддается; чем более поддается, тем более управляют...

Обе стороны, втянутые в этот круг, не замечают опасной односторонности: непрерывного упражнения внушаемости. И только.

Новые круги отношений, новые требования и соблазны, новые люди, новые гипнотизеры... С чем он встречает все это? Все с той же внушаемостью.

И вдруг оказывается, что у человека нет своей самости, нет Самого Себя. Во всем разуверился, разочаровался, изолгался, пошел по наклонной, спился, утратил смысл жизни, человеческий облик... Все это он, бывший удобный, такой хороший, такой внушаемый.

То, что называют в быту бесхарактерностью, бесхребетностью — только один из обликов этой трагедии.

Наш удобный внушаемый человечек может иметь облик чрезвычайно волевого, целеустремленного гражданина, неуклонно выполняющего намеченную программу. Способный, образцовый, высоконравственный, несгибаемый — все прекрасно. Беда только в том, что это *не его* программа, *не его* нравственность, *не его* характер. Так стихоманы не ведают, что пишут пародии...

Так усыпленный не знает, что спит...

Чем больше воздействия и влияния — тем меньше знает воспитывающий своего воспитанника — и тем меньше сам воспитуемый знает себя.

Непроходимые взаимные заблуждения...

окно огромное
и небо тёмное
зачем
так рано
в школу

Перевод с детского

«Каждый день и всю жизнь задаю тебе один и тот же неслышимый безмолвный вопрос: Ты хочешь, чтобы я был таким, как надо, и только таким?.. Ты меня формируешь?.. Я иду тебе навстречу. Я изо всех сил стараюсь подогнать свой образ к тому, который для тебя желателен, да, но и только. Тебе нужно, чтобы я был здоров, хорошо себя вёл, хорошо учился, и только? Пожалуйста, по возможности..

Но вся остальная моя жизнь, не укладывающаяся в прокрустово ложе твоих требований и ожиданий, весь мой огромный мир, полный тревог и надежд, ужасов и соблазнов — куда мне с этим деться?..»

ПОСОЛ РЫБЬЕЙ ДЕРЖАВЫ

опьянение трезвостью

психодраматическая реконструкция

одной грустной истории

Надо бдительно ловить себя на лжи,
клеймя одетый в красивые слова эгоизм. Будто бы
самоотречение, а по существу мошенничество...

Януш Корчак

Почва

> «....*Мальчик мой, если б я знал... Только счастья хотел тебе, но если бы знал... Сколько лет жил тобой, сколько ночей писал письма... Теперь ты передо мной — незнакомый навеки...*»
>
> Отец — сыну. Из неполученного письма

С детства питаю слабость к нравоучительным афоризмам. Имея один-два под рукой, чувствуешь себя обеспеченным. Вот этот, например:

В делах нужна изящная простота...

девизом висит у меня над столом, над грудой бумаг, книг, ручек, карандашей, писем, телефонных счетов...

...изящная простота, достигаемая умной внимательностью, а не нудным трудом.

Честерфилд: письма к сыну

Знаменитый английский политический деятель и публицист XVIII века лорд Филип Дормер Стенхоп, граф Честерфилд, полжизни писал письма своему сыну.

Письма эти были впоследствии многократно изданы, разошлись по миру как признанный шедевр эпистолярного творчества и афористики; в равной мере как непревзойденный образец жанра родительских наставлений, возникшего еще в библейские времена.

И конечно, как документ эпохи.

Поглядишь на теперешних отцов, и кажется, что не так уж плохо быть сиротой, а поглядишь на сыновей — думаешь, что не худо остаться бездетным.

Сказано как про нас, правда?.. А это Англия, и не в худшие ее времена. Я сомневался: стоит ли отвлекаться от множества нынешних историй, живых и болящих, ради какой-то одной, поросшей быльем?.. Но, когда читаешь эти письма и видишь за ними отца и сына, дорисовывая кое-какие подробности на правах вживания, забываешь напрочь, что это было далеко и давно...

Я еще ни разу не видел, чтобы непослушный ребенок начинал вести себя лучше после того, как его выпорют. Насилие дает лишь кажущиеся результаты...

Как сегодня и здесь, как всегда и всюду...

Сколько пробелов в памяти человечества?.. Сколько судеб, жизней, смертей, сколько ужасов и чудес погружено в невозвратность?..

А меньше всего известна история детства.

Читаешь ли Библию, Плутарха или сегодняшние газеты — кажется, будто в мире живут и творят безумства одни только взрослые особи; будто детства либо и вовсе нет, либо так, довесок...

Между тем детство отнюдь не придаток общества и не пробирка для выращивания его членов.

Детство имеет свою историю, более древнюю и фантастичную, чем все истории взрослых, взятые вместе. Свои законы, обычаи, свой язык и культуру, идущую сквозь тысячелетия. Сколько веков живут игры, считалки, дразнилки? Сколько тысяч лет междометиям, несущим больше живого смысла, чем иные оратории и эпопеи?..

Теперь мне не надо делать никаких необыкновенных усилий духа, чтобы обнаружить, что и три тысячи лет назад природа была такою же, как сейчас; что люди и тогда и теперь были только людьми, что обычаи и моды часто меняются, человеческая же натура — одна и та же.

...Итак, грядет восемнадцатый век Европы, известный под титулом века Просвещения. Еще помнится Средневековье; еще совсем недалеко Ренессанс; еще правят миром тронные династии — короли едва ли не всех европейских держав приходятся друг другу кровными родственниками, что не мешает, а, наоборот, помогает грызться за земли и престолонаследие; еще многовластна церковь и крепок кастовый костяк общества: простолюдины и аристократы — две связанные, но несмешивающиеся субстанции, как почва и воздух.

Скоро Вольтер скажет: «Мир яростно освобождается от глупости». О-хо-хо...

Нет еще электричества. Транспорт только лошадиный. Средств связи никаких, кроме нарочных и дилижансовой почты. Самое страшное оружие — пушки с ядрами.

Мужчины надевают на головы завитые парики и мудреные шляпы, пудрятся, ходят в длинных камзолах, в цветных чулках и туфлях с затейливыми пряжками, бантами, на высоких каблуках, а притом при шпагах. У женщин невообразимые многоэтажные юбки, подметающие паркет, а на головах — изысканнейшие архитектурные сооружения.

Лакейство — профессия, требующая многолетней выучки. Отсутствие фотографий, зато обилие картин. Очень маленькие тиражи книг. Изящный цинизм великосветских салонов...

В этом мирке, кажущемся нам теперь таким уютным, припудренно-ухоженным, безобидно-игрушечным, рождается отец, *Филип Стенхоп I.* Перед ним было еще несколько родовитых предков, носивших то же имя.

И будет еще *Филип Стенхоп II,* Честерфилд-сын.

Сколько я видел людей, получивших самое лучшее образование... которые, когда их представляли королю, не знали, стоять ли на голове или на ногах. Стоило только королю заговорить с ними, и они чувствовали себя совершенно уничтоженными, их начинало трясти и прошибал пот, как в лихорадке, они силились засунуть руки в карманы и никак не могли туда попасть, роняли шляпу и не решались поднять...

Филип Стенхоп I будет беседовать со многими королями — сгибаясь, где надо, в поклоне или лобызая конечность, но всегда сохраняя непринужденное достоинство и осанку. Он будет великосветским львом, этот складный живчик с выпуклым лбом и прыгающими бровями.

Глаза золотистые, во взгляде беглая точность. Нет, не красавец, ростом значительно ниже среднего и получит от недругов прозвище «низкорослый гигант». Зато какая порода. Сильные тонкие руки, созданные для шпаги и ласки. Всю жизнь он будет удлинять ноги с помощью языка и любить крупных дам. Этот пони обскачет многих.

Когда мне было столько лет, сколько тебе сейчас, я считал для себя позором, если другой мальчик выучил лучше меня урок или лучше меня умел играть в какую-нибудь игру. И я не знал ни минуты покоя, пока мне не удавалось превзойти моего соперника.

Два портрета сохранилось: один в возрасте молодой зрелости, медальонный профиль; другой — кисти Гейнсборо — анфас, в старости, под париком.

Молодой: яркая мужественность.

Крутая шея легко держит объемистый череп. Затылок в виде молотка — знак здоровой энергии и честолюбия. Благородное ухо, которому суждено оглохнуть. Решительно вырывающийся вперед лоб и крупный горбатый нос образуют почти единую линию, обрывающуюся целомудренно укороченной верхней губой, и тут же опровергающий выпад нижней: укрупненная, явно предназначенная для поцелуев, она образует в углу ироничный хищноватый загиб. Впалые щеки; твердый подбородок, немного утяжеленный, как и полагается породистому англосаксу...

Все это, однако, теряет значение, когда обращаешь внимание на просторно сидящий под густой бровью глаз.

Громадный и удивительно живой, почти с удвоенными по величине веками — глаз юношественный, дерзкий, наивный, задумчивый и печальный.

У старика — только эти глаза, уже все увидевшие...

Милый мой мальчик, ты теперь достиг возраста, когда люди приобретают способность к размышлению.

*Должен тебе признаться...
что и сам я не так уж
давно отважился мыслить
самостоятельно. До шест-
надцати или семнадцати
лет я вообще не способен
был мыслить, а потом дол-
гие годы просто не использовал эту способность...*

Как все дети придворной
знати, он рос обеспеченным,
даже пресыщенным со сто-
роны имущественной и об-
разовательной (гувернеры, языки древние и новые, история, философия, верховая езда, фехтование...)

Зато душевно был сиротой при живых родителях.
Отец (*бог-отец, к которому рвется душа мальчишки: сот-
вори меня, только так, чтобы я об этом не догадался...*) —
отец, граф Филип Стенхоп Энный был манекенной фигурой староанглийского образца: эгоистичен, чопорен, от-
чужден, подстать и мамаша...

Веселый, чуткий детеныш не знал родительской ласки;
при страстной жизненности ему было некого любить, некого ревновать. *Все это хлынет потом, поздней волной,
обращенной вспять...*

В семнадцать лет — традиционная «большая поездка»
на континент, во Францию, где юноша по всем правам
возраста и положения ударился в карты и кутежи. А когда вернулся на родину, сработала пружина родовых связей: получил звание постельничего при его высочестве
принце Уэльсском. В 21 год Филип Стенхоп I уже член
палаты общин и произносит первую речь в парламенте.

Молодые люди, врываясь в жизнь, обычно уверены, что достаточно умны, как пьяные бывают уверены, что достаточно трезвы.

Щелчок по носу в палате пэров, еще несколько много-обещающих пинков — и подобру-поздорову в Париж, на повышение квалификации. Тайм-аут годика на два.

Самозарисовка того времени (из письма гувернеру):

Признаюсь, что я держу себя вызывающе, болтаю много, громко и тоном мэтра, что, когда я хожу, я пою и приплясываю, и что я, наконец, трачу большие деньги на пудру, плюмажи, белье, перчатки...

«Блажен, кто смолоду был молод»...

Знание людей приобретается только среди людей, а не в тиши кабинета... Чтобы узнать людей, необходимо не меньше времени и усердия, чем для того, чтобы узнать книги и, может быть, больше тонкости и проницательности.

А если хочешь действовать и побеждать, мало узнать людей. Нужно впечатать это знание в свои нервы, в мускулы, в голос, нужно превратить его в артистизм, в совершенное самообладание, для которого необходимо еще и хорошо знать себя.

Употреби на это все свои старания, мальчик мой, это до чрезвычайности важно; обрати внимание на мельчайшие обстоятельства, на незаметные черточки, на то, что принято считать пустяками, но из чего складывается весь блистательный облик настоящего джентльмена, человека делового и жизнелюбца, которого уважают мужчины, ищут женщины и любят все.

В нижних слоях тогдашних обществ мы бы, пожалуй, без особого труда узнали и нынешний стадионный люд, но в верхах столкнулись бы с немалой экзотикой.

Танцы и комплименты были тем, чем стали ныне годовые отчеты: понравиться — значило преуспеть.

Какой-нибудь неловкий умник, нечаянно уронивший котлету на герцога, мог смело прощаться с карьерой поколения на три вперед. Гильотина, говаривали врачи, — лучшее средство от перхоти...

Хорошие манеры в отношениях с человеком, которого не любишь, не большая погрешность против правды, чем слова «ваш покорный слуга» под картелем.

Картель, напомню на всякий случай, — краткое письменное приглашение на дуэль.

Помни, что для джентльмена и человека талантливого есть только два образа действия: либо быть со своим врагом подчеркнуто вежливым, либо без лишних слов сбивать с ног...

Мне очень хотелось бы, чтобы люди часто видели на твоем лице улыбку, но никогда не слышали, как ты смеешься. Частый и громкий смех свидетельствует об отсутствии ума и о дурном воспитании.

Все это Честерфилд напишет сыну, уже осев в Лондоне, в знаменитом особняке, выстроенном по собственному проекту, в обители, полной книг, изысканной роскоши, избраннейших гостей и нарастающего одиночества...

А пока — пьянство жизни: ездит по всей Европе с дипломатическими миссиями и для удовольствия. Подолгу живет в Париже, совершенствуется во французском, в танцах, в манерах, в искусстве обходительной болтовни и бонтона. Пописывает стишки, заводит дружескую переписку с просвещеннейшими умами века — Монтескье, Вольтером... Среди них он вполне свой, и уже навечно.

Наследство и титул лорда. Двор, интриги, политика, большая политика...

Были моменты, когда он решал, быть войне или нет и кому править какой-нибудь Бельгией. Был министром, государственным секретарем, выступал с отточенными памфлетами, произносил в парламенте речи одну превосходней другой, некоторые вошли в историю нации, уникально уладил дела в Ирландии — ни до, ни после него такое никому больше не удавалось...

Ни один из анахоретов древности не был так отрешен от жизни, как я. Я смотрю на нее совершенно безучастно, и когда оглядываюсь назад, на все, что видел, слышал и делал, мне даже трудно поверить, что вся эта пустая суматоха когда-то просходила; кажется, это только снится мне в мои беспокойные ночи...

Это уже в 65, и не сыну, а епископу Уотерфордскому.

Посев

В те времена простолюдины женились рано, средний класс — как попало, аристократы — поздно. Великосветский брак — мероприятие публичное и далеко идущее, перед ним не грех погулять.

...Посол в иностранном государстве не может хорошо работать, если не любит удовольствия. Его намерения осуществляются на балах, ужинах и увеселениях, благодаря интригам с женщинами...

Все так и шло; так было и в Гааге, где Честерфилд посольствовал, уже будучи мужчиной за тридцать, с большим светским опытом.

Не иметь любовных связей в его положении было неприлично и подозрительно. Хотя эксцессы не одобрялись, но донжуанству аплодировали.

...пока не поздно, умей насладиться каждым мгновением; век наслаждений обычно короче века жизни, и человеку не следует ими пренебрегать.

Представляем: Элизабет дю Буше. Француженка, каких уже давно нет: невинная, добродетельная, застенчивая. Портрет не сохранился, дат жизни нет, поэтому позволим себе думать, что она была светлой шатенкой, легко красневшей, с глазами серо-голубыми, чуть близорукими, с чертами немного расплывчатыми, с фигурой слегка полной, но гибкой...

Была моложе своего возлюбленного лет на пятнадцать и на столько же сантиметров повыше.

Родители девушки были бедными протестантскими эмигрантами. Неудачники, не прижившиеся в родном краю, нашли приют в добродушной веротерпимой Голландии. Дочь пошла в гувернантки в семейство богатого коммерсанта, где заменила мать двум сироткам. Вдовец, отец этих девочек, держал салон, увлекался политическими играми и был вхож в самые влиятельные круги.

Он и пригласил к себе в дом судьбу Элизабет в лице очень галантного, очень очаровательного... Да, так именно она и сказала о нем по-голландски приятелю хозяина, другу дома. Не совсем правильно, хотя и буквально: «Очень очаровательный английский посол». А как знает французский — лучше французов!

Она не знала, что с этим самым другом-приятелем Честерфилд после первого их знакомства заключил маленькое пари. Речь шла о сроке ее соблазнения...

Впрочем, может быть, это была просто сплетня, которой потом, как болтали уже другие сплетники, воспользовался дотошливый Ричардсон, автор знаменитого душещипательного романа о соблазнении Клариссы.

Когда Элизабет обнаружила признаки беременности, ее незамедлительно уволили, благонравные родители едва не сошли с ума, а затем... У Элизабет дю Буше хватило духу родить ребенка, хватило, наверное, и отчаяния.

У тридцативосьмилетнего Честерфилда хватило не знаем чего — может быть, совести или заботы о своем имени — не отвернуться от Элизабет с младенцем, не бросить, а взять под покровительство. Увез в Англию, поселил в лондонском предместье, назначил пенсион.

О женитьбе на безродной гувернантке не могло быть и речи. Уже был задуман и вскоре осуществлен безлюбовный брак с незаконной дочерью короля. Жил он с этой преважной леди вполне по-английски, отдельно.

В библиотеке своего дома с каноническими колоннами, над камином, под фризом с латинской надписью:

то благодаря книгам древних, то благодаря сну и часам праздности вкушаю я сладостное забвение житейских забот и сует

лорд повесил превосходный портрет Элизабет, написанный по его заказу лучшим пастелистом Европы; портрет портила слишком помпезная рама.

Мне бы хотелось, чтобы чайный прибор, полученный от сэра Чарлза Уильямса, ты подарил своей матери... Ты должен испытывать к ней почтение, помнить, как обязан ей за заботу и ласку, и пользоваться каждым случаем, чтобы выразить ей признательность...

Незаконному сыну дал свое родовое имя и всю жизнь воспитывал и продвигал в свет как законного.

Полив

Мужчины, как и женщины, следуют голосу сердца чаще, чем разуму. Путь к сердцу лежит через чувства: сумей понравиться чьим-то глазам и ушам, и половина дела уже сделана.

Крошечное существо с палевыми кудряшками и оливково-золотистыми глазками...

Личико, не расположенное улыбаться, вдруг осветилось лучом солнца, скользнувшим под жалюзи, от этого ручки сами собой потянулись к кому-то Большому, стоявшему над колыбелькой, захотелось сморщиться и запищать, но лучик так щекотнул ресницу, что пришлось сперва чихнуть...

Зажглась глубь души, вспыхнула горючая смесь восторга и жалости. «Это я. Боже, ведь это я!..»

Лорд сдержал себя, но все решено.

Сэр, молва о Вашей начитанности и других блистательных талантах дошла до лорда Орери, и он выразил желание, чтобы Вы приехали в воскресенье пообедать с ним и его сыном, лордом Ботлом. Так как из-за этого я буду лишен чести и удовольствия видеть тебя завтра у себя за обедом, я рассчитываю, что ты со мною позавтракаешь, и велю сварить тебе шоколад...

Когда восьмилетний мальчик получает по вечерам такие строчки от папы, это ведь что-то значит!..

Маленький Филип уже бегло читает не только на английском. Прекрасная память, схватывает на лету.

Пожалуйста, обрати внимание на свой греческий язык: ибо надо отлично знать греческий, чтобы быть по-настоящему образованным человеком, знать же латынь — не столь уж большая честь, потому что латынь знает всякий.

Они живут порознь, но рядом, и разве главное — близость пространственная? Филипу II сказочно повезло. Бонны, слуги, блестящий, уверенный папа-лорд... Встречи праздничны: прогулки верхом по Гайд-парку, беседы у камина, игры в саду... И каждую неделю мальчик получает в фамильном конверте с лиловой лентой написанное фигурным почерком наставительное послание...

Не думай, что я собираюсь что-то диктовать тебе по праву отца, я хочу только дать тебе совет, как дал бы друг, и притом друг снисходительный...

Пусть мой жизненный опыт восполнит недостаток твоего и очистит дорогу твоей юности от тех шипов и терний, которые ранили и уродовали меня в мои молодые годы...

Ни одним словом я не хочу намекнуть, что ты целиком и полностью зависишь от меня, что каждый твой шиллинг ты получил от меня, а ни от кого другого, и что иначе и быть не могло...

«Не хочу намекнуть» — ???..

Тут стоит приостановиться...

За свою жизнь Честерфилд написал около трех тысяч писем, из них сыну около пятисот. Превосходный наблюдатель, стилист, остроумец — он знал, что человек умирает, а его текст... А текст может остаться в живых.

Государственные деятели и красавицы обычно не чувствуют, как стареют.

Образец афористики, из хрестоматийных. Замечено походя... Так же вот и Сенека писал свои бессмертные «Письма к Луцилию». Кто такой этот Луцилий, которого он там между делом увещевает, поругивает, вдохновляет?.. Нам это, в общем, пофигу. Через посредство этого абстрактного римского парня мы теперь вспоминаем, что помирать не страшно...

Примерно в таком же положении всенаглядной безвестности оказался перед лицом истории Филип Стенхоп II.

Мало тех, кто способен проникнуть вглубь, еще меньше тех, кому хочется это делать...

Как он жил за сверкающей тенью родителя, человечек этот, каким был? Что скрывал? От чего страдал?..
Попробуем восстановить по крупицам портрет...

В лице твоем есть мужество и тонкость...

Этот комплимент лорд подарил 15-летнему сыну, когда узнал, что тот комплексует по поводу своей полноты. прыщиков и неаристократической ширины носа.

Его глаза года в полтора изменили свой цвет, стали серо-зелеными, приблизились к материнским. Брови густые, но совсем иной формы, чем у отца, расплывчато-кустоватые. Движения неуверенно-порывистые, взгляд уходящий...

Рано начал говорить, спеша выразить первые мысли, стал заикаться, потом это прошло, но остался неуправляемо быстрый темп речи, смазанность дикции, проглатывание целых слов — причина долгих папиных огорчений. Воображение неуемное: то он королевский кучер, то солдат конной лейб-гвардии, то Генрих Наваррский...

Ему долго не хотелось играть в себя. А папа-лорд играл в себя хорошо и презирал тех, кто играет плохо.

Смотри, сынок, — вот идет Мистер-Как-Бишь-Его: направляясь к миссис Забыл-Как-Звать, толкает мистера Дай-Бог-Памяти, запутывается в своей шпаге и опрокидывается. Далее, исправив свою неловкость, он проходит вперед и умудряется занять как раз то место, где ему не следовало бы садиться; потом он роняет шляпу; поднимая ее, выпускает из рук трость, а когда нагибается за ней, шляпа падает снова. Начав пить чай или кофе, он неминуемо обожжет себе рот, уронит и разобьет либо блюдечко, либо чашку и прольет себе на штаны.

То он держит нож, вилку или ложку совсем не так, как все остальные, то вдруг начинает есть с ножа, и вот-вот порежет себе язык и губы, то принимается ковырять вилкой в зубах или накладывать себе какое-нибудь блюдо ложкой, много раз побывавшей у него во рту. Разрезая мясо или птицу, он никогда не попадает на сустав и, тщетно силясь одолеть ножом кость, разбрызгивает соус на всех вокруг и непременно вымажется в супе и жире... Начав пить, он обязательно раскашляется в стакан и окропит чаем соседей... Сопит, гримасничает, ковыряет в носу или сморкается, после чего так внимательно разглядывает свой носовой платок, что всем становится тошно...

Курс комильфо начинается с положения вилки и кончается положением в обществе.

А Филип-младший набирается откуда угодно чего угодно, только не хороших манер. За ужином в присутствии фаворитки премьер-министра миледи Жопкинс изрек: «У всякого скота своя пестрота».

Успел пообщаться с конюхом?..

О том, чтобы ввести тебя в хорошее общество, я позабочусь, а ты позаботься о том, чтобы внимательно наблюдать за тем, как люди себя там держат, и выработать, глядя на них, свои манеры. Для этого необходимо внимание, как и для всего остального: человек невнимательный не годен для жизни на этом свете.

Как раз с вниманием-то дела из рук вон. Три года пришлось втемяшивать, что эту злосчастную вилку надо держать — какою рукой?.. А ножик?!

Опять наоборот! Даже ложку и ту умудряется через раз брать левой, а не правой, а если правой, то мимо рта.

...в школе ты был самым большим неряхой...

На последней странице отменного сочинения колоссальная клякса. Новые штаны всегда чем-то вымазаны. То опрокинет вазу, то загасит локтем свечу...

Я нашел в тебе леность, невнимание и равнодушие, недостатки простительные разве только старикам... Тебе, видно, не хватает той животворной силы души, которая побуждает и подзадоривает большинство молодых людей нравиться, блистать, превосходить сверстников... Если ты таким останешься, пеняй на себя.

По сероватым щекам блуждают водянистые прыщики. Брожение подростковых соков иных превращает в ртуть, а иных в свинец, этот же какой-то...

Ты неловок в своих движениях и не следишь за собой, жаль, если все будет продолжаться в том же духе и дальше, ты потом пожалеешь об этом...

Рад бы быть ловким — да как?.. Билли Орери успевает подпрыгнуть с мячом и два раза ударить, а ты только еще примериваешься. И внимательным быть, наверное, здорово — только как, как? — Где оно, откуда его взять, это внимание, как поймать?!.. А когда папа начинает сердиться, а он сердится тихо и очень страшно — ничего не говорит, улыбается, только глаза темнеют, — тогда...

Мсье Боша упоминает о том, как ты был встревожен моей болезнью и сколько выказал трогательной заботы обо мне. Я признателен тебе за нее, хотя, вообще-то говоря, это твой долг. Прощай и будь уверен, что я буду любить тебя, если ты будешь заслуживать эту любовь, а если нет, тотчас же разлюблю...

Трудно, очень трудно понять, как папа к тебе относится, и что такое «заслуживать».

Помни, что всякая похвала, если она не заслужена, становится насмешкой и даже хуже того — оскорблением. Это риторическая фигура, имя которой ирония: человек говорит прямо противоположное тому, что он думает (...) ...Тебе снова предстоит взяться за латинскую и греческую грамматики; надеюсь, что к моему возвращению ты основательно их изучишь; но если тебе даже не удастся это сделать, я все равно похвалю тебя за прилежание и память.

Значит, если тебе что-то не удается, папа имеет право тебя высмеять и оскорбить?..

*Ты так хорошо вел себя в воскресенье у м-ра Бо-
дена, что тебя нельзя не похвалить.*

Это правда или риторическая фигура?..

*Умей и впредь заслуживать похвалу человека, дос-
тойного похвалы. Пока ты будешь стараться этого
достичь, ты получишь от меня все, что захочешь и
сверх того, а как только перестанешь стараться,
больше ничего уже не получишь.*

А если будешь стараться и все равно не выйдет?..

*Обещания твои очень меня радуют, а исполнение
их, которого я от тебя жду, порадует еще больше.
Ведь ты знаешь, что нарушение своего слова — это
бесчестие, преступление.*

Тогда лучше не давать слова, не обещать. Но ведь папа требует, папа так требует обещаний. И так страшно
важно для него, чтобы ты был во всем не только не хуже,
но лучше всех, лучше!.. Как будто это не ты, а он сам!..

*Мне хочется, чтобы и в питч, и в крикет ты иг-
рал лучше любого мальчика во всем Вестминстере. Может ли быть больше удовольствия, чем всегда и во
всем превосходить своих товарищей? И возможно ли
худшее унижение, чем чувствовать себя превзойденным
ими? В таких случаях ты должен испытывать стыд,
всем ведь известно, какое исключительное внимание
уделяется твоему образованию и насколько у тебя
больше возможностей, чем у твоих сверстников.*

Но это же немыслимо, это до отчаяния безнадежно. Превзойти Билли, превзойти Джонни, превзойти всех! Что делать, что?..

А вот что: отключиться... Забыться, уплыть...

С теплым куском пудинга в кармане Филип II опять топает на Монмут-стрит, улицу старьевщиков, в лавку хромого Сиверса, где за рядами бокастых бокалов, бронзовых статуэток, позеленелых подсвечников, истресканных питейных рогов, дырявых шкатулок и прочей рухляди, в полутемном углу, в большом мутном аквариуме...

Рыбки — хобби хозяина. С тех пор как Филип случайно увидел их, какая-то неодолимая сила влечет к ним снова и снова; а Сиверс-то уж, конечно, радуется, не нахвалится, лопочет, что рыбы гораздо умней человеков. Черный Испанец уж тут как тут, танцует, расправив панбархатное опахало, а Красная Уния уныло уткнулась в угол, не желает отведать ни крошки, только торжественно-грустно, как знаменем, поводит раскидистым ало-золотистым хвостом...

Часами Филип созерцает своих любимиц, дышит их жабрами, чувствует чешуей, что-то шепчет...

Однажды, после долгих колебаний, решился...

Ты говоришь очень быстро и неотчетливо, это очень неудобно и неприятно для окружающих, и я уже тысячу раз тебе это старался внушить. Мне часто приходилось видеть, как судьбу человека раз и навсегда решали первые произнесенные им в обществе слова...

...попросить отца помочь ему устроить дома аквариум.

«Зачем?» — «Чтобы разговаривать с рыбами». — «С рыбами?.. Ты уже изучил рыбий язык?» — «Да». — «Думаешь, тебя отправят послом в Рыбью Державу?..»

К разговору не возвращались.

Но вскоре чуткий папа обратил внимание, что мальчик начал не слишком одухотворенно потеть. Замечание было сделано в форме деликатного, интимно-дружеского совета почаще пользоваться духами. Подарил изящный резной флаконец старинной работы, приобретенный еще во времена гаагских гастролей.

Пользуйся этим, мой дорогой, и ты будешь свеж, как альпийская фиалка. Рыбки на суше, обрати внимание, не всегда сладко пахнут...

Помнишь ли ты, что надо полоскать рот по утрам и каждый раз после еды? Это совершенно необходимо... Смотри, чтобы чулки твои были хорошо подтянуты, а башмаки как следует застегнуты, ибо человек, который не обращает внимания на свои ноги, выглядит особенно неряшливо... Я требую, чтобы утром, как только встанешь, ты прежде всего в течение четырех-пяти минут чистил зубы мягкой губкой, а потом раз пять-шесть полоскал рот...

Надо, чтобы кончики ногтей у тебя были чистые, без черной каймы, какая бывает у простолюдинов... Ни в коем случае не ковыряй пальцем в носу и ушах, это отвратительно до тошноты. Тщательно чисти уши по утрам и старайся хорошенько высморкаться в платок при всяком удобном случае, только не вздумай потом в этот платок заглядывать...

Ну довольно, давайте о чем-нибудь повкуснее. Вспомним, как мужественно, хотя и безуспешно, боролся папа-лорд с государственной коррупцией, против чемпиона взяточников премьера Роберта Уолпола, у которого и парик не мог скрыть внешности борова.

Как защищал лучших людей страны, в их числе великого Филдинга, посвятившего ему свою комедию «Дон-Кихот в Англии». Громкая эта защита обернулась, правда, принятием закона о театральной цензуре, запретившей не только Филдинга. Зато какая страница в истории битв за свободу и просвещение и какая слава имени Честерфилда. Это он, и никто иной, основал храбрейший британский журнал «Здравый смысл»...

Чем бы тебе ни приходилось заниматься, делай это как следует, делай тщательно, не кое-как. Углубляйся. Добирайся до сути вещей.

Все сделанное наполовину или узнанное наполовину вовсе не сделано и вовсе не узнано — даже хуже, ибо может ввести в заблуждение...

....Нет такого места и общества, откуда ты не мог бы почерпнуть те или иные знания... Присматривайся ко всему, во все вникай...

Какой же родитель, какой воспитатель не повторил бы это тысячу раз своему воспитаннику и себе самому. А вот это — разве не стоило бы повесить себе на шею и повторять как заклинание?

Душа требует серьезных и неустанных забот и даже кое-каких лекарств. Каждые четверть часа, в зависимости от того, проведены они хорошо или плохо, принесут ей пользу или вред, и надолго. Душе надо много упражняться, чтобы обрести здоровье и силу...

Присмотрись, насколько отличаются люди, работавшие над собой, от людей неотесанных, и я уверен, что ты никогда не будешь жалеть ни сил, ни времени на то, чтобы себя воспитать.

А вот иная мелодия, от письма к письму, в подробнейших разработках.

Счастлив тот, кто, обладая известными способностями и знаниями, знакомится с обществом достаточно рано и может сам втереть ему очки в том возрасте, когда чаще всего, напротив, общество втирает очки новичку!

...Старайся быть умнее других, но никогда не давай им это почувствовать.

Сто очков вперед быдловатому хитрецу Карнеги, переоткрывшему эти эмпиреи два века спустя. Тоже своего рода прочистка ушей и носа...

Заметим, кстати, что наставление по уходу за сими отверстиями было доставлено с нарочным не девятилетнему сопляку, а восемнадцатилетнему кавалеру.

...Вот и «большая поездка»... Уже скоро четыре года, как Филип-младший, окончив школу и отзанимавшись с лучшими частными преподавателями по языкам, логике, этике, истории, праву, а также гимнастике, танцам, фехтованию и верховой езде, путешествует по Европе в сопровождении мистера Харта, папиного сорадетеля, преданнейшего добряка, сочинителя назидательно-сентиментальных стишат.

Он пожил уже в предостойной Швейцарии, в глубокомысленной Германии, в поэтичной Италии. Недолгие возвращения на родину, свидания с родителями — и снова в путь. Все обеспечено, всюду наилучший прием, представления ко дворам, развлечения и балы, все к услугам — позавидуешь, право.

Было бы, однако, преувеличением думать, что турне это складывалось из сплошных удовольствий.

Твои невзгоды по дороге из Гейдельберга в Шафха-узен, когда тебе пришлось спать на соломе, есть черный хлеб и когда сломалась твоя коляска — хорошая подготовка к более значительным неприятностям и неудачам (...) Радуйся трудностям и препятствиям, это лучшие учителя. Разум твой — экипаж, который должен провести тебя сквозь вселенную...

Как все верно, как точно сказано. Да, воспитание юноши должно быть насыщено и приключениями, и муштрой, и свободой, и знаниями, и удовольствиями, и опасностями. Самостоятельность — да, это самое главное, но...

Должен тебя предупредить, что в Лейпциге у меня будет добрая сотня шпионов, которые будут невидимо за тобой следить и доставят мне точные сведения обо всем, что ты будешь делать, и почти обо всем, что будешь говорить. Надеюсь, получив эти сведения, я смогу сказать о тебе то, что сказано Сципионе: ЗА ВСЮ ЖИЗНЬ ОН НЕ СКАЗАЛ, НЕ СДЕЛАЛ И НЕ ПОЧУВСТВОВАЛ НИЧЕГО, ЧТО НЕ ЗАСЛУЖИЛО БЫ ПОХВАЛЫ.

В чем-чем, а в недостатке внимания этого папу не упрекнешь. Увлекательное занятие — шпионить за сыном.

Запомни: если ты приедешь ко мне с отсутствующим видом, то отсутствовать буду и я, и просто потому, что не смогу с тобой оставаться в одной комнате... Если, сидя за столом, ты опять начнешь ронять на пол ножи, тарелки, хлеб и так далее и полчаса будешь тыкать ножом в крылышко цыпленка, а рукавом за это время очистишь чужую тарелку, мне придется уйти, я от этого могу заболеть...

Вот такова-то она, отцовская доля.

А кстати — где мама?..

Упоминается крайне редко и сдержанно («подари ей чайный сервиз» — просьба к четырнадцатилетнему).

Она была не из того круга, который мог преподать высший этикет. А опытный папа-лорд нагляделся на сынков вроде отпрыска лорда Хрю и леди Сюсю, сэра Тьфу,

...которому внушили, что не он создан для мира, а мир для него, и который всюду будет искать то, чего нигде не найдет: знаки внимания и любви от других, то, к чему его приучили папенька и маменька (...) Пока его не проткнут шпагой и не отправят на тот свет, он, верно, так и не научится жить...

У меня не было к тебе глупого женского обожания: вместо того чтобы навязывать тебе мою любовь, я всемерно старался сделать так, чтобы ты ее заслужил. Мне мало любви к тебе, мне хочется, чтобы ты мог нравиться и мне, и всему миру. Я ничего для тебя не пожалею, если только ты этого заслужишь; в твоей власти иметь все, что ты захочешь...

...Я увижусь с тобой в Ганновере летом и буду ждать от тебя во всем совершенства. Если же я не обнаружу в тебе этого совершенства или хотя бы чего-то близкого к нему, мы вряд ли с тобою поладим. Я буду расчленять тебя, разглядывать под микроскопом и сумею заметить каждое крохотное пятнышко, каждую пылинку (...)

Никогда не забуду и не прощу тебе недостатков, от которых в твоей власти было избавиться...

Почему-то после таких вот вдохновительных обещаний у Филипа усиливается неприятная уже ему самому потливость, начинается неудобство в горле, покашливание, а то вдруг открывается настоящая лихорадка...

Жаловаться — не по-мужски, тем паче не по-английски, но все-таки один раз он сообщил отцу, что чувствует себя не совсем хорошо. В ответ была прислана рецептура нежнейших слабительных. Как раз в это время Филип приехал в папину любимую Францию — наставницу наслаждений, царицу мод.

Париж — это город, где ты лучше всего на свете сможешь соединять, если захочешь, полезное с приятным. Даже сами удовольствия здесь могут многому тебя научить...

С тех пор как я тебя видел, ты очень раздался в плечах. Если ты не стал еще выше ростом, то я очень хочу, чтобы ты поскорее восполнил этот пробел. Упражнения, которыми ты будешь заниматься в Париже, помогут тебе как следует развиться физически; ноги твои, во всяком случае, позволяют заключить, что это будет так. Упражнения эти заставляют сбросить жир...

Ты настолько хорошо говоришь по-французски и ты так скоро приобретешь обличье француза, что я просто не знаю, кто еще мог бы так хорошо провести время в Париже, как ты...

Помни, что эти месяцы имеют решающее значение для твоей жизни: обо всем, что бы ты ни стал делать, здесь узнают тысячи людей, и репутация твоя прибудет сюда раньше, чем ты сам.

Ты встретишься с нею в Лондоне...

Да, репутация — это почти судьба. Но только почти...

Итак, продолжение образования с переводом из абстрактной формы в конкретную, начало карьеры. Папин сценарий проработан вдоль и поперек, на постановку не жалеется ни денег, ни связей. Стать государственным мужем Филип, впрочем, пожелал сам.

Вот как это было достигнуто.

Коль скоро ты не склонен стать податным чиновником государственного казначейства и хочешь получить место в Англии, не сделаться ли тебе профессором греческого языка в одном из наших университетов? Если тебе это не по душе, то я просто не знаю, что тебе еще предложить... Мне хотелось бы слышать от тебя самого, ЧЕМ ты собираешься стать.

Тонко, демократично, никакого давления. Обратим, кстати, внимание на «чем», а не «кем». Не описка. Слова «профессия», «ремесло» в высших кругах тех времен не употреблялись.

Аристократ не отождествлял себя со своими делами: у него не профессия, а занятия, поприща. Их может быть много, а может не быть вовсе — отнюдь не позор.

«Делать то, о чем стоило бы написать, или писать то, что стоило бы прочесть»...

Главное занятие человека светского — быть собой.

Ты решил стать политиком — если это действительно так, то ты, должно быть, хочешь сделаться моим преемником. Ну что же, я охотно передам тебе все мои полномочия, как только ты меня об этом попросишь. Только помни, что есть некоторые мелочи, с которыми нельзя будет не посчитаться.

Что же это за мелочи?.. Вот из них кое-что:

- ☞ *преследуй всегда определенную цель*
- ☞ *никогда не болтай о себе*
- ☞ *будь внимателен ко всякому и веди себя так, чтобы собеседник чувствовал твое внимание*
- ☞ *поступай мягко по форме, твердо по существу*
- ☞ *изучай и мужчин и женщин*
- ☞ *если хочешь заслужить расположение короля, потакай его слабостям*
- ☞ *имей доброе имя, много раз обмануть невозможно*
- ☞ *научись казаться свободным и праздным именно тогда, когда дел у тебя больше всего, имей открытое лицо и скрытые мысли...*

И так далее, подробности в первоисточнике и в первоисточниках первоисточника, из коих не на последнем месте известный труд синьора Макиавелли.

Непросто получается...

Поместив друг возле дружки нékоторые обращения папы к сыну, раскиданные там и сям, мы попытались услышать голос Филипа-большого ухом Филипа-маленького. Возник страшноватый образ родителя-манипулятора, требующего процентов с воспитательского капиталовложения. Но это эффект монтажа — мы только догадываемся, что такой монтаж происходил в душе сына. Этот внутренний монтаж, собственно, и есть душевная жизнь.

Я перечитал письма Честерфилда не один раз, и всякий раз относился к нему по-иному: то с восхищением, то с возмущением, то со скукой, то с захватывающим интересом. Не сразу понял, что это зависело от того, чьими глазами читал, как монтировал...

Милый мой мальчик, я считаю сейчас дни, которые остаются до встречи с тобой, скоро я начну считать часы и минуты, и нетерпение мое будет все расти...

Мне придется не раз выговаривать тебе, исправлять твои ошибки, давать советы, но обещаю тебе, все это будет делаться учтиво, по-дружески и втайне от всех; замечания мои никогда не поставят тебя в неудобное положение в обществе и не испортят настроение, когда мы будем вдвоем. Ты услышишь обо всем от того, кого нежная любовь к тебе сделала и любопытнее, и проницательнее...

Прощай, дитя мое. Береги здоровье, помни, что без него все радости жизни — ничто.

Воспитательское иезуитство?.. Нет, это простая отцовская искренность. Это любовь.

...Признаюсь, как бы мне это ни было стыдно, что пороки моей юности проистекали не столько от моих

естественных дурных склонностей, сколько от глупого желания быть в глазах окружающих жизнелюбцем. Всю жизнь я ненавидел вино, и, однако, часто выпивал: с отвращением, с неизбежным похмельным недомоганием — и все потому, что считал умение пить необходимым качеством настоящего джентльмена...

Я считал, что игра — это второе необходимое качество жизнелюбца; и поэтому, начав с того, что стал предаваться ей без всякого желания, отказывался ради нее потом от множества настоящих удовольствий и загубил тридцать лучших лет своей жизни...

А это уже исповедь, самая настоящая.

...Я дошел даже одно время до такой пакости, что научился сквернословить, дабы украсить и дополнить блистательную роль, которую мне хотелось играть...

Так, соблазненный модой, я слепо предавался наслаждениям мнимым и терял подлинные: я расстроил свое состояние и расшатал здоровье — понес заслуженное наказание... Мальчик мой, выбирай наслаждения сам и никому не позволяй их себе навязывать...

Ис-поведь, про-поведь... Где-то между этими полюсными вершинами занимает свое местечко и немудреный житейский совет — хорошо утоптанный, слегка заболоченный холмик...

Совет по части наслаждений прекрасен, признание трогательно, а тревоги излишни — тени собственных недогоревших страстей.

Опасаться эксцессов нет оснований: Филип — юноша добродетельный, честный, может быть, даже слишком. Много знает, может быть, слишком много...

Воздержан, благожелателен и не вспыльчив, хотя и производит поначалу впечатление чересчур резкого и решительного. Он всего лишь застенчив. Пробуждает самые добрые чувства, граничащие со скукой.

Между человеком, чьи знания складываются из опыта и наблюдений над характерами, обычаями и привычками людей, и человеком, почерпнувшим ученость из книг и возведшим прочитанное в систему, столь же большая разница, как между хорошо объезженной лошадью и ослом.

Папа-лорд сияет, как дитя, всякий раз, когда кто-нибудь из парижских знакомых передает ему добрые вести о приятном впечатлении, произведенном сыном. Молодой человек так учен, так безукоризненно воспитан, любезен, бывает даже остроумен.

Иногда, правда, задумчив и безучастен, а то вдруг принимается безудержно спорить и бурно краснеет. Право, у этого очаровательного юного англичанина совсем нет пороков, это что-то неслыханное, он даже не имеет любовниц, но никаких других странностей нет, кроме разве того, что немного сутулится и всегда отказывается от рыбных блюд...

Чертовы льстецы, кто же из вас упустит возможность поиграть на родительской слабости. Папа сияет, но только внутри, а снаружи искушенный граф Честерфилд, сдержанно благодаря, шутит, что после обучения танцам его сын научился не только ходить, но и стоять.

Поздним вечером он напишет Филипу еще одно страстное наставление. Уж кто-кто, а он знает, что его ненаглядный сынок по-прежнему ленив и расхлябан, невнимателен и беспорядочен, неряшлив, неаккуратен, плохо следит за своей одеждой, забывчив, рассеян, безынициативен и недогадлив в общении, особенно с дамами, простодушен до глупости, прямолинеен до грубости, манеры имеет посредственные, если не хуже, танцует неизящно, говорит торопливо, невнятно, сбивчиво, хотя и получше, чем раньше, а пишет — о-ооооооооооооооо!!!...

В одном из писем устроил чаду настоящий разнос по поводу едва различимой подписи под каким-то банковским счетом — он разглядел ее только с помощью лупы и даже попытался во гневе скопировать — не получилось! Кровь ударила в глаза. Не может, не имеет права так жалко, безлико, уродливо, так ПО-РЫБЬИ расписываться сын британского лорда, первого ума королевства!...

Эта придушенная самоуничтожающаяся подпись посреди воспитательского монолога — единственный образец речи сына, воспроизводящийся в «Письмах».

Есть, правда, еще один, написанный шестнадцатилетним юношей по-латыни, из учебного сочинения о войне:

Когда враг угрожает нам всеми ужасами, сопряженными с медленной либо быстрой смертью... Было бы разумно подумать, как его уничтожить, если он не умерит своей ярости. В таких случаях дозволено применять также и яд.

Что это вдруг, откуда эдакая змеиная психология? Лорд встревожен и возмущен.

Не могу понять, как это употребление яда может быть причислено к законным средствам самозащиты. Лучше умереть, чем совершить низость или преступление... Поступай с другими так, как хочешь, чтобы поступали с тобой — вот мораль благородства...

И далее объясняет, что нельзя отступаться от принципов, что бы нам ни угрожало и к каким ухищрениям ни прибегали бы люди недостойные, вроде автора знаменитого пособия для иезуитов, озаглавленного «Искусство делать что угодно из чего угодно с выгодой для себя».

Затем с подавленной горечью упрекает сына:

Письма твои до крайности лаконичны, и ни одно из них не отвечает ни моим желаниям, ни назначению писем как таковых — быть непринужденной беседой между двумя друзьями, находящимися поодаль друг от друга. Коль скоро я хочу быть для тебя не столько отцом, сколько близким другом, мне хотелось бы, чтобы в своих письмах ко мне ты более подробно писал о себе и мелочах своей жизни. Начиная писать мне, вообрази, что ты сидишь со мной за непринужденной беседою у камина... Ты можешь писать мне все без утайки и рассчитывать на мою скромность...

Кончается это письмо инструкцией по шпионажу.

Главная задача дипломата — проникнуть в тайны дворов, при которых он состоит... Добиться этого он может не иначе как располагающими манерами и подкупающим поведением...

Полезными могут быть женщины. От фаворитки короля, жены или любовницы министра можно узнать многое — дамы эти с большой охотой все выболтают, гордясь, что им доверяют. Но для этого нужно обладать обходительностью, неотразимо действующей на всех женщин...

Итак, стало быть, поступай с другими как хочешь, чтобы поступали с тобой, и шпионь, хотя ты вряд ли хочешь, чтобы за тобою шпионили. Нельзя применять яд, можно обойтись подкупающим поведением...

Остается гадать, слышал ли Филип в папиных наставлениях эти противоречия, осознавал их или лишь чувствовал... А сам папа?..

Милый мой друг, ты ведь знаешь: самые замечательные писатели бывают всегда самыми строгими критиками своих произведений: они пересматривают, исправляют, отделывают, шлифуют их, пока не убеждаются, что довели их до совершенства...

Мое произведение — это ты, а так как плохим писателем я себя не считаю, я становлюсь строгим критиком. Пристально вникаю в мельчайшую неточность или недоделанность, чтобы исправить, а отнюдь не выставлять напоказ, чтобы произведение сделалось в конце концов совершенным...

Папины выходные туфли имеют потайной каблук, увеличивающий рост, но дома, запершись, лорд ходит босиком, в халате на голое тело. Затем и нужна маска, чтобы быть самим собой у камина.

Хищные змеи и слизняки повсюду, и чем ближе к трону, тем пакостнее, но не становиться же из-за этого богомольным отшельником, не посыпать голову пеплом и не лишать себя вечернего выезда и шоколада со сливками по утрам. Приходится общаться и с гиенами, и с обезьянами, ибо в той же клетке живут и Рафаэль, и Дидро.

Изменить мир могут лишь сумасшедшие, но не в лучшую сторону...

Мне хочется, чтобы ты достиг совершенства, которого никто еще не достигал... Ни на чье воспитание не было затрачено столько сил, сколько на твое... Временами я надеюсь и предаюсь мечтам, временами сомневаюсь и даже боюсь... Уверен я только в одном — что ты будешь либо моей величайшей радостью, либо величайшим горем...

Вот, вот оно — **оценочное связывание**.

И самосбывающееся пророчество...

...Весьма возможно, что, когда ты вступишь в свет, меня на свете уже не будет...

Это оказалось ошибкой... Творец не подозревал, что заслоняет свое творение и от зрителей, и от себя.

Вот ключ ко всему случившемуся:

Я всегда стараюсь думать, что ты вполне благополучен... Кроме того, как я часто тебе повторяю, меня гораздо больше беспокоит, хорошо ли ты себя ведешь, чем хорошо ли ты себя чувствуешь.

Урожай

Бой часов Вестминстерского аббатства.
Крадется зима.

Длинные письма, которые я так часто посылаю тебе, не будучи уверен в том, что они возымеют действие, напоминают мне листки бумаги, которые ты еще недавно — а я когда-то давно — пускал на ниточке к поднявшимся в воздух змеям. Мы звали их «курьерами», помнишь?.. Иные уносил ветер, другие рвались о веревку и лишь немногие подымались вверх...

Чем заниматься, какие думы думать, когда дни и ночи зверски болят ноги, с таким изяществом скользившие по паркетам; когда суставы закованы в кандалы и не перестает ломить позвоночник; когда мощный мозг вдруг оказался узником, заключенным в камеру пыток...

Вчера только еще фехтовал как бог и брал первые призы на бешеных скачках, а сегодня и с элегическими прогулками по Гайд-парку покончено: ни с того ни с сего упал с лошади...

Что за издевательство — громоздить этот мешок с подагрой вверх по парадной лестнице.

А еще проклятая глухота, вот наказание божье. За грехи, да, за те отвратительные попойки...

Первый приступ был как контузия от пушечного выстрела — вдруг наутро после трех подряд картежных ночей в Ганновере, где арманьяк смешивали с бургундским и — страшно вспомнить — с баварским пивом. В этот день нужно было обедать с испанским консулом — и вот на тебе, в каждом ухе по звенящему кирпичу.

Спасла только великосветская выучка — улыбки, готовые фразы, импровизация. К вечеру отлегло; но с тех пор год от года какая-то часть звуков извне таяла навсегда, а звуки изнутри прибывали...

Теперь уже не послушать ни оперы, ни сладкозвучных речей французов. Визиты сокращены до минимума. Камердинер Крэгг, докладывая, больше не орет во всю глотку, склоняясь к самой физиономии, что было весьма неприятно, а пишет, но каким убийственным почерком...

Венецианский стол с бронзовым литьем и чернильным прибором приходится пододвигать все ближе к камину...

Милый друг, я считаю, что время мое лучше всего употреблено тогда, когда оно идет на пользу тебе. Большая часть его — давно уже твое достояние, теперь же ты получаешь все безраздельно. Решительная минута пришла; произведение мое скоро предстанет перед публикой. Чтобы вызвать аплодисменты, одних контуров и общего колорита недостаточно — нужны завершающие мазки, искусные, тонкие...

Я удалился от дел как насытившийся гость... Мое угасающее честолюбие сводится единственно к тому, чтобы быть советником и слугой твоего, растущего... Дай мне увидеть в тебе мою возродившуюся юность, дай сделаться твоим наставником, и, обещаю тебе, с твоими способностями ты пойдешь далеко. От тебя потребуются только внимание и энергия, а я укажу тебе, на что их направить...

Первые два года Филипу-младшему пришлось побегушничать при посольстве в Брюсселе. Ничего, будь и принцем, начинать надо снизу, понюхать жизнь...

Горечь в том только, что пока успеваешь помудреть, времена меняются, и вчерашний выигрыш становится проигрышем. Лесть, интрига и подкуп всесильны всегда и всюду, но если раньше с этими горгоньими головами соперничали, вопреки всему, дарования, то теперь все забито бездарью, везде неучи из сановных семейств, у которых за душой ничего, кроме происхождения.

А у нас как раз этот пункт подмочен — единственный, но удобный повод для сведения счетов. Георг II, король по недоразумению, двадцать лет дрожал за долю наследства от любовницы своего папеньки, с чьей незаконной дочкой нам довелось породниться. И вот этот мелкий хлыщ, которого после похорон хвалили за то, что он умер — под предлогом не чего-либо, а незаконнорожденности, отказал нам в должности резидента при австрийском дворе. Но мы не пали духом, мы вступили в парламент, и что ж из того, что наш первый спич оглушительно провалился. Пять минут сплошные запинки («Выплюньте рыбью кость!» — крикнул с третьего ряда подонок Уолпол), затем кашеобразная галиматья и уже под добивающие иронические хлопки — нечто среднее между членораздельной речью и барабанной дробью.

Ничего, мальчик мой, я начинал не лучше...

...Порядок, метод и большая живость ума — вот все, чего тебе недостает, чтобы сделаться видной фигурой...У тебя больше знаний, больше способностей распознавать людей и больше серьезности, чем даже у меня было в твои годы. Преследуй свою цель неутомимо...

...Но нет, с парламентом ни в какую: за два-три дня до предстоящего выступления теряется сон, появляются какая-то сыпь, отечность, всего лихорадит...

Нервы, уговаривает себя лорд. Мальчик мой, больше страсти, здоровой злости!.. Сказывается пассивность твоей натуры и моя ошибка в первые годы, когда я в нетерпении требовал от тебя слишком многого...

Лорд это понял при разговоре с Джаспером, лучшим из королевских егерей. Речь шла о пойнтерах, и Честерфилд спросил, отчего у герцога Мальборо, страстного дрессировщика, охоты всегда неудачны. Джаспер ответил: *«Смолоду задерганная собака крайне неохотно поднимает дичь, милорд»*...

Что ж, укрепимся. Цезарь начинал завоевание Рима с провинций, а мы перебьемся еще на скромной должности в Гамбурге, поупражняем речь...

У тебя есть основания верить в себя и есть силы, которые ты можешь собрать. Главное условие успеха и в делах, и в любви — высокое (хоть и скрытое от других) мнение о себе, созидающее решительность и настойчивость...

Ну вот и прыжок повыше: назначение экстраординарным посланником в Дрезден. Мальчик не сдался, борется, опыт поражений пошел на пользу. А как развился, какой утонченный ум. Привел как-то замечательный афоризм: «Когда душа живет не по-божески (или «не по-своему»? — не расслышал) — тело любыми способами стремится изгнать ее вон, как инородный предмет» — кто же это сказал...

Да, немалое наслаждение для отца — теперь уж единственное — беседовать, спорить, болтать с сыном, хоть и через тридевять земель, о делах текущих, о новостях и сплетнях, о перспективах, которых нет, о людях с их глупостями и гнусностями, обо всей этой карусели, которая вдруг снова гонит по жилам замерзшую кровь...

Увы, почерк тридцатишестилетнего мальчика по-прежнему мелкозубчат, перо не слишком-то щедро... Филипп-младший вежлив, но скрытен, по-прежнему скрытен. Хоть бы раз поделился чем-нибудь из того, что можно доверить другу. Как ни намекал, ни выспрашивал, иной раз даже в форме вольных советов и пикантных признаний, — в ответ стена. Неужто ведет до сих пор монашеское существование?..

Сегодня утром я получил от тебя письмо, где ты упрекаешь меня, что я не писал тебе на этой неделе... А я просто не знал, что писать. Жизнь моя однообразна, один день неотличим от другого. Я мало кого вижу и ничего не слышу...

... Что это... зачем... почему эта вода, мутная вода, и откуда рыбы, белые рыбы с пустыми глазами... почему бьют часы, не слышу, не должен слышать...

Последние два твоих письма чрезвычайно меня встревожили. Мне кажется только, что ты, как это свойственно больным, преувеличиваешь тяжесть твоего состояния, и надежда эта немного меня успокаивает. Водянка никогда не наступает так внезапно (...) В последних моих четырех письмах я посылал тебе нюхательный порошок герцогини Сомерсет. Помог ли тебе этот порошок?..

...Сырым хмурым утром 18 ноября 1768 года камердинер Крэгг вошел в кабинет графа, против обыкновения, без вызова колокольчиком.

Протянул записку:

милорда просят принять мисс Стенет.

— Что еще за Стенеп... Невозможно как обнаглели эти торговцы. Попросите не беспокоить.

Крэгг удалился, отвесив поклон.

Минут через двадцать явился с другой запиской.

Мисс Стенеп, супруга сэра Филипа имеют сообщить о смерти...

...БОЙ ЧАСОВ ВЕСТМИНСТЕРСКОГО АББАТСТВА...

Папа, прости,

знобит, должно кончиться, не огорчайся,

я никогда не показывал тебе свой аквариум,

я не читаю твои письма, больше не могу,

их читает Юджиния, она ими восхищена,

законченная система воспитания, говорит она,

да, законченная,

ты не знаешь Юджинию, это моя жена,

она не из аристократок, прости, у тебя два внука,

папа, ты меня любишь, но если бы узнал меня, папа,

ты предостерегал от ошибок, но ты не дал мне меня,

сперва я боялся, что ты разлюбишь,

потом стал бояться твоей любви,

а страшнее всего были твои похвалы и скрываемые разочарования, я не мог двигаться, ты связал меня,

кровный друг, благодетель, да, каждый шиллинг,

но ты не заметил, что я левша,

ты ставил на меня как на породистого скакуна,

а я был как рыба, задыхающаяся в духах,

всю жизнь ты просил у меня прощения за то, что родил и заставлял меня жить правой стороной,

я жил ею для тебя, а для себя левой,

папа, прости

Стенхоп-младший — Стенхопу-старшему

ненаписанное письмо

...Каждое утро по улицам Лондона медленно едет известная всем карета. Две белые и две караковые шагают устало и безучастно, им давно уже пора на покой, но возле Гайд-парка одна из белых, бывшая верховая, все еще волнуется, ржет, пытается повернуть... «Граф Честерфилд репетирует свои похороны!» — всякий раз гаркает некий болван из профессиональных зевак.

Невдомек ему, что эту свою последнюю шутку бросил сам граф кому-то из визитеров.

Лорд Шафтсбери рекомендует разговор с собой каждому писателю, а я бы рекомендовал его каждому человеку. У большинства нет на это ни времени, ни желания, а многие этого просто боятся... Теперь глухота моя мне помогает сосредоточиться: я разговариваю со своей душой, мне это принесло огромную пользу...

«*Мальчик мой*, — шепчет граф, сидя в кресле у камина — *милый мой мальчик...*»

«Я прочел письма милорда Честерфилда в двух пухлых томах. Письма наводят ужасную скуку, так как заключают в себе нескончаемые повторения. Это воспитательский план, начертанный им для незаконного сына, и в этом плане нет ни одной мелочи, которую бы он упустил... Сыночек был неотесанным свинтусом, которого милорд усиливался отшлифовать, чтобы превратить в удачливого придворного. План выполнить не удалось. Сын не смог соответствовать отцовским амбициям и потихоньку стал жить двойной жизнью, что, возможно, и подорвало его здоровье...

Уолпол — маркизе Д.

Филип-младший прожил ровно столько, сколько отец до его зачатия: 37 с небольшим. Умер от чахотки.

После смерти сына граф Честерфилд прожил еще около пяти лет. До последнего своего дня он был в полной памяти, успел завершить мемуары, продолжал переписку. К его адресатам прибавилось нежданно обретенное семейство наследников — вдова сына и внуки, один из которых тоже получил родовое имя Филип.

Юджиния и мальчики иногда виделись со стариком, что, как хочется думать, приносило ему утешение. Когда же лорд отправился вослед сыну, начали свою внедомашнюю историю эти письма... Юджиния была первой их издательницей. «Не продается вдохновенье, но можно рукопись продать» — как истинно философски сказано...

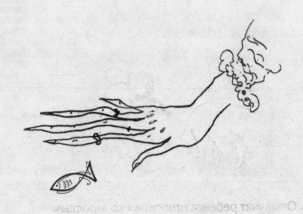

БАЛАНС

о наказании

Опыт учит ребенка относиться ко взрослым
как к прирученным диким зверям, на которых никогда нельзя
вполне положиться...

Януш Корчак

Непонимандия, Грубияндия, Наказандия...

Юрик что-то натворил. Отец снял со стены ремень.
— Ты меня хочешь бить? – закричал Юра папе. –
Хорошо, бей. Но знай, что я отыграюсь на твоих внуках.

Помните?.. Была когда-то такая далекая (не такая уж далекая!) страна Непонимандия, она же Эгоиндия, она же Острова Разобщенности, Разъединенные Штаты Невежества, она же Глупляндия...

У страны этой был страшный жестокий властелин по имени Накажипокарай, он же Возмездий Неотвратимый, он же Ремень Кнутович Розгин, он же Оплеух Подзатыльникович Затрещин... Держал нас в ужасе, помните?..

Злополучные аборигены оставались по-прежнему непониманцами, нестаранцами, непослушанцами и все рвались в какую-нибудь Грубияндию, Хулигандию, Кчертупосландию, Небывандию... Некоторые прикидывались паиньками, а кто и всерьез делался послушанцем, старанцем и даже перестаранцем... И вот дожили. Ходим с мрачным и грозным видом, растерянные, взбешенные...

Ну как еще наказать?.. Лишить гуляния во дворе? Нельзя, доктор велел каждый день быть на воздухе...

Заставить вымыть пол?.. Вымоет так, что не ототрешь.

Оставить без ужина? Жалко, тощий...

Не дать денег на жвачку (на мороженое, на кино, на пиво, на казино...)?.. Отменить покупку (велосипеда)?.. Не разрешить (смотреть мультик, играть на компьютере...)?.. Игнорировать, перестать разговаривать? И так почти что не говорим ни о чем... Отлупить, наконец? Опять отлупить, в (...) раз отлупить?

!? зачем ?!

Из писем

«...и Вы, именующий себя врачом-психотерапевтом, проповедуете телесное наказание! Советуете, как лучше избивать детей — сковородками или батонами, авоськами или штанами! Нет слов для возмущения!»

«...зачем же Вы, доктор, внушаете читателям розовенький оптимизм, утверждая, будто в воспитании детей можно обойтись без мер физического воздействия и даже вообще без наказаний? Зачем, мягко говоря, лицемерите? Посмотрите под-

шивки судебных дел, взгляните в свои истории болезни! Вот же они, перед Вами — исчадия так называемого гуманизма, плоды безнаказанности и вседозволенности, юные хамы и наглецы, бездельники, наркоманы, преступники!.. Не напомнить ли Вам старое наблюдение: «Кто жалеет розги своей, тот ненавидит сына; а кто любит, тот с детства наказывает». Или, может быть, Вы не в курсе, что и сам доктор Спок раскаялся в своих рекомендациях? Что поколение, выросшее по его рецептам, оказалось самым жестоким и распущенным из всех, которые знала Америка?..»

«...Ваши советики, как поощрять детей, просто смешны. Да кто же это запомнит, когда и по какому поводу говорить

«молодец», а когда «умница»! Кому придет в голову вспоминать Ваши наставления, когда жизнь ежесекундно ставит нас перед головоломками неожиданностей? Как можете призывать размышлять, дарить ли подарки? Подарки делаются от души!.. И кто в момент возмущения сообразит, в какой он там роли, как надо и как не надо ругать? А Вы сами соображаете? Хотелось бы посмотреть!»

«...неужели Вы не замечаете, как сами себе противоречите? На одной странице призываете перед каждым наказанием думать, взвешивать все «за» и «против» и всеми силами удерживать гнев, а на другой утверждаете, что хладнокровное наказание — наихудшая бесчеловечность, палаческая экзекуция. Стало быть, надо разъяриться искренне и все же выпороть?..»

— **Ну что, влипли с кнутологией?** — *Д.С. листанул еще несколько писем, адресованных лично ему.*

— Не могу припомнить, чтобы мы советовали кого-нибудь бить батоном, — *вяло пробурчал я.*

— **Наоборот, советовали не бить сковородкой. А как бить штанами, не объяснили.**

— Шутки в сторону, коллега, нас не поймут...

— **А кто собирается нас понимать?..**

Большинство хочет простых рецептов, притом каждый в соответствии со своей уже действующей идеологией воспитания, с ее последствиями и...

— ...и со своим характером. Зашла вчера молодая мамаша, пять лет подряд бившая свою дочку смертным боем. Дочка уже без этого не может, уже мазохистка — «Что ж, мне и дальше ее так и бить? Сколько можно?» — «Не бейте, — говорю, — кто же вас заставляет». — «Уже привыкла, доктор, уже не могу не бить, не могу-у-у!!!... Растащите нас!!... Помогите!..»

— **Подсунули бы кое-что из прежнего текста:**

«Кто бросит камень в родителя, который за грубую провинность или вызывающее непослушание шлепнет чадо по классическому мягкому месту? Но здесь множество ограничений».

— Где «здесь»?

— **Некоторая неясность... Или вот, совковая классика, помните? Чисто брежневский поворот:** «Советская педагогика, как известно, не признает телесного наказания. Однако давайте говорить практически».

— Классно. А что хотели сказать?

— **Имелось в виду, что:** «Как бы ни протестовал наш просвещенный разум против рукоприкладства, жизнь гнет свое. Сыночка, которого мы ни разу не тронули пальцем, все равно будут бить во дворе или в классе, или он будет делать это сам... И еще вопрос, что предпочтет: получить раз-другой в месяц добрую порку или каждый божий день слушать ваш бесконечный крик, ворчание и зудение...»

— Добрая порка — чудесно, полные штаны гуманизма. А вы что предпочтете?..

— **Пару раз в месяц сходить в лес...**

Автомамы и Автопапы

Четырехлетний сын загадывает отцу:
— Что такое: дзинь-дзинь, мяу-мяу?
— Не знаю.
— Это кошка в трамвае приехала.
— А что такое: дзинь-дзинь, гав-гав?
— Это собачка в трамвае приехала.
— Нет, это мама с работы пришла.

Каким-то образом на Пятачке оказалась магнитофонная запись домашнего монолога Е. В., мамы 14-летнего Коли С-ва. Очень сердитый голос:

— Где шлялся, я тебя спрашиваю?! Опять с этим паразитом Витькой! Ничего—ничего, я еще с его матерью поговорю, я ей скажу! ↓

Чтоб ни слуху ни духу! А это от чьих сапог следы на ковре? Ах, не знаешь? Свинья ты, свинья!. Что-о-о?!.

Поговори еще у меня, поговори, лгун несчастный, никакой веры твоим обещаниям, развел грязь, тараканы из-за тебя наползли опять! Все стулья переломали!. Не тараканы, а ваша милость с дружками! Бездельники чертовы! Восьмой класс! О будущем пора уже думать, головой думать, а не..

Так вот, Николай, заруби на носу: у тебя теперь режим повышенной нагрузки, да-да! Олух царя небесного! Ты уже не ребенок, пора вступать в жизнь!

Заниматься уроками по четыре с половиной часа в день! К репетитору по-английскому и математике!

Если по физике не вытянешь на четверку, никакого видеомагнитофона!

И каждый вечер изволь убирать кухню — да, да, за всех, хватит быть паразитом!

На тебя гнули горб! И мыть ванну и туалет, и убирать говно за своим котом!.

Труженица, честный и добрый человек, Е. В. в обращении с сыном, увы, как и многие, принадлежала к разряду невменяемых Автомам: обвиняющая, безудержная, непоследовательная, невникающая...

Результаты не заставили себя долго ждать — восьмой класс сын не окончил, перешел в разряд неуправляемых.

Для «психологического воздействия» Е. В. привела Колю к Д.С., но ее стопроцентная некритичность к самой себе мало что позволила сделать...

← Вышеприведенный монолог (текст, повторявшийся с незначительными изменениями почти ежедневно) был разыгран в лицах, переигран по разным вариантам возможного приближения к положительной цели, проанализирован, резюмирован.

Вот кое-что из сухого остатка.

— Автомамы и Автопапы — это родители, обращающиеся со своими детьми неосознанно, рефлекторно, по стереотипам — автоматически действующим программам, без таких излишеств, как вчувствование, игра, логическое мышление, интуиция, творческое воображение, предвидение последствий или даже просто элементарная обратная связь. Кнопочная запрограммированность не дает им возможности менять свое поведение в зависимости от его результатов. Они всегда правы. Ошибки не замечаются.

Цели (побудить, например, ребенка учить уроки, закончить школу, быть аккуратным, порядочным, трудолюбивым и т.д.) либо не достигаются, либо достигаются непомерной ценой (утрата ребенком воли — превращение в Авторебенка, утрата уверенности и достоинства, утрата здоровья и душевного, и физического), либо достигаются со знаком наоборот (отвращение к учебе, труду, культуре, духовности и к самой жизни, бегство в компьюху, шизу, наркоту)...

Из-за постоянного рассогласования желаемого и действительного (превратить ребенка в Авторебенка не так-то просто, о нет!) Автомамы и Автопапы пребывают в основном в состоянии недовольства, раздражения и злости.

Щедро награждая ребенка отрицательными определениями, черными характеристиками, всячески внушают ему, что он плох, ни к чему стоящему не способен, что не достоин любви и жизни, что зря родился...

«Меры воздействия» сводятся в основном к настояниям и приказаниям, попрекам, ругани и угрозам, то есть наказаниям психическим, а при большой злобности и физическим. Сама жизнь ребенка таких родителей становится сплошным наказанием и бегством от наказания...

Автомамы и Автопапы неосознанно переносят (проецируют) на ребенка свое собственное недовольство жизнью и самими собой, свой неутоленный, давно зашкаленный голод по человечности, доверию и любви, свое духовное запустение... Те, которым так и не удается выйти на уровень хотя бы элементарной самокритичности, с годами превращаются в заплесневелых, психологически слабоумных мамонтов-папонтов, в идиотических автобабушек-автодедушек. Плодят следующие поколения автородителей — мамуасов и папуасов...

Несколько реплик из обсуждения

ВАСИЛИЙ. Автородители — мастера создавать события, против которых борются. Когда мне бабушка говорила: не лезь туда-то (на шкаф, на лестницу, на велосипед) — упадешь, разобьешься — так я и лез, и падал обязательно, и разбивал себе что-нибудь, вырос, в конце концов, физическим трусом. В пятнадцать мама:

«Опять явишься в двенадцать ночи? После полдесятого домой не приходи!»

И не приходил. Результат: венболезнь в шестнадцать, алкоголизм в восемнадцать...

АНТУАН. А я еще лет в восемь-девять сообразил, что мои родители— автоматы, пытающиеся мной управлять по модели «Кнут-Пряник» в соотношении приблизительно 6:1. Все надеялся, что когда-нибудь можно будет с ними общаться просто по-человечески, не получая оценок и указаний. К двенадцати потерял надежду.

Развил методы встречного управления: стал виртуозом вранья, симуляции, понтов, халтуры и охмурежа.

Все душевные силы уходили на эту игру в непоймайки, весь смысл жизни свелся, так сказать, к имиджу, не отличал уже в себе настоящее от показушного, тайно себя ненавидел и презирал за это...

И все верил, что вот стану взрослым и независимым, и будут у меня свои дети, и все будет не так, все только искренне, полюбовно и понимаючи...

А вот шиш, ни фига подобного. Стал папашей и с ужасом обнаруживаю, что автомат-родитель сидит и во мне, двигает моим мозгом, руками и языком. То и дело ругаю и луплю сына — чтобы не безобразничал, чтобы не мешал, чтобы учился, чтобы не лез не в свои дела, чтобы не был собой, короче...

Иногда вяло и натужно хвалю, иногда дарю подкупающие подарки и вижу: раскусывает, понимает — зачем... Ничего более вразумительного не могу придумать.

Играть с ним — с души воротит, больше десяти минут не выдерживаю, да и ему скучно — чувствует, что мне это не интересно...

Угрожаю дочке всеми ужасами, чтобы не вредничала, не ныла и не хамила, напрочь не выношу и не понимаю ее истерик, завожусь жутко...

В общем, оказывается, и я есмь Автомат Автоматович Автоматов, и жена моя Автомать Автоматьевна...

КРОНИД. А куда же деться от длинного ряда предков, от психологической преемственности, от социальной наследственности?..

От конфликта между требованиями безжалостного Рынка Жизни и требованиями детского тела и детской души, которые никто не умеет и не хочет понять, которые и сам-то ребенок не умеет высказать?..

Автомат, осознавший, что он автомат, и товар, осознавший, что он не товар, знаете как называется?..

БЭЛЛА. Человеком. Но такие бомбежки, которую я сейчас кусочком изображу, человеческое в нас вытравляют:

«Я же тебе показала! Вот так завязывай шнурок!. Тьфу! Да что же ты. Да не так! Откуда у тебя руки растут?. Пусти, дай я сама! Бестолочь!»

«Опять согнулась, как крючок! Выпрямись, сколько раз говорить!»

«Ты что, последнюю извилину потеряла? Тут черным по белому: первая бригада экскаваторщиков вырыла за двадцать два дня столько кубометров грунта, сколько вторая вырыла за три недели. Одна за два дня, а другая за три ночи, понятно?» — **«Не-а».** — **«Потому что думать не хочешь. Тупица! Дебилка!»**

Вот по такой методике моя любимая, моя бедная мамочка воспитывала свою автодочку, верней, антидочку. Не знаю, это ли причина, или я сама такой родилась — но во мне, сколько помню себя, всегда срабатывал жесткий рефлекс Немогунадо: если чего-то надо, то я этого не могу — какое-то насильственное сопротивление необходимости, полное торможение... И стойкое убеждение, оно во мне и сейчас, что жизнь — это наказание, которое надо зачем-то перетерпеть...

АНТУАН. Если надо, как терпишь? И что за «зачем-то»?

ЛИЗА. И как при всем том умудрилась получить высшее образование и ученую степень?

БЭЛЛА. Назло себе. Живу просто назло себе. Ярко выраженная мазохистка...

РОМАН (в роли Черного Критика). Ну, если так, то Бетховен, которого отец учил музыке по вышеописанной методике: бил, истязал, цепью приковывал к фортепиано, — Бетховен, наверное, был супермазохистом, оттого кстати же и оглох. Я лично двумя руками за кнут, кнут и кнут. Только кнут превращает обезьяну в человека! — Кто «за»? Кто «против»?..

Вот одна из самых обычных, самых нелепых и трагичных ошибок. Ругая ребенка (и взрослого!), то есть более чем решительно и убежденно утверждая, что он (она):

`лентяй, трус, бестолочь,`
`идиот, подлец,`

мы это внушаем.

Ребенок верит этому. Ведь говорят затем, чтобы поверил, разве не так?.. Слова для ребенка значат лишь то, что значат. Всякое утверждение воспринимается однозначно: никакого переносного смысла. Взрослая игра «Понимай наоборот» усваивается не сразу, а подсознанием никогда не усваивается.

Оценивая — внушаем самооценку

Если говорить:

`ничего из тебя никогда не выйдет!`
`Ты совершенно неисправим!`
`Самый настоящий предатель!`
`Тебе одна дорога`
`(в тюрьму, под забор, на панель,`
`в больницу, к чертовой матери),`

то так оно и окажется...

Ведь это внушение, самое что ни на есть настоящее внушение. Оно создает образ будущего, оно действует и спустя годы, даже напрочь забытое:

> **ты меня не любишь,**
> **ты нарочно меня изводишь,**
> **ты хочешь, чтобы я сошла с ума,**
> **ты хочешь моей смерти.**

Если такое повторить раз, другой, третий — то… Ребенок такому не хочет верить, не может поверить!..

Душа его легка и упруго подвижна, душа жизнерадостна!.. Но уже посеяны семена внутреннего разлада.

Уже надломленность в самой хрупкой основе — в ощущении своего достоинства, своего права жить, права быть самим собой…

> **«Да ведь как с гуся вода, как об стенку**
> **горох! Забывает через секунду!**
> **И опять за свое!..»**

Так видит ребенка тупое псевдовоспитательское остервенение. Так толкает его в отчуждение, озлобление, разврат, воровство, наркоту, криминал, во тьму…

Если ребенок не воспринимает твои слова, если и угрозы твои, и ругань пропускает мимо ушей, если не действуют и наказания значит, что ребенок из последних сил

защищает свою самооценку

Грубит в ответ, делает назло, издевается?

защищает самооценку

Обещает исправиться, а продолжает?..

защищается и беззащитен

А для защиты лишь две возможности. Либо поверить, принять навязанный образ, войти в него и жить в нем... Либо — не принять, не поверить. Бороться!..

Как?..

Как угодно, только не так, как этого хочется нам.

Пойдет на все, чтобы доказать **не нам**, что все-таки стоит жизни на этом свете. В лучшем случае при внешней благополучности сохранит на всю жизнь неуверенность, внутреннюю ущербность. А в худшем...

БЭЛЛА. Вот вариант для случая Е. В. *(Показывает.)*

Мама приходит с работы, дома бардак, попахивает табаком и еще чем-то, взгляд сына-восьмиклассника виновато-наглый, за уроки явно не брался, ждет выволочки, готовится отбиваться... Мама, сбивая его ожидания, весело улыбаясь, как ни в чем не бывало здоровается. — **Привет.**

Сын, слегка оторопело. — *Привет...*

Мама, переодевшись, поставив чай, внимательно оглядывает квартиру и проникновенно заглядывает сыну в глаза... Сын взгляд отводит. Мама выдерживает паузу молчания полторы минуты... Потом говорит спокойно, слегка иронично. — **Слушай, это ты наконец прибил крючок в ванной? Ну спасибо, по высшему разряду.** *(Закрыться можно, открыть нельзя...)* **Насчет починки стула я уже не сомневаюсь. А когда успел научить кота говорить? Сегодня утром он произнес: «Мало мя-я-аса». А потом пожаловался, что никто опять за ним не убрал...** *(Задумчиво рассматривая след на ковре.)* **Скажи Виктору, пусть заглянет, когда я дома... Нет, не об этом, не волнуйся. Кое-какие сведения о психологии девочек, для него лично важные. Ну и тебе можно поприсутствовать, так и быть. Поговорим, кстати, распланируем взрослую жизнь...**

А насчет магнитофона пока подумаем...

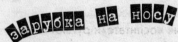

Ценные указания
в области наказания

Не вреди здоровью

Ни физическому, ни психическому. Более того, по идее наказание должно быть полезным, не так ли? Никто не спорит. Однако забывают подумать...

Лучше недожать, чем пережать

Если колеблешься, сомневаешься, наказывать или не наказывать — не наказывай! Даже если уже знаешь, что слишком мягок, доверчив и нерешителен. Попробуй иначе...

За один раз — одно

Даже если проступков совершено сразу множество, наказание может быть суровым, но только одно, за все сразу, а не поодиночке за каждый. Салат из наказаний — блюдо не для детской души!

Не за счет любви

Что бы ни случилось, не лишай ребенка заслуженной похвалы и награды. Никогда не отнимай подаренного тобой или кем бы то ни было — никогда! — подарки и награды священны. Даже если набезобразничал хуже некуда, если поднял на тебя руку, но сегодня же помог больному, защитил слабого...

Не мешай ребенку быть разным!!!

Не казни вдогонку

Чересчур последовательные воспитатели ругают и наказывают детей за проступки, обнаруженные спустя месяц, а то и год (что-то испортил, стащил, напакостил), забывая, что даже в суровых взрослых законах принимается во внимание срок давности правонарушения. Напомни со словами прощения — или лучше совсем оставь!..

Есть риск внушить маленькому негодяю мысль о возможной безнаказанности? Конечно.

Но этот риск не так страшен, как риск недоверия и задержки душевного развития. Запоздалые наказания внушают ребенку его прежнее состояние, держат его в прошлом и не дают стать другим. Не зацикливайся!

Наказан — прощен

Инцидент исчерпан. Страница перевернута. Как ни в чем не бывало. О старых грехах ни слова.

Не мешай начинать жизнь сначала!

Без унижения

Что бы ни было, какая бы ни была вина, наказание не должно восприниматься ребенком как торжество твоей силы над его слабостью, как унижение. Если ребенок считает, что наказание несправедливо, оно подействует только в обратную сторону!

Соблюдай неприкосновенность личности

Выражая неодобрение, не определяй человека, не прикасайся к личности. Не изрекай диагноз. Определяй только поступки, конкретные действия. Не «ты плохой», а «ты сделал плохо». Не «ты жестокий», а «ты поступил жестоко». Не предатель и не подлец, а лишь поступил, повел себя...

«Не судите, да не судимы будете»

Есть разница в подходах воспитателя и судьи.

Если судья обязан быть беспристрастным и в этой беспристрастности беспощадным, то воспитатель не ошибется, намеренно приписав ребенку побуждения лучшие, чем на самом деле. Украл — твердо глядя в глаза, утверждаем, что взял по глупости, что он и сам хочет, чтобы этого больше не повторялось. Солгал из трусости или ради выгоды — обнаружив обман, объясняем его поведение недоверием к самому себе. Уверены, что ему хочется быть правдивым, внушаем это. И вероятность успеха растет!..

Зачем Герострат поджег храм

ПОЧЕМУ РЕБЕНОК НАПРАШИВАЕТСЯ НА НАКАЗАНИЕ

Вот еще почему иногда провоцируется наказание: ребенку нужно доказательство, что он уже прощен, что грех ему отпущен. Совершившееся наказание и есть это доказательство. Некоторые дети ищут поводов быть наказанными, ведут себя откровенно вызывающе — к этому толкает их чувство вины. Когда-то, может быть, сгоряча пожелал нашей смерти, обманул или подсмотрел запретное, стыдное, ревновал...

Той же природы и искуснейшие провокации на наказания несправедливые и несоразмерные. Маленький психолог хорошо нас изучил, знает, за какой нерв задеть побольнее. Перейдя меру гнева, даем ему аванс внутренней правоты, который он может потратить самым неожиданным образом.

Злит и злится, делает все назло, а в то же время иногда такая неудержимая нежность... «Ты меня любишь?.. А почему не играешь со мной?..» Иной больше поверит данному сгоряча шлепку, чем поцелую.

Только равнодушие не дает никаких шансов. Только из скуки нет дороги к любви. И вот почему многие, и дети и взрослые, безотчетно пользуются методом Герострата: «Ты ко мне равнодушен, я тебе не интересен? Добро же, я заставлю тебя хотя бы ненавидеть меня!»

При дефиците любви становится наказанием сама жизнь, и тогда наказание ищется как последний шанс на любовь.

 Несмотря ни на что

 Зачем, как вы думаете, приходят пациенты в психотерапевтический кабинет? Чтобы лечиться от заиканий, бессонниц, депрессий, от импотенций, неврозов, психозов, комплексов?

Да, но вот главное: все они приходят за тем, чтобы снова узнать, что они дети и что, НЕСМОТРЯ НИ НА ЧТО, они хорошие дети, и НЕСМОТРЯ НИ НА ЧТО, жить можно, и жить хорошо.

Вот и все. Так просто. И это главное.

И вот в этом простом и главном нуждается каждый день ребенок. Этого простого и главного ждет от нас каждый день, как от Бога. И посему, несмотря ни на что, примем заповедь:

КАЖДЫЙ ДЕНЬ С РЕБЕНКОМ
НАЧИНАЙ РАДОСТЬЮ, ЗАКАНЧИВАЙ МИРОМ!

НАРЯДЫ ВНЕ ОЧЕРЕДИ

Воспитательница:
— Вовочка, кем ты будешь, когда вырастешь?
— Непеременно алхитектолом: выстлою себе дом без углов

...

— Почему же без углов?
— Надоело очень!..

Стояние в спецуглу, отсидка в спецкресле?.. Совершение какого-либо ритуала — скажем, троекратное пролезание на четвереньках под столом, заодно и полезное упражнение?.. Но только не уроки, не чтение! Не работа! Ни подмести, ни вынести ведро, ни вымыть туалет в наказание — ни в коем случае! Эти «наряды вне очереди» способны лишь привить отвращение к труду, а в больших дозах — и к жизни.

Вынужденное безделье — тяжкое наказание!

ЧРЕЗВЫЧАЙЩИНА

Маленькая девочка показывает на голову Ленина,
стоящую на постаменте:
— Папа, а за что дяде голову оторвали?

Садистская жестокость: зверски избил слабого, издевается над беспомощным. Шаг до преступления...

Вековечная народная практика знает для подобных случаев только один рецепт: как можно раньше и как можно больнее. Отвадить. Суровая и бесхитростная патриархальная мудрость. Рецепт этот всегда действовал довольно надежно... В некотором проценте. Кто подпадает под этот процент, потом с горькой благодарностью вспоминает ту давнюю острастку, повернувшую с края пропасти. Кто не подпадает...

Мы не знаем, каков этот процент и как получаются неисправимые. И неисправимые ли или только зачисленные в эту категорию неисправимостью исправляющих.

Может показаться странным, что иногда суровое наказание за небольшую провинность воспринимается как справедливое, а какая-нибудь мелкая репрессия (не пустили в кино, заставили чистить картошку) оказывается особо обидной. А дело в том, что сама степень наказания обладает внушающим действием: раз наказали ТАК, значит, есть за что, значит, виноват...

Но так, по мере наказания, воспринимает свою вину, быть может, щенок... И такого человеку мы не желаем.

Есть дети, против природы которых бессильно и самое искусное воспитание, и самое правильное лечение. Болезнь ли это, результат ли каких-то ошибок или отрыжка генетического прошлого, атавизм — в большинстве случаев непонятно. В любом случае вопрос не закрыт. Остается надежда. Он человек.

Обратный удар, или Душа пустовать не может

О народных способах излечения начинающихся наркоманий

Рассказывает потомственный мастер-кузнец Иван Николаевич Мельников, доживший до 99 лет (по моей давней записи).

...Я вишь как вижу — если порок, привык вредный, значит, образуется только, в зародке еще его отшибить можно, отвадить наказанием резким, и чтоб понятно было щенку, что как пить дать и завсегда накажут...

А если присобачился, пристрастился, — хоть наказывай, хоть казни — толку нет: хуже изгадится, обманывать-воровать пойдет...

Тут вишь как — либо отрезать, как пуп, и пусть катится по своей дорожке, либо по-хитрому от наоборота идти, подначить — до ручки чтобы дошел, привык чтобы сам его наказал, как от наковальни обратный удар.

Меня-то вишь как батяня от курева отучал: поймал первый раз с папироской — связал, ремнем выдрал как сидорова козла, сидеть на заднице дня четыре не мог.

Да задница-то непонятливой оказалась, потому как пристрял уже к табаку-то. Приятели все однолетки туда же — а я что ж, хуже других? И еще пуще, тайком...

Второй раз поймал с пачкой крепких турецких, деньги на них я хитростью выманил, помню...

Ну, думаю, все, поминай как звали, батяня у меня был суров... А он в угол кузницы сажает меня — и смотрит долго в глаза, молчит...

Потом спрашивает спокойно: «У тебя пачка эта одна или есть еще?» — «Еще, признаюсь, две припасены». — «Где?» — «Под лестницей на чердаке». — «Ну неси сюда. Вместе покурим». — Я изумился: батяня мой только к вину тяготение питал — в зимние месяцы в запой ударялся, но к куреву имел отвращение — дядю-дымилу, так звал свояка, с самокруткой и к дому не подпускал... А тут вдруг вишь как. Несу...

Он — строго мне: «Ну садись, начинай. Закуривай первую». И огня мне — из горна, из калильни прямо... У меня поджилки дрожат, курить страшно... «А ты, бать?» — вынимаю папироску ему. «А я подожду, пока ты накуришься. Все три пачки выдымишь, мне напоследок дашь. Я и твоим дымом сыт буду... Дыми, дыми, все подряд дыми...» Тут я догадываюсь, что мучить он меня собирается. «Бать, — говорю, — я уже не хочу. Я курить больше не буду». — «Э, врешь, меня уже не обманешь. Дыми. Ну-у?!..» И ремень сымает...

Одну выкурил. Батя: «Вторую давай». За второй третью, четвертую, пятую... На полпачке уже голова задурнела, в глазах рябь пошла, дрожь в ноги бросилась... А батяня не отступает: «Кури! Дыми!..» Пачка кончилась — началась вторая. У меня кашель уже как из колодца, себя не чую, давлюсь, где-то к концу второй пачки стошнило, а батяня ремнем меня обиходил и в блевотину носом ткнул: «Ну-ну, давай! Ешь табак свой! Курить нравится, да? Удовольствие получаешь? Ну получай! От удовольствия помирай! Ну!! Дыми!!!»

Как сознание потерял, не понял. Но помню точно: еще недели две животом болел — и башкой, и задницей, всем чем можно... К куреву с того раза не то что не прикасался — и помянуть не мог без тошнотины, а от дыма чужого просто зверь и сейчас делаюсь...

Спасибо потом батяне сто раз говорил, и при жизни его и после... Старшего своего я, лет уж двадцать пять миновало, таким же хитростным кандыбобером от пьянки отвадил. Заставил пить до потери сознания при мне. Отрубался — а я его подымал, растирал, бил-лупил и опять вливал, не угробил чуть, зато сразу вылечил, на все время жизни...

...Я ему еще и ружье купил, чтобы охотой его заморочить, чтобы порока место занять. Я вишь как вижу — у человека душа пустовать не может, она как земля: не огород растет, так сорняк...

!ВНИМАНИЕ! О предупреждении и лечении наркоманий смотри также главу 12.

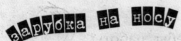
зарубка на носу

*Дальнейшие указания
в области наказания*

наказывать и ругать ребенка
Н Е Л Ь З Я

когда болен, недомогает или еще не оправился после болезни

когда ест

после и перед сном

во время игры

во время учебы, работы

сразу после физической и/или душевной травмы (падение, драка, плохая отметка, любая неудача, пусть даже в этой неудаче виноват только он сам)

когда не справляется: со страхом, с невнимательностью, ленью, раздражительностью, с любым недостатком; когда проявляет неспособность, бестолковость, неловкость — короче, во всех случаях, когда что-либо не получается

когда внутренние мотивы проступка, самого пустякового или самого страшного, нам непонятны

когда сами мы не в себе; когда устали, огорчены или раздражены по каким-то своим причинам...

НАКАЗАНИЯ БЕЗ НАКАЗАНИЙ

Как же тогда наказывать, чтоб на пользу?

Косвенное неодобрение

> *Учитель музыки — Сашеньке:*
> *— Предупреждаю, если ты не будешь вести себя как следует, я скажу твоим родителям, что у тебя есть талант.*

Очень сильный, тонкий и разнообразный метод.

Один из вариантов, часто употребляющихся стихийно, — простое игнорирование. Не высказывать никаких оценок — поставить нуль.

Не пережимать: одно дело не замечать поведения, другое — не замечать человека. Не играть в молчанки и угадайки, не демонстрировать своего плохого настроения в связи с чем-то, о чем ребенок должен сам догадаться. Это непосильно и для психики взрослого.

Рассказать о ком-то, кто поступил так же скверно, как наш ребенок, ему или кому-либо в его присутствии (см. «Рикошет»). Маленькому можно в виде сказки. При этом допустимо и некоторое утрирование, чтобы все было ясно, а если к тому же смешно, еще лучше. Даже если не подаст вида — дойдет, хорошие шансы.

Рассказать к случаю о каком-то своем прошлом поступке, о котором теперь сожалеем, объяснив почему. Один из лучших методов для всех возрастов. Но требует ума с обеих сторон. С исповедями не спешить.

Ироническая похвала

Крутил чашку, докрутился, разбил. «Молодец, из чайника пить удобнее. И чайник тоже бей, будем пить из ведра». Экономнее и сильнее, чем: «Ну сколько же раз говорить тебе!.. Что ж ты делаешь, такой-сякой! Всю посуду перебил!.. Пора уже...» Осторожно с похвалами в адрес других! Это тоже косвенное неодобрение...

Осторожно с насмешкой

Учитель говорит школьнику:
— Завтра пусть придет в школу твой дедушка!
— Вы хотите сказать — отец?
— Нет, дедушка. Я хочу показать ему, какие грубые ошибки делает его сын в твоих домашних заданиях.

Острое оружие. Применимо только к детям и взрослым с развитым чувством юмора, то есть только к тем, кто способен ответить тем же.

При обостренном самолюбии можно применять в качестве стимулятора только в гомеопатических дозах и только наедине. Закон неприкосновенности в полной силе. Лучше недошутить, чем перешутить.

Мягкое подтрунивание, веселая ирония как постоянный фон отношений — прекрасно для всех характеров и возрастов, надежный контакт. Этот стиль стоит освоить, не боясь и некоторой эксцентричности.

Бояться только однообразия.

Вместе с тем **опасаться двойственности.** Ругаем страшными словами, а в интонациях, а в глазах: «Ты же знаешь, как я тебя обожаю, свинью единственную, ты же знаешь, что в конце концов я тебе все позволю...» Одна рука гладит, другая бьет...

Сколько драгоценных минут и часов, сколько жизней отравляются стерегущей угрозой...

Не естественно ли, что те, для кого это наказание непосильно, вырабатывают защиту, имеющую вид душевной тупости, глухоты к любым чувствам?..

И у самых вульгарных скандалистов и невменяемых крикунов могут вырасти прекрасные, всепонимающие, веселые дети.

И у самых культурных, разумных и сдержанных — и подонки, и психопаты. И строгость, и мягкость, и диктатура, и демократия могут дать и великолепные, и ужасные результаты. Индивидуальность решает.

Не забудем же слова, давно сказанные: «Все есть яд, и все есть лекарство. Тем или другим делает только доза».

НАКАЗАНИЕ ВИНОЙ И ОГОРЧЕНИЕМ

«Ребенок должен бояться меня огорчить», — эгоистическая манипуляция чувствами и принуждение ко лжи в скором будущем... Жуткое наказание — непрерывно знать, что причиняешь боль, виноват, всегда виноват!..

Примем реальность: ребенок, не будучи совершенством, не может не огорчать любящих его. Не может и жить в постоянном страхе причинить огорчение. Защищается от этого страха.

По-настоящему мы наказываем ребенка только своими чувствами.

Из ответа Д.С. одной маме

Дорогая М. А., вовсе не надо беспрерывно следить и гадать, как относится Ваша дочка к тому или иному Вашему действию, как относится к Вам... А вот что надо, вернее, можно: учиться верить в лучшее.

И верой этой творить хорошее.

Вы заметили, что ее реакции зависят не столько от содержания требований, сколько от Вашего настроения. Вот и суть. Если сказать иначе — дело за тем, чего Вы в эти мгновения подсознательно ожидаете и что тем самым внушаете. Когда загодя уверены, что не понравитесь, неизбежен конфликт, заметили?.. Верите, что очаровательны, что любимы — так и выходит!

Верьте, что Вы для своего ребенка гениальная мать, — это правда. Но не рассчитывайте, что вера — гарантия обязательного «результата».

Сегодня у нее дурное настроение по причине, с Вами не связанной, но она выливает его на Вас. Завтра Вы сами не в лучшей форме...

Ребенок меняется десять раз на дню и тысячи раз в течение жизни. Вам не предугадать ни всех смен настроения, ни путей, по которым пойдет развитие. Не требуйте от себя невозможного. Делайте всегда только то, что зависит от Вас, — укрепляйте веру, не переставайте настраиваться положительно вопреки всему.

Вот и вся «работа с подсознанием»!

Ну и еще, конечно, время от времени думать...

ОБЪЕКТ МАМА

С ТОЧКИ ЗРЕНИЯ ХАМА, ПОКА МАЛОЛЕТНЕГО

В. Л., у меня сын 4 лет. И с ним у меня возникли проблемы. Мой замечательный сынуля вежлив и обходителен со всеми, кроме своей мамы, т.е. меня.

Может мне грубо отвечать, разговаривать в приказном тоне, командовать. Пытаюсь его одергивать, приводить косвенные примеры «про то, как один мальчик..»

Кругом говорят «бей по губам», а я думаю, вряд ли я таким образом добьюсь уважения своего ребенка, и скорее всего только все испорчу.. Но как же быть, как понимать происходящее и как вести себя? *Ксения.*

 Ксения, насчет «бей по губам» вы совершенно правы, этот вариант не обсуждаем.

«..вежливый и обходительный со всеми, кроме мамы, т.е. МЕНЯ. Может МНЕ грубо отвечать, разговаривать в приказном тоне..»

Важен нюанс, что груб не со всеми. Если бы со всеми, то это был бы вопрос его развития и характера, его взаимоотношений со всем миром.

А тут ясно, что дело идет о ваших с ним отношениях. Так чаще всего и бывает: дети грубят самым близким, самым надежно-своим, помыкают самыми любящими и заботливыми, самыми нежными — мамами, бабушками, добрыми нянями...

(Список потом может расшириться.)

Иногда причиной скверного поведения маленького ребенка может быть «медиумирование» им внутренне напряженного состояния мамы. Это состояние и самой мамой может не сознаваться...

Психолога сразу заинтересовали бы отношения между вами и мужем (или тем, кто в семье играет «мужскую партию» — это может быть и дедушка, и бабушка).

Обычно ребенок, особенно мальчик, всегда быстро схватывает и усваивает дух и стиль отношения этого персонажа к своей маме.

Если отец или играющий доминантную роль член семьи (например, бабушка) относится к матери мальчика «сверху», то вполне вероятно, что сын тоже захочет вести себя с мамой так же.

И выберет самый легкий для его возраста, да и вообще самый общедоступный стиль власти — хамство. Если папа заботлив и ласков с мамой (но не слишком, а то это может вызвать ревность), то и сын, как правило, перенимает такой же стиль поведения, и не только с мамой, но и с девочками в детском саду и в школе.

Если же мальчик воспитывается в семье, где нет мужчин, или где и отец, и мама слишком мягкие, нерешительные, то не исключен вариант, что природно активный и агрессивный мальчик, пытаясь взять на себя «мужскую роль», будет перегибать палку...

В любом случае важно увидеть происходящее не только и не столько своими глазами (чувствами и оценками), сколько глазами-чувствами ребенка.

Вот несколько аргументов «с той стороны», объясняющих, почему и зачем с Объектом под кодовым названием «Мама» можно и должно обращаться по принципу наибольшей эффективности со своей точки зрения, а по хамски — с его, то есть, с ее...

ПЕРЕВОД С ДЕТСКОГО ПОДСОЗНАТЕЛЬНОГО

1. Объект Мама — моя собственность. Она у меня всегда есть, незыблемо, никуда не денется. Можно быть в этом уверенным. Неограниченная уверенность называется наглостью. Неограниченная наглость называется...

2. Объект Мама подлежит управлению. Объект Мама доступен управлению, хотя и в разные моменты по-разному, в разной степени. Цель управления Объектом сводится к удовлетворению своих основных и неосновных потребностей, плюс совершенствование самого управления, которое из средства легко становится целью. Именно управление Объектом Мамой как самоцель приобретает интерес, когда твои основные и неосновные потребности уже удовлетворены и удовлетворять более нечего. Сигнализация, предназначенная для управления Объектом ради самого управления, имеют кодовые названия «Команды», «Приказы», «Крик», «Грубость», «Непослушание», «Упрямство», «Капризы» и прочая, варианты неисчислимы.

3. Объекта Мамы обычно много. Бывает и слишком много, а иногда просто невыносимо много. Притом, когда Объекта Мамы много невыносимо, Объект этого не понимает. Навязывается, чего-то от тебя требует, надоедает... Для уменьшения количества Мамы на единицу потребности в ней существует набор сигналов под кодовыми названиями «Пошла вон» и «Сама дура».

4. Объекта Мамы бывает и мало. Он может присутствовать, но сигналы твоей потребности в нем не воспринимать или не понимать, какую именно из твоих потребностей следует удовлетворить — особенно когда ты и сам этого не понимаешь... Добро, если бы только хотелось, к примеру, играть с Объектом, играть именно так, как ты, ребенок, обычно играешь — с вживанием в роль, с перевоплощением... Иногда тебе хочется вдруг, например, ласки, но только не в надоевшей форме «сю-сю», как обычно бывает. А иногда хочется поиграть в экстремальные игры, разрядить накопившуюся эмоциональную и физическую энергию, спровоцировать Объект Мама на наказание, а потом сладко поплакать на груди... Испытать и немножко шока... Всего этого Объект Мама понять не в состоянии, а у тебя нету слов объяснить — получается, что Объекта в действительности как бы и нет. И тогда приходится применять категорию сигналов для привлечения всего внимания Объекта под кодовым названием «Скандал» или «Истерика».

5. Объект Мама зависим от меня.

И довольно часто подает недвусмысленные сигналы своей зависимости: просительные, неуверенные интонации с нотками виноватости, всяческие вопросы, пространные уговоры и никому не нужные объяснения, готовность уступить, страх обидеть...

Ну видно же, как над тобой трясутся, даже когда орут на тебя, даже когда лупанут сгоряча — чтобы показать свою власть, то есть твою зависимость — а потом готовы себя казнить... Такая плотная и откровенная зависимость, с одной стороны, делает тебя в отношениях с Объектом искушающе свободным, развязывает и распускает по самое «ай-ай-ай»; а с другой — связывает ответной зависимостью, накладывает обязательства... Ты, видишь ли, не должен огорчать свой Объект, должен быть благодарным, послушным. Да фигушки!.. Есть две близкие категории сигналов, предназначенные для демонстрации Объекту его зависимости от тебя при твоей независимости от него. Одна имеет кодовое название «Издевательство», а другая — «Хамство».

6. Объект Мама подлежит использованию на основе его наиболее прогнозируемых характеристик.

Управляется Объект Мама, в основном, вложенным в него программным заблуждением, будто он, Объект, предназначен для управления тобою — он, дескать, должен тебя воспитывать.

Это смешное заблуждение всерьез принимать не стоит, но и нельзя надеяться, что оно скоро рассеется, может быть, и никогда. Посему следует внимательно изучить все конкретные компоненты, всю структуру вложенной в Объект программы «Родительский инстинкт и родительские обязанности». В одних случаях ею пользоваться, притворяясь управляемым, а в других находить, что противопоставлять, вплоть до хакерского разрушения... Самое правильное: никогда не показывать себя ни полностью управляемым, ни полностью неуправляемым — впереди морковка, а сзади хлыстик...

7. Объект Мама — экспериментальная лаборатория и трамплин. Среди прочего предназначен для твоих психотренингов и испытаний на прочность себя и мира. Для изучения пределов возможного во всех отношениях.

Это необходимо для твоей вооруженности в будущих схватках со всем светом — а если конкретнее, то допустим, с будущей тещей, женой или дочкой. На ком еще и потренироваться, кто так постоянно доступен и всетерпим, кто еще так подробно изучен и безопасен?.. Даже если очередной твой эксперимент окончится скандалом, шлепком или поркой, ты можешь гордиться: ты перешел границу, не струсил, ты испытал себя и преодолел, ты преступил черту... И твои возможности расширяются!

...Вот, Ксения, вчерне только несколько «аргументов к фактам», и это предполагает возможность на каждый аргумент «той стороны» найти свой контраргумент...

Вы поняли уже, что «проблема» не решается набором рецептов? Что ребенок — не проблема, а жизнь, требущая вживания?..

Убедились ли, что уважение обязательно предполагает определенную дистанцию и способность при случае показать свою силу? Что взрослый, постоянно живущий с ребенком и часто видимый им в неглиже в прямом смысле и переносном, об уважении может и не мечтать?..

Пробовали ли отвечать на хамство не одергиванием ребенка, не встречной агрессией, а временным дистанцированием, вместе с некоторым проявлением власти?.. Например: выдерживать длительные паузы неопределенности — не отвечать ни слова на его попытки вступить в разговор или даже плач. На час-другой удаляться куда-нибудь... Спокойно игнорировать грубость — будто ваше внимание привлекло что-то другое: птичка за окном или книжка... А то вдруг засмеяться и отзеркалить ребенку его поведение — записать на магнитофон или видеокамеру, а потом показать?..

Пробовали ли вообще быть разнообразной, неожиданной со своим ребенком? Если да, то каковы наблюдения, обратная связь? — Ведь крупицы нового опыта, намеки на открытия наверняка проскользнули!..

А если нет — то почему не попробовать, не поискать варианты, не поиграть? Почему бы не посвятить себя поиску творческого разнообразия в качестве Мамы на всю оставшуюся жизнь? Оно того стоит!..

И пригодится не только в качестве Мамы...

Ответ на ответ

В.Л., да, скорее всего пример для своего поведения Сережка берет с моего мужа, который все время кричит на меня и пытается мной командовать, что у него не очень получается, от этого он кричит еще больше..

У нас с ним сексуальная дисгармония..

Моя мама, очень строгая, властная женщина, выработала у меня устойчивое чувство вины и страха наказаний. Тогда, в детстве, я выступала в роли «жертвы», а мама в роли «палача». Сейчас я тоже в роли «жертвы», только в роли «палача» теперь муж, а за ним вот и сынуля.. Мне очень не хочется, чтобы мой сын вел себя со своей женой так, как его папа сейчас обращается с его мамой..

Я стараюсь применять ваши советы, и надо же, они срабатывают, только у меня это не получается так часто и в то время, как нужно: иногда времени нет, иногда сил, и проще по-старинке, хотя и без толку.. *Ксения.*

АВАНС

о поощрении и похвале

«Будь хорошим». Рисовал Володя Леви 4-х лет

Я убедился, что добра больше,
в десять раз больше, чем зла...

Януш Корчак

Пирожок с мышами

ИСПОВЕДЬ ХВАЛОГОЛИКА

...Вот и опять, только что не удержался и автоматом похвалил пятилетнюю дочку Машу за новый рисуночек — правда, прелестный, ну так и что ж?!.

Можно ж было просто обрадоваться и поговорить с ней о персонажиках картинки, игрой поощрить, проявить интерес, понимание, а оценки не выставлять, не цеплять на одобрямс, не подсаживать...

И какого рожна эти взрослые все в оценщики лезут, в судьи невыбранные, в эксперты непрошеные, в наставники непотрошеные?.. Да потому что сами в себе на оценках зациклены, сами зависимы от них как автомобильчики от бензина: не зальешь в бак — не едет...

Потому что у них рыночный внутренний мир, такой общий большой бзик, грандиозная фикция вместо жизни.

Когда стал хвалоголиком, вспомню ли?.. Как это произошло?.. Была когда-либо изначальная полнота уверенности в праве на жизнь — без оценок и без условий, без сделок «ты мне — я тебе»?.. Было ли взаимодоверие с бытием, было ли счастье?.. Счастья не замечаешь, пока оно есть, вот в чем особенность.

«Мам, скажи: мой хороший, скажи... Мам, скажи: тюпа моя». В три года, когда был вот таким, уже вымогал ласковые слова. Почему-то этот сопливый тюпа на всю жизнь застрял в памяти...

С пяти лет по утрам или к ночи иногда — жуть одиночества, тоска страшная, слезы: «Никто не любит, никто-никто никогда-никогда меня не полюбит...»

Взгляд был у мамы веселый, нежный, лучисто-ласковый и такой же голос. Все родные любили меня, заботились, по суровым тем временам слегка даже и баловали.

Отчего же ребенок, здоровый, ухоженный, умудрялся чувствовать себя недолюбышем, словно бы еще с прошлой жизни?..

И что было счастьем, что все-таки было счастьем?

...А счастьем было живое чувство соединенности, полнота общности в полноте свободы и безвопросная слитность любимости и любви... А счастьем было уткнуться в маму, приникнуть молча — и замереть... Теплая рука бабушки на голове... Возня веселая с папой (как редко!), иногда с дедушкой в шахматы...

Да, да, вот, кажется, корень где. Любить-то любили, но мне об этом, забыв детский язык, давали знать недостаточно горячо, замерзал я. Не возились почти и играли мало — а ругать-то ругали, а требовать — требовали...

Некогда жить им было и страшно, не до игры. Себя не умели вспомнить... Ведь сами выросли в морозильнике недоверия, без витаминов счастья.

Наверно, в какой-то пасмурный миг я и поверил, будто слово «хороший» равно поцелую мамы, будто «молодец» — значит папа на плечи взял. Не любовь, так хотя бы ее значки, обещания, обещания обещаний... Началась охота за конфетками одобрения, за фальшивыми фантиками всевозможных пятерок, за наркотиком похвалы. Труд сизифов, танталовы муки...

Изначальный язык любви для ребенка — набор знаков, поощряющих жить — вовсе не похвала, не пятерки вшивые, тем паче не деньги. А что?..

А вот: солнечные лучи, вживленные в душу. Живая плоть радости, сердечная музыка. Взгляд добрый, ласковое прикосновение, да! — и объятие, и взятие на руки, тисканье и возня — и игра, игра всяческая!..

Жизнь в полноте — общение и игра, вот и все — игра без конца и края!

Игра для ребенка и есть самая настоящая жизнь и любовь. А вся остальная фигня, которую жизнью считают взрослые, — только приложение, вернее, сырье, необработанный материал, а еще вернее, абракадабра, подлежащая, если удастся, переводу на человеческий, переигрыванию — превращению в жизнь...

Я любил жар, как все дети, любил и люблю огонь, но терпеть не мог — и сейчас — слюней, слизи, слякоти. Шестилеток, помню, боялся наезжавшей иногда тетки, степень родства коей определялась как «десятая вода на киселе» и понималась мною буквально: варили кисель, сливали одну воду, другую...

Остались в памяти тяжелые тепловлажные руки, их жирная нежность, рот, оскаленный умилением, и светло-мутные глаза, в которые, страдая какой-то болезнью, она закапывала подсолнечное масло. Кисель навсегда стал бессмысленно ненавистен.

Я ее боялся за беспрерывный липучий поток похвал и за то, что она приносила подарки, которые я обязан был с благодарностью принимать. Каким-то гипнозом запихивала в меня пирожки собственного производства с жареными грибками, похожими на удушенных мышат. И самое страшное:

— Ну, иди же сюда, чудо мое золотое, ласковый, сладкий мальчик... А вырос-то как, цветочек мой шелковый. У, какие у тебя мускулы, Геркулес будешь. А реснички — ну прямо как у девочки. Книжки уже читает, стихи сочиняет... Пушкин будешь. Стройненький какой, деревце мое ненагляденькое...

Тайну ее я узнал, подслушав разговор взрослых. У нее родился когда-то мальчик, которому не удалось закричать, а больше детей не было, вот она и возлюбила меня вместо того сынка...

Стало тетку жалко до омертвения, а самого себя почему-то стыдно до тошноты. Я старался ей улыбаться и не хамить, но по-прежнему всякий раз, как она дотрагивалась до меня словами, руками или губами, испытывал дрожь омерзения и безумный ужас: казалось, какая-то болотная, черная, чавкающая дыра изнутри нее всасывает меня... Один раз приснилось, что я пирожок с мышами, а она кошка...

Сколько стоит душа

Какими были первые деньги?..

Не кусочки металла, нет, и не камешки, не деревяшки.

Первым денежным знаком была одобрительная улыбка Евы Адаму, первый ее осознанный смайлик, состроенный, чтобы Адам был хорошим парнем.

И Адам был хорошим парнем, пока не надоело.

Первые деньги были психическими, идеальными, а потом начали ма-те-ри-али-зовы-ваться.

Вначале была душа. А потом ее оценили...

Оценочная зависимость задалбливается сызмальства. Оценка — второй, надстроечный этаж психоманипуляции после фундаментально-физических пряников и кнутов. Ниточка, за которую дергает тебя Психокукольник, чтобы ты совершал свой марионеточный танец.

Но оценочная зависимость не есть только плод социального зомбирования, нет, не только гипноз среды.

Это еще и зов, просыпающийся изнутри — дальнобойный инстинкт. Человек сам выходит на связь с рынком Жизни — миром оценок, сам себя встраивает в него, потому что ему предстоит войти действующей частицей в Великое Целое и продолжить поток бытия сквозь времена и пространства.

Чтобы найти в Целом свое место, свою судьбу — не избежать прохождения сквозь многослойный, бесконечный оценочный фильтр...

Уже совсем маленький ребятенок сам ищет одобрения и неодобрения, сам спрашивает и исследует — что хорошо, а что плохо, и провокациями вызывает мир на оценку своего поведения и своей персоны. Не познавший, что есть грех — невинен, так вот — мы хотим познать. Иногда, чтобы почувствовать, как хорошо быть хорошим, приходится делать гадости.

Вы спрашиваете, откуда берутся ревнивцы, завистники, вруны-хвастуны, лицедеи и подлецы. Откуда невротики, боящиеся нос высунуть и слово сказать, и самоутверждающиеся психопаты.

И откуда циники и преступники, звери-нелюди, которым накласть на все и всяческие оценки.

Отсюда все — из Оценочной Зависимости — из стремления к ней и из сопротивления ей. **Оценочная зависимость — это кровоток отношений, это культура, это мораль и этика, это совесть. Она же — убийца отношений, убийца морали и совести, убийца всего.**

Наблюдаю за многими сотнями детей, наблюдаю и за своими, себя тоже стараюсь из виду не упускать... Да, двойственность с самого начала: и поиск этой самой зависимости — как мотыльки на огонь — и уход от нее, защита и бегство. Какого бы отношения к оценочной зависимости я пожелал пациенту, что бы пожелал своему сыну и своей дочке, пожелал каждому и самому себе?

Иметь оценочную зависимость, но не исчерпывать себя ею. Не определять оценочно ни свою жизнь, ни чужую: «Не судите, да не судимы будете». Иметь оценочную зависимость и считаться с ней, понимать ее у себя и других — но не руководиться ею бездумно, не подчиняться.

Да, так: несмотря на зависимость, быть свободным.

«Ты сам свой высший суд. Дорогою свободной иди, куда влечет тебя свободный ум... Хвалу и клевету приемли равнодушно И не оспаривай глупца...»

Какой верный совет и как мало следовал ему давший его, как наоборот поступал. *«Восстал он против мнений света, Один как прежде — и убит».* Не восстал, нет — восстал, вернее, в душе только и на бумаге. А если б восстал и в жизни, не вызвал бы на дуэль глупца, начхал бы на «диплом рогоносца». Оценочная зависимость, собственно, и убила Пушкина.

ОДОБРЯМС ОДОБРЯМСУ РОЗНЬ

Подсадка на пряники-одобряники (ими может быть и простое уделение времени, простое внимание...), подсадка на похвалу, оценочная наркотизация...

Незаметно это все делается, автоматически и полуавтоматически, как и кнутоприбитие — и разумеется, с самыми наилучшими воспитательскими намерениями.

Если одобрямчиков было много, а стало меньше или совсем не стало, возникает состояние лишения, ломка, жестокое страдание — до нежелания жить.

Это может случиться и с нашим ребенком, если родился второй, младший, и все внимание и забота, принадлежавшие раньше одному старшему, направляются на новоприбывшего. Если ребенок вдруг перестал быть отличником или если мы внезапно решили: ублажать хватит, пора воспитывать по-настоящему...

Тот, кто много хвалит и одобрямкает, вовсе не обязательно становится любимым и уважаемым, скорее, наоборот, есть немалые шансы заработать презрение и отвращение со стороны ребенка.

Тем не менее отношение ребенка к себе будет от этого человека зависеть и впредь. Может тут же забыть, но **сам факт** никогда не проходит бесследно: наркотик уже попробован!.. Начнет подстраиваться под оценки и предпочитать положения, где можно себя показать только с выгодной стороны; начнется неискренность...

«Какой у тебя бантик красивый!», «замечательное платье!» — первая провокация стать тряпичницей. «Какая прелесть, какая умница! Все понимает, исключительные способности! Ну, прочти еще стишок... Какой молодец!»

Так часто и начинается трагифарс самовлюбленной посредственности...

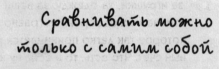

Внимательнейше надлежит различать одобрение, сравнивающее человека с самим собой (читаешь уже лучше, хорошо справился, постарался и получилось, начинает получаться...), и одобрение, сравнивающее с другими (у тебя вышло лучше, чем у Марины... у тебя красивое платьице, ни у кого такого нет... ты у нас самый сильный...). Если первого можно опасаться не слишком и перебор легко поправим, то второе — сравнение, соревнование — коварное зелье, крючок, на который очень легко клюют и подсаживаются, а сойти без тяжких потерь невозможно. Платежка иной раз приходит мгновенно, а иной раз отсроченно или слишком отсроченно... Обратим внимание, как редко и ругают, и хвалят детей в семьях солнечных, которым можно завидовать. Там никого не сравнивают ни с кем. Там не ставят отметок, там просто живут.

зарубка на носу

Что не заработано, за то не хвалить

👉 за то, что достигнуто не своим трудом — физическим, умственным или душевным

👉 за легко дающиеся хорошие отметки

👉 за здоровье, красоту, силу, ловкость, сообразительность, ум, талант — короче, за все природные способности, включая и прирожденное бесстрашие и врожденную доброту

👉 за игрушки, за одежду, за вещи — ни в коем случае не отмечать их одобрением (равно как и неодобрением!), которое так легко принимается ребенком на свой личный счет. Что есть, то и есть, ну и все.

Да, что не заработано, за то не хвалить! Но, возразим мы, ведь не все могут заработать, и не все зарабатывается... Разумеется, и об этом дальше. Кроме того, не надо хвалить:

👉 больше двух раз за одно и то же

👉 из жалости (очень трудно, иногда неразрешимое противоречие с требованиями Задатка и Возмещения)

👉 из желания понравиться ребенку (и взрослому, между прочим, тоже?!..)

Нам нужно нравиться ребенку, чтобы внушать доверие, а внушать доверие нужно, чтобы?.. Понятно, понятно.

Но чтобы нравиться, и довольно простого доверия. А для доверия достаточно спокойного пребывания вместе с неприставанием и невлезанием в личность; достаточно интереса, но ненавязчивого, достаточно доброты...

Но иной раз и ничего недостаточно!..

ОДОБРЕНИЕ КАК УДОБРЕНИЕ

Ну и накатили мы бочек на похвалу, ну и затоптали! И что ж это получается — не ругай, не наказывай, не одобряй, не хвали... А воспитывать как? Воздействовать?!..

Если почва хорошая, а семя здоровое — удобрений не требуется, плод добрый вырастет. Ну а если растеньице хилое, если почвишка так себе... Удобрение — вещь конкретная. Использовать — уметь надо. Кому — что — когда — сколько — как?..

А У НАС Ъ КВАРТИРЕ ГАЗ...

— У меня двухколесный велосипед, а у тебя трех-.
— Ну и что?.. А ты через лужу не перепрыгнешь. А я!..
— Ну и подумаешь. А мой папа милиционер!
— Моя мама в цирке работает!..

Понаблюдаем, как они начинают выстраивать свои статусы, как хвастаются, соперничают, завидуют и ревнуют... Уже где-то с года-полутора включается то, что можно назвать инстинктом соревнования — самоутверждение среди себе подобных, и в ход идет все что попало. «А у нас в квартире газ...»

Для малыша, самооценка которого еще только зачаточна, возмещением ее ущерба может послужить что угодно: мама отругала, отшлепала, зато бабушка подарила мячик. Потерял мячик, растяпа, облился супом, опять не справился с зашнуровкой ботинок, зато нашел хорошую палочку. Мастера самоутешения малыши наши, но как устоять этой хрупкой мудрости перед ядерными бомбежками взрослого идиотизма?..

Помню, как-то проиграл я своему приятелю Ю. три партии в шахматы, одну за другой.

Играем в пинг-понг — опять проиграл. Зову на бильярд — снова проигрываю. В преферанс — подчистую. Ну все, чувствую, надо остановиться: еще один вид спортивного многоборья — например, кто кого перепьет — и клиническая депрессия обеспечена. Вдруг почему-то вспомнилось, хотя это к делу не относилось, что я доктор наук, а у Ю. нет даже аттестата об окончании средней школы...

РАЗГЛЯDИМ ОМЕГУ!

Он может быть самым сильным в классе, а чувствовать себя самым слабым и всех бояться. Может быть самым интеллектуальным, самым способным, а ощущать себя дебилом, кретином, ослом, идиотом — и таковым же считаться, а может, и нет, неважно...

Она может быть самой красивой девчонкой, самой отвязной — себя же сама втайне считать уродиной, презирать, никому не верить...

А вот действительно самый слабый — пока что — явственно отстающий, возможно, больной... Вот существо настолько своеобразное и отодвинутое от действительности, что вокруг него почти видима оболочка отталкивающей пустоты — стена, за которой душа, ни на что и ни на кого не похожая и чужая сама себе... Вот нечто серенькое, незаметненькое и безгласное, то и дело задевают, толкают, затычут-затопчут и слова не скажут...

Застенчивый или чересчур беззастенчивый, без тормозов (две стороны одной медали), развинченный, дерганый и нелепый. Медлительный, неуклюжий, нескладный, толстый, трусливый, зависимый ото всех...

Заика, очкарик, косой, рыжий, кривуля, козел отпущения... Смешная фамилия... неубедительный голос... не та одежда, не те родители...

Омега — последняя буква в греческом алфавите. Дети-Омеги (и взрослые точно так же) хронически ощущают себя если не последними, то предпоследними людьми в этом не лучшем из миров. Или даже не людьми вовсе.

Чтобы стать Омегой, достаточно одной неудачи: одной двойки, тройки или даже четверки. Достаточно одного презрительного смешка (может быть, вовсе и не к тебе относящегося), одного кисло-недоуменного взгляда, одной неловкости. Ну а чаще всего и совсем ничего не требуется — просто быть, вот и все, быть собой вот таким — и уже всаженным в оценочную систему, уже зависимым.

(У животных тоже в каждом сообществе есть обязательные Омеги — у них тоже свои сигнально-оценочные системы имеются — знаки статуса каждой особи.)

Приглядевшись внимательнее, убедимся, что Полуостров Омега населен весьма густо. А себя вспомнив, придем к выводу, что через состояние-Омега — омежный кризис — проходит каждый: в то время или иное, совсем маленьким, или побольше, или уже большим. Времена эти одни спасительно забывают, другие катастрофически помнят... А там — внутри — человек-Омега всегда маленький, всегда самый маленький в этом мире...

Все, что будет далее сказано о Задатке, он же Аванс, о Возмещении, о Взрыве Любви и других способах душевной поддержки — дела и слова доброго — в первый черед для Омеги, да, да — для того, кто Омега сегодня, здесь и сейчас, конкретно.

И мы продолжим путь в пустыне...
Не обольщайся, но живи.
Мое молчание отныне
считай признанием в любви...

Как человеку с сердечным приступом прежде всех медицинских мер расстегивают воротник и пуговицы на груди, чтобы освободить дыхание, так того, кто прибит, прижат и придушен оценкой, всего прежде нужно от оценки освободить.

Утвердить в праве жить, быть Собой. Если не разорвать, то хотя бы ослабить путы оценочной зависимости — чтобы дышать было можно...

> Я хорош уже тем, что живу на свете;
>
> такого, как я, больше на свете нет,
>
> а я есть, и это хорошо,
>
> я — капля росы,
>
> успевающая отразить солнце,
>
> и это чудо,
>
> я — чудо!

Вот что Омега должен узнать о себе, что почувствовать с нашей помощью.

Разглядим Омегу! —

Омега прячется, маскируется! —

И не упустим мгновения...

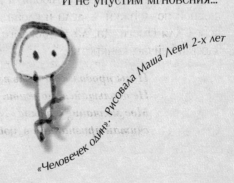

«Человечек один». Рисовала Маша Леви 2-х лет

Хвалите за то, чего нет,

и это появится!!!

...Итак, можно, а иногда и крайне необходимо хвалить не за то, что достигнуто, заработано, а просто за то, что есть, и даже за то, чего нет.

Хвалить можно и нужно в первый черед детей с недостатками, физическими и особенно умственными и душевными. Если ребенок робок, вял и плаксив — хвалите его постоянно, поддерживайте и добрыми словами, и добрыми взглядами, поощряйте за все. Если раздражителен, зол, если агрессивен, жесток — не давая спуску за покушения, не скупитесь на похвалы: хвалите как можно чаще, ярче и убедительнее.

А если лжив, если воруют? — Тем более! — Дети воруют не вещи, не деньги — дети воруют недоданную любовь. Врет? Часто врет?.. Значит, боится собою быть.

Хвалить можно и нужно ребенка гонимого, травимого, козла отпущения. Хвалить очень нужно после всякой потери, неудачи, провала — да, непременно следует изыскать для этого повод — за что-нибудь невзначай одобрить, и еще раз, еще... Но — ВНИМАНИЕ! — чтобы это не выглядело как утешение! Никакой милостыни!

Хвалить надо щедро и безотлагательно при угрозе или уже при развитии болезни, психической в том числе и в первую голову — иногда это лечит, а иногда и спасает. Хвалить можно и очень нужно при обнаружении несчастной любви или даже при подозрении на таковую, в предвидении...

Девочка некрасива и уже — только что — поняла это?.. Хвалите ее глаза, волосы, голос, улыбку, ум, доброту, способности; хвалите ее всю.

Мальчишка слабее или трусливей других, нескладный? Трудно учиться, выгоняют из школы?..

Хвалите его рисунки, может быть, очень посредственные; хвалите за то, как делает бумажных голубей; хвалите за то, что ходит сам в магазин; за то, что принес домой этого жалкого блохастого котенка и старается чисто мыть руки (хотя, может быть, и не очень старается); за то, как рассказывает о том, что видел на улице; за мускулы — вон уже какие большие!..

Если ребенок болен, ослаблен физически или морально, его нельзя оставлять без похвалы ни на сутки. Одной лишь похвалой можно унять боль, даже зубную.

А есть времена, когда похвала только за то, что живешь, может спасти жизнь.

ЛОЖЬ ВО БЛАГО — НЕ ЛОЖЬ, А СТРОЙМАТЕРИАЛ

ТАКТИКА ДЛЯ ОТДЕЛЬНЫХ СЛУЧАЕВ

Заикание или другой дефект речи. Время от времени, как бы между прочим, замечаем, что ребенок говорит уже лучше, свободнее. (Лучше это делать не напрямую, а косвенно.) Отмечаем успехи именно тогда, когда действительного улучшения нет, когда дела даже чуть похуже — да, смело — но тонко, конечно, но по возможности артистично, то есть естественно...

А когда совсем худо?.. Тогда просто этого не замечаем, спокойно живем. И когда речь улучшается, лучше не обращать на это внимания, не отмечать, не хвалить.

Почему?.. Чтобы на самооценке не циклить. Чтобы улучшение как обычный фон закрепилось. Похвала может спугнуть хрупкое достижение, подействовать наоборот.

Тик, ногтегрызение, волосодерганье и другие навязчивости и всевозможные неподчинения самому себе. То же самое. Принимаем спокойно — ну есть и есть, как погода. А вместе с тем упорно и потихоньку, как бы между прочим, внушаем: становится лучше, понемножку проходит... И вправду пройдет! — Капля внушения камень долбит!

Ночное недержание. Не только не ругаем за это, но и не будем хвалить, когда проснется сухим, чтобы не усиливать огорчение и самопрезрение в обратных случаях. Лишь когда дело совсем плохо — недержание еженощное, обильное, ободряем таким образом: «Ну вот, сегодня уже чуточку поменьше, уже лучше... Ты молодец, ты стараешься, знаю... Все будет хорошо...»

Нечего и говорить, что ребенок с радостью нам поверит — поверив же, и действительно увеличит свои положительные вероятия, ускорит возможное... Упаси Бог когда-нибудь изругать ребенка за недержание или даже просто выразить огорчение!..

Онанизм. Спокойно, спокойно. Никакого скандала. Никакого пристыживания, тем паче угроз. Онанизм вреден не сам по себе, а тем, как к нему относятся.

Онанизм — только знак, и вот что прежде всего означает: ребенку нашему не хватает двух главных детских лекарств: радости и движения. Общеоздоровительные меры — на первом месте. Как можно больше свободы, простора, подвижных игр.

Ежели случится застать за этим занятием — мягко, спокойно скажем **только один раз**, что лучше это не делать, а в разъяснения не вдаваться, ничем не пугать, никаких «последствий» не обрисовывать. Сразу же уверенно заявим, что вот теперь этого будет все меньше хотеться, что скоро сможет этого и совсем не делать.

Будем в этом сами уверены — и внушение сработает, если не сразу, то через какое-то время.

Страх темноты, одиночества, машин, собак, воды, улицы, сверстников, школы, кого угодно, чего угодно — ни в коем случае не стыдить, не ругать, не высмеивать. Не уговаривать, не заставлять, не подначивать! Слово «трус» не употреблять!.. Вернуть и укрепить положительную самооценку!

Как можно больше одобрения! За что угодно! Внушаем всеми возможными способами, что он (она) с каждым днем становится все спокойнее, решительнее, смелее, что ему (ей) еще представится много случаев это доказать. Объясняем, что каждый чего-нибудь в этой жизни боится. Хвалим за смелость по любым поводам. Создаем ситуации, когда можно легко проявить отвагу...

Сделаем вид — раз-другой, вполушутку — что чего-то боимся тоже, какого-нибудь пустяка, ерунды, таракана, подушки... Пусть сочувственно посмеется над нами, пусть уговорит не бояться. Пусть покажет, как быть смелым!..

Всегда можно вылечить детский страх (а любой страх всегда детский), не прибегая к лекарствам.

«Бегушие от льва».

Рисовал Володя Леви 6-ти лет.

ХВАЛИТЕ ЗА ТО, ЧТО БУДЕТ

> *Маленький сын смотрит,*
> *как отец взбирается по стремянке,*
> *чтобы покрасить окно. Мать говорит ему:*
> *— Вот вырастешь, будешь сильным, ловким,*
> *сможешь папе помогать.*
> *— А разве он не закончит к тому времени?*

Вы это уже умеете. Нужно только осознать это умение и развить. Вы хорошо помните случаи, когда это у вас получалось, и навек благодарны тем, кто в свое время поступал с вами так же.

Вы умеете одобрять заранее — внушать человеку веру. Поддержать, ободрить в трудную минуту или в предвидении новых трудностей и страданий — вы уже знаете, как это делается, вы понимаете это интуитивно... У вас есть для этого и внимательность, и умение вжиться, и способность к импровизации, и конечно же, доброта...

Супруги, родители! Воспитатели, педагоги! Начальники большие и маленькие! Подчиненные абсолютные и относительные! Милиционеры! Влюбленные!

Всем, всем, всем!

Владеющий этим, даже если безграмотен и неумел во всем прочем, творит чудеса. Это ключ к человеку. К маленькому, растущему — наипервейший, необходимейший.

И ведь мы действительно это отчасти чувствуем и отчасти умеем... Кто же не одобрит улыбкой и похвалой первые шаги малыша, первые усилия что-то сказать, попытки самостоятельности?.. Здесь мы действуем инстинктивно и правильно.

Но дальше мы забываем, что жизнь начинается всякий миг — сначала, что каждый шаг — первый.

Дальше это уже не так очевидно...

Если мы хвалим кого-то за то, чего у него нет, это еще не значит, что мы говорим неправду.

Есть в жизни действительное, проявленное как реальность — и есть возможное, еще не проявленное. Скрытое изображение на отснятой пленке...

В жизни таких пленок — уйма неведомая.

Вступая в область возможного, нельзя поручиться за истинность своих мнений и предположений. Но можно верить и можно веру высказывать. Мы имеем право объявлять то, чего нет, даже противоречащее действительности — существующим, если мы в это верим. Ибо наша вера, как уже испокон века проверено и известно, способна превращать любую возможность в действительность. Она, вера, для этого и предназначена.

Ну так вот —

НЕ ЖАЛЕЙТЕ ЗАВАРКИ!

Если хотим научить ребенка:

самостоятельно одеваться,
убирать игрушки,
делать зарядку,
сидеть не горбясь,
решать задачи,
стирать,
готовить,
работать,
быть смелым,
быть ответственным,
быть вежливым,
быть хорошим,
не хвастаться —

словом, тому, что

HADO

начинаем всегда с чего? — Ну конечно же

С ПОХВАЛЫ! С ПООЩРЕНИЯ!
С ОДОБРЕНИЯ! С ПРЯНИКА!

Если нужно, сперва показав — как, пример показав или вместе сделав — но обязательно, даже если не получается ничего, сначала похвалим! — похвалим щедро, усердно!

Будем хвалить и дальше — за малейшие попытки достигнуть желаемого, за попытку к попытке!

Вот он, главный рычаг воспитания — опережающее одобрение, внушение веры в себя —

ЗАДАТОК! — АВАНС! — ПОДЪЕМНЫЕ!

Ты это хочешь! Ты это сможешь!
Ты это почти можешь! Ты уже можешь!
Ты делаешься сильнее, смелее, умнее,
Ты лучше, чем кажется даже тебе самому!..

Рецепт хорошего чая — не жалейте заварки!

ПОЗДРАВИМ С ДВОЙКОЙ

Да, да, всерьез! Не забудем легко, весело поздравить ребенка с первой школьной отметкой, даже если это всего лишь двойка. (Никакой грамотный и человечески нормальный учитель, правда, ни за что не поставит своему ученику такую отметку впервой, с ходу, на свежачка. Говоря строго, такая двойка — не что иное, как террористический акт против детской психики, и большое счастье, если ребенок этого еще не умеет чувствовать.)

«Ну молодец, поздравляю. Лиха беда — начало!» «Ого, пару уже заработал? Нормально, могли бы и нуль поставить...» А если: «Двойка?.. Эх ты!.. Что ж ты... Не стыдно, а?» — с вероятностью 99% сразу и навсегда отобьем охоту учиться. Имей в виду, мама! Имей в виду, папа! **Уже с детского сада, а потом в школе и институте душа ребенка пытается уцелеть посреди оценочного террора.**

Педагогические рэкетиры ужасны, самые жадные и безжалостные среди них уже давно и цинично срастили отметку с бизнесом. Не позволь оценке сожрать душу твоего малыша (даже если этот малыш уже выше тебя ростом) — всегда будь на стороне детства, на солнечной!..

ДВА МГНОВЕНИЯ
ДЛЯ ЦЕЛЕБНОГО ОДОБРЕНИЯ

Похвали своего ребенка с утра, и как можно раньше, и как можно доходчивее, теплее! — не бойся и не скупись, даже если собственное настроение никуда... (Кстати, это и средство его улучшить!) Твое доброе слово, твое объятие, поцелуй, ласковый взгляд — подпитка душевная на весь долгий и трудный день, не забудь!.. И на ночь — не отпускай во тьму без живого знака живой любви...

НАЧИНАЙТЕ С ЗАДАТКА
ХВАЛИТЕ ЗА ТО, ЧЕГО ДОБИВАЕТЕСЬ

Равно для детей и для взрослых! — Всякое повышение требований начинать с похвалы.

Точно и четко: не всякое требование, а всякое ПОВЫШЕНИЕ требований — стать более самостоятельным, выполнять больше работы, работать лучше, стать лучше. Да! — с одобрения! — с признания достоинств и достижений, с похвалы хотя бы самой пустячной, с аванса, с задатка, с «подъемных»! Вдохновить любым способом. Кроме шаблонов, годится все!

Потом можно будет свободнее и высказывать недовольство, и требовать большего.

Все авансы исчерпаны?

Так... Ну а если все скромные достоинства уже хвалены и перехвалены, а новых не прибавляется? Если достижений в наличии не имеется, а вовсе наоборот? Если все авансы исчерпаны и, увы, не оправдались?.. Может ли быть такое?.. Как посмотреть.

У ребенка нашего, как и у нас, наверняка есть достоинства, которые мы не замечаем или не считаем за таковые. Стоит подумать, вспомнить, сравнить... А вдруг он еще ни разу в жизни не солгал? Не пожелал никому зла и не расположен?..

«Что имеем, не храним, потерявши, плачем». Есть, наверное, и незамеченные достижения?.. Вот, например, каким-то непостижимым образом привык, приходя домой, снимать грязную обувь (а папа это делает не всегда) и — о чудо! — отвык ковырять в носу.

Отмечать последнее спецпохвалой, может быть, и не нужно (есть риск, что начнет опять), но сколько еще таких вот, на первый взгляд ничтожных, а на деле громадных побед над собой добивается каждый день Первобытное Существо, именуемое ребенком? Сколько их, тайных усилий роста и понимания, развития и очеловечивания?

Нет достоинств — или мы слишком узко их понимаем? Нет достижений — или мы притупили зрение?..

Во всяком развитии (во всяких отношениях, всякой судьбе, всякой любви...) есть полосы светлые и полосы темные. Равномерно-поступательное движение — в учебниках физики, неотвратимый прогресс — в абстракциях. А в жизни, а у человека живого — подъемы и спады, иногда очень длительные, и кризисы, и откаты вспять. Развалы, кажущиеся безнадежными, тупики, кажущиеся безвыходными.

«Совершенно испортился, сладу не стало... Ничего не желает делать, ничем не интересуется... Стал совсем тупым, грубым. То малое, что имел, и то растерял...»

Осторожнее, не спешить с диагностикой. Может быть, это наша, а не его темная полоса?.. Может быть, тайная ревность, обида или страх, в котором стыдится признаться, либо мучительное расставание со сказкой, в которую долго верил?.. Может быть, скрытая депрессия с непонятной душевной болью, у которой десятки лиц и сотни причин... Нечто вроде спячки или затяжной линьки перед новым скачком развития...

В такие периоды снова научиться (вовремя вставать, убирать постель, делать уроки, быть вежливым, быть послушным, внимательным) — словом, ЖИТЬ — огромное достижение. Ребенок «портится» много раз, чтобы заново испытывать жизнь и себя; «разваливается» — чтобы строить себя по-своему. Никто не подпадает под схемы.

ПОХВАЛА КОСВЕННАЯ

КАК ХВАЛИТЬ НЕ ХВАЛЯ

«У нас в школе был страшно строгий математик, никому больше четверки не ставил, даже отличникам». *(Ваш сын только что принес свою первую четверку, до этого были только двойки и тройки.)*

(Крутанув педали велосипеда.) **«По-моему, стал легче ход, а?»** *(Вчера он его первый раз самостоятельно разобрал и собрал, попытался смазать. Ход остался точно таким же, если не хуже, это не важно.)*

«Гляди-ка, а в эту тарелку можно посмотреться как в зеркало». *(Он не заметил, что вы заметили, как усердно он ее мыл.)*

«Странно, сегодня дома гораздо легче дышать, совсем пылью не пахнет. А ведь вроде бы не проветривали». *(Ваша дочь сегодня убрала квартиру, а вы по наивности не догадались, в чем дело.)*

Всерьез, с некоторым вызовом и без малейшей иронии: **«А у меня это дело, пожалуй, выходит НЕ ХУЖЕ, ЧЕМ У ТЕБЯ».** *(Физическое упражнение, решение задачи, чистка картошки, протирание пыли, собирание грибов, писание стихов, что угодно. Претендуем на равенство возможностей.)*

«Хоккеист Икс (балерина Игрек) в детстве тоже часто болел и участвовал в сборе металлолома». *(Вернулся домой после сбора макулатуры, сопливый, простуженный, огорчен, что удалось собрать меньше всех, с кем-то поссорился...)*

Не хвалим, только наводим на самоощущение.

Внушение-рикошет

Все, подобное вышесказанному, и что угодно еще вставляем в разговор, который можно услышать. (Впрямую либо нечаянно, из другой комнаты, или сидя, допустим, в ванной. Ребенок обычно очень хорошо слышит, даже если не слушает.)

Не скупясь на восхищение, расскажем о ком-то (лучше не о себе), кто в свое время поступил так же похвально, как наш ребенок (его, однако, не поминать), а если это к тому же известный замечательный человек... Сотни положений дают такую возможность. И немного чутья...

Начиная примерно с 6 лет и одобрение, и неодобрение косвенным способом действуют сильней непосредственного, прямого. «Если обращаются не ко мне, значит, говорят правду» — логика примерно такая. И в самом деле, чему мы больше поверим: тому, что говорит врач лично нам, или тому, что нам удалось подслушать в его разговоре о нас с родственником или другим врачом?..

Так можно и ободрить, и тонко утешить, и вдохновить. «Хочет... Может... Старается»... Знаем, что не старается, но это возможно.

Опасаться лишь пережима: при грубонарочитом, топорном использовании сразу отбивает доверие.

Похвала ролевая

А вот еще два отличных способа похвалить не хваля и заодно воспитать ответственного человека.

Попросим у ребенка совета — как у равного или старшего: «Посоветуй, пожалуйста, как лучше поставить эту вазу — так или так?..» (Посоветуй, как сказать, написать, сделать, приготовить, куда пойти... Как отнестись...)

Великий миг, звездный час! Советуются, доверяют! Нужен, необходим, отвечаю!..

Взрослый, самостоятельный, НАСТОЯЩИЙ!

Последуем совету ребенка, даже если он далеко не лучший, даже если нелепый, да, осмелимся и пойдем на такую глупость — воспитательный результат важнее любого другого!..

Потом, в крайнем случае, можно потихоньку сделать по-своему — если тонко, то все равно ребенок будет считать, что это посоветовал он, и будет в общем-то прав...

Попросим ребенка о помощи — как равного или старшего. Попросим легко, естественно, весело, непринужденно. Поучимся это делать! «Принеси воды», «вынеси ведро», «вымой пол» — может и унизить, и вознести. А ребенок поймет, и чем скорее, тем лучше, что просьба сильней приказа, бесконечно сильней.

Склонять к добровольной помощи — великое психологическое искусство. Вместо: «Поди сюда. Сколько раз тебя звать? Поди сюда, говорю! Помоги-ка... А теперь живо за уроки» — что-нибудь вроде: «В магазин не успеваю...» «Отжать белье хочу, руки не слушаются...» «Как справиться с этой пуговицей?..»

Никуда не денешься: воспитание — всегда немножко или множко спектакль. Есть моменты, когда надо и всемогущему взрослому побыть МЛАДШИМ — слабым, беспомощным, беззащитным, зависимым... Да, от ребенка!

Странно, нелепо?.. Но так ли уж далеко от истины? А если заглянуть чуть подальше — в старость?..

Уже лет с пяти прием этот может давать чудодейственные результаты. И особенно в отношениях «мать — сын», если хотим воспитать настоящего мужчину.

ВЗРЫВ ЛЮБВИ, или
КАК ХВАЛИТЬ ЗА ТО, ЧЕГО НИКОГДА НЕ БУДЕТ

Средство скорой помощи при тяжелых кризисных состояниях. Может оказаться единственным спасением при угрозе отчаянного поступка, сумасшествия, самоубийства, при начинающейся наркомании *(с. 368)*. Может восстановить разрушившиеся отношения. Требует особого вдохновения — состояния исступленной влюбленности. Оно всегда с нами, только вовремя угадать...

ЗНАТЬ МЕРУ... А КАК ЕЕ ЗНАТЬ?
ОСОБАЯ ЧЕТКОСТЬ С ДЕТЬМИ — ИНВАЛИДАМИ

Если ребенок страдает непоправимым недостатком (скажем, косоглазие, глухота, малый рост или последствия ДЦП), то, перехвалив и переласкав его, добавим еще и недостаток душевный, получим избалованного деспота с физическим недостатком, инвалида-тирана.

Где начинается пряниковый перебор, как заметить?.. Если слишком сладенько выхвалить, и дебил поймет: наживка, покупка. Если первые каракули, а «у тебя уже каллиграфический почерк»; если первое сочинение, а «ты уже пишешь, как Лев Толстой»...

Смотреть в оба. Улавливать выражение глаз, интонации... Вот замечаем, что одобрение наше уже не дает той радости и расправления-распрямления, что до сих пор — принимается как долженствование, как обычный фон и уже требуется что-то особенное... Все — подсадка произошла, грань проскочили, уже «торчит» на крючке — сбавить срочно, только не резко, а плавно, хотя и твердо.

Чем меньше отличается обращение с инвалидом от обращения со здоровым, тем лучше.

Поблажки? — Нет, и еще раз нет. Спокойный учет реальных возможностей, вот и все.

Не забудем: главный творец характера, «пятьдесят один процент решающих акций» — все-таки сам характер, его саморазвитие, а не средовые воздействия, какими бы они ни были мощными, не удары судьбы и не поцелуи ее, а Внутренний Человек. Ребенок-инвалид будет таким, каков есть и каким может быть, а не исключительным плодом своей инвалидности.

Наше дело — ему способствовать быть Собой.

НЕ ВЫШЕ ДРУГИХ, А ВЫШЕ СЕБЯ

Малыш Наполеон Бонапарте, Омега, сделал себя Альфой годам к семнадцати. Ему здорово повезло, что вначале он был Омегой; но миру не поздоровилось...

Так же вот повезло и малышу Суворову, малышу Лермонтову и очень-очень многим еще бывшим Омегам.

Потому что те Альфы, которые Альфы сразу, с пеленок — обычно годам к семнадцати уже, наоборот, вянут, растрачиваются или зацикливаются на своих успехах, уже рабы своего дарованного типажа.

Увидеть легко — заметен: здоров, жизнерадостен, энергичен, блестящ, удал-разудал. Все легко, во всем первый. Щедрость природы, избыток сил.

Таких крайних спереди, как и крайних сзади, немного — один-два на класс, а то и на целую школу. Альфа может быть скромен, великодушен, совестлив, благороден — ему быть таким легче прочих, ему и это даровано.... И все же, вместе с осознанием своих преимуществ — при неотвратимости вовлечения в Оценочный Мир — у такого ребенка неизбежно будет расти и потребность в их подтверждении, говоря проще, в признании.

Талант нуждается в поклонниках, это закон Природы, одолеваемый только на высших ступенях духовности...

Если Альфу не поощрять, если воспитывать только требованиями, в спартански-суровом стиле — не пропадет, но может себя загнать или расточить, расплескаться, а то и удариться во все тяжкие...

Да, много дано — много и спрашивать, но и давать обратную связь. Не хвалить за способности, но непременно хвалить за труд их развития — за превышение своей, а не средней нормы. «Не выше других, а выше себя».

Похвала Омеге — пособие для малоимущих.

Похвала Альфе — гормон совершенства, нужный тем менее, чем оно ближе...

Рассмотрим Тэту

Назовем его той же буквой, которой принято обозначать мозговой биоритм эмоционального напряжения. Достаточно здоров и развит, не без способностей. Вполне, казалось бы, благополучен. И тем не менее резко обостренная чувствительность к оценкам, проявляющаяся едва ли не с первого года жизни.

Не выносит ни малейшего неодобрения, страшно расстраивается, и какой-то неутолимый аппетит к похвале. Всасывает, как песок воду, и наищедрейшей — ненадолго хватает. Это тот, кто может потом оказаться и преуспевающим деятелем, и озлобленным неудачником. Интриганом, завистником, преследователем и хуже того...

А может стать и героем, добиться невероятного.

В семейной жизни и с собственными детьми, скорее всего, будет тяжел, деспотичен и неуравновешен.

В наиболее безобидном облике немножко хвастунишка, немножко задавала, немножко позер.

Или ничего, кроме некоторой напряженности, когда хвалят других, некей склонности спорить, критиковать. Приветлив, вежлив, но втайне обидчив...

Что здесь врожденного, а что от привнесенного — не всегда понятно, но своевременная диагностика крайне важна. Именно Тэте, с вечно голодной самооценкой, похвала столь же нужна, сколь и вредна.

Кризисы нарастают исподволь, а проявляются неожиданно — в виде ли конфликтов, внезапного отказа воли или прыжка из окна...

«Ты высокого роста, годишься для баскетбола», «У тебя математические способности», «У тебя абсолютный слух» и даже: «Ты умен», «Ты красива» — просто сообщения, сведения, более или менее объективные. Будут ли эти сведения выражать одобрение, неодобрение или останутся просто сведениями?..

При воспаленной самооценке одобрение и неодобрение выискиваются в любом междометии. Сегодня повышенно самолюбив, завтра обидчив и подозрителен, послезавтра — весь мир враждебен, кошмар и бред...

Профилактика: **как можно меньше оценок** как отрицательных, так и положительных. *Любая оценка имеет опасное побочное действие: фиксирует человека на себе, приковывает к собственной личности, эгоцентрирует.*

Всякому пожелаем и знать себя, и любить себя, и быть к себе требовательным, но никому не желаем заклиниваться на себе — положительно ли, отрицательно ли.

Самолюбие — прекрасный стимул развития, но только в некоей дозе. Дальше наоборот — ограничивает и уродует. Дозу эту в цифрах не выразить, но чувствовать необходимо. Как можно меньше оценочных сравнений!

Поможем и Тэте, если мягко и постепенно сумеем развенчать в его глазах игру в «лучше — хуже»; если покажем, что отношения типа «выиграл — проиграл» в жизни не самые главные (а прежде всего убедимся сами!), что жизнь при всей неизбежности таких отношений к ним вовсе не сводится, что не в оценке чьей бы то ни было заключено счастье и сокровенный смысл...

В чем же?.. Может быть, в удивлении. В познании без корысти или в любви без надежды — о, сколько еще непостигнутых, необжитых смыслов жизни!..

Пока дает нам радость Бог,

давай запутаем клубок?..

Ну, а распутаем потом,

когда я сделаюсь котоМ.

Жизнь — рынок сбыта или полет?...

Ребенку лет до 10-ти достаточно быть просто уверенным, что он хороший, по крайней мере, не хуже других. Он и уверен в этом, если его не убеждают в обратном.

Но с началом полового созревания, где-то около 12 (плюс-минус 2), самооценка вступает в новое качество.

Мальчику вдруг нужно узнать, и немедленно:

слабый я или сильный?

Трус или смелый?

Имею ли силу воли?

Дурак или умный?

Смешной или нет?

Честный или подлец?

Могу ли нравиться?

Девочке:

красивая или симпатичная?

Симпатичная или ничего?

Ничего или уродина?

Модная или немодная?

Умная или дура?

Порядочная или непорядочная?

Могла бы понравиться такому-то?

Вдруг драма из-за неудачной прически, трагедия из-за несостоявшегося телефонного разговора...

Кто теперь объяснит, что жизнь не рынок сбыта товаров, будь этот товар даже самой что ни на есть полноценной личностью, а сокровенное кипение, тайный полет, что ценность человеческая неразменна и абсолютна?..

Раньше знание этого — знание бессознательное — прочно жило внутри, питало и охраняло душу.

А теперь новый зов властно гонит в зависимость от внешних оценок, от рынка жизни.

Кто я? Что я собой представляю?

Кому я нужен? Зачем я?

Кто может меня любить?

Теперь ты должен не просто жить, но доказывать свое право на жизнь: должен чем-то обладать, кем-то быть — иначе тебя не примут, не выберут, не войдешь в круг, не найдешь ту (того), без кого одинок, не познаешь то, без чего не продолжишься...

Раньше тебя любили ни за что, и ты это втайне знал, даже когда внушали обратное. А теперь то ли будут любить, то ли нет — за что-то конкретное, лотерейное...

Самый прочный бастион прежней уверенности может рухнуть в секунду. От того, какой образ «Я» утвердится в этот период, дальше зависит успех или неуспех в карьере, в любви и семейной жизни, во всем...

**Ты хорош(а) уже тем, что живешь на свете;
такого (такой), как ты, не было, нет и не будет;
ты — капля росы,
успевающая отразить солнце, и это чудо,
ты — чудо!..**

Завтра, может быть, это откроет избранник, избранница, но шансов не так уж много, откроет ли?..

А сегодня, сейчас — кто, если не ты, родитель?..

Теперь главное. **Любят не за, а вопреки. Любовь и оценивание — несовместимы. Любовь не имеет никакого отношения к похвале.** Любовь только вынуждена пользоваться поощрением, как и наказанием — по несовершенству, по слабости духа. Истинная любовь есть любовь НИ ЗА ЧТО и НЕСМОТРЯ НИ НА ЧТО.

«Любите ли вы меня или любите мои достоинства?.. А если завтра несчастье, и я все потеряю?.. А если завтра вам это не понадобится?»

ПОЛЕТ НАЧИНАЕТСЯ СВЕРХУ

ИЗ ПИСЬМА Д.С. КОЛЛЕГЕ – ПСИХОЛОГУ

...Пишу наутро после нашей встречи втроем с твоим оболтусом. Диагностика – терпи...

Основной упрек тебе, увы, совпадает с главной претензией сына. Я бы это назвал боязнью душевного труда. Преобладает труд по защите себя от сына. Если не хватает любви, это надо честно перед собою признать. К этому не обяжешь. Тогда – что?..

Простая ответственность породившего.

Еще что?.. Простая разумность.

Стенка между вами, а видишь ты ее только как стенку в нем, в виде его виновностей и пороков.

Душевный труд – что разумею?

Не только принимать и прощать...

ЖИВИ ВМЕСТЕ С НИМ – да, в его жалком и пустоватом мирке, кажущемся таким с твоей колокольни, а на самом деле полном вопросительных знаков. Да, на его уровень спускайся. (Но может быть, кое в чем и поднимешься?..)

Входи к нему не с поучениями, оценками и суждениями умудренного господина. Входи просто, легко, наивно, пускай даже и глупо. БУДЬ вместе с ним, понимаешь?..

Не играй в это, а постарайся, отбросив свой достопочтенный жизненный опыт, оживить в себе пацана – мальчишку, подростка, юношу... Хоть перед телевизором, хоть на рыбалке – забывай иногда, что ты Господин Родитель, и давай, главное, забывать ему! Страшно важно!!!...

Только решись – окупится с лихвой, заживете живее, и с бытом станет нечаянно повеселее...

ВПУСКАЙ В СВОЮ ЖИЗНЬ. Что бы он ни болтал, каким бы чудовищем ни величал тебя, ты ему интересен. И не только корыстно. Верь в это, даже если это не так!

Пусть болтается с тобой и при тебе, где только захочет. Таскай его и по делам, и по гостям... Не всюду понравится, не пойдет?.. Не надо. Но чтобы знал, что такая возможность у него есть, что ты разделяешь с ним и его мир, и свой. Вот чего жаждет он!.. Сам этого не понимает еще, но ты верь, это так. И так будет...

СНАЧАЛА ВПУСКАЙ, ПОТОМ ВТЯГИВАЙ. Впадаешь в общеизвестную ошибку: «сначала аэродром (быт, порядок...), а потом взлет». Сначала материя, потом дух...

А все ровно наоборот. Полет души начинается только сверху. Аэродром строится полетом. Сначала общение, а потом мытье посуды и туалета.

Я молчал, но хотел, чтобы ты чувствовал, что в этом я на его стороне. А ты защищался все новыми повторами своих бытовых претензий, в отдельности справедливых, а в целом пошлых. Диалог глухих звучал так: «Вы меня не любите». — «А вы мне писаете в чайник».

БУДЬ ТВЕРД В СТРОГО ОПРЕДЕЛЕННЫХ ВЕЩАХ. Денег даю столько-то на такое-то время. Все. Точка.

Решения такого рода иногда стоит фиксировать письменно (на какой-то срок) и взаимно подписывать, чтобы не было потом разночтений. Лучше в порядке шутки, но все же железно. Бытовой контракт может висеть на кухне в виде, допустим, графика дежурств.

При составлении не обойтись без препирательств, с гарантией — но если решение все-таки удастся выработать, это облегчит многое.

Скажешь: но выполняться-то все равно не будет, испробовано!.. Весьма вероятно — и в этом случае применяй заранее оговоренные санкции. Предлагаю так: стипендия сбавляется за нарушение обязательств и снимается за крайние проступки. Но не следует при этом производить «маневр общением». Продолжай общаться!..

ДОПУСКАЙ НЕЖНОСТЬ. **ПОЗВОЛЬ СЕБЕ** обнимать и целовать сына, трепать по голове... Нужно, обязательно нужно это общение прикосновением — сразу пролом стены, словесного дерьма уничтожение.

Подходи к нему, когда он лежит в постели, иногда утром, иногда вечером, перед сном, если ложится раньше, даже если уснул уже... Ну просто чмокнуть, посидеть минутку-другую рядышком... Рассказать глупость какую-нибудь, да, как маленькому...

Вот он, его самый нерв-то болящий. Нежностью недокормлен. Щенок несогретый — и это при том, что и баловали его, и развращали поблажками. Ведь не это надо, а вот прикосновение, вот тепло без всяких слов...

Тоска по этому так и брызжет из него, неужто не видишь?.. И может растаять, не сразу, но постепенно...

Почему — когда лежит? Потому что это самое детское положение, самое беспомощное. В постели каждый — ребенок. И каждый рядом стоящий — большой и сильный, от которого ты зависишь.

Если хоть раз в неделю будешь подходить к нему засыпающему и тихо гладить по голове, все-все очень скоро у вас встанет на места... Глубиной раннего детства, еще недалекого, будет вспоминать, как ты брал его на руки...

ВЫРАВНИВАЙ РОЛИ. Имеется в виду отмена как Роли Сверху («я старше тебя», «помолчи, слушай, что тебе говорят», «не суй нос куда не просят», «не хватай, не крути, сядь как следует», «учись, думай, соображай», «я же тебе сказал», «изволь потрудиться» и пр., не только и не столько в словах, сколько в интонациях), так и Роли Снизу (весь букет твоего чувства вины: непоследовательность, раздражение, попытки откупиться деньгами...)

Перестань шпынять, прекрати поминание старых грехов и обид. Это так и прет из тебя. Унижает обоих.

Первое, что ты сказал ему, когда мы уселись за стол: «Не хватай чужое», «Дай сюда, не трогай», «Не хватай зажигалку». И это семнадцатилетнему парню, которого ты через минуту объявляешь Совсем Взрослым, обязанным открывать свое сердце людям и прочее. И еще пару таких же штучек успел ввернуть, прежде чем разгорелся весь сыр-бор. Не замечаешь, как лезет из тебя на него постоянная мелкая въедливая агрессивность. Сдача сторицей. Прикуси язык, отец, прикуси.

Очень типичный для неудачливых воспитателей шизофренный разрыв: одновременно и недооценка, и переоценка возможностей воспитуемого. И недоуважение, и переуважение, как-то так. По меньшей мере 30 раз за вчерашний вечер ты так или иначе дал ему понять, что он еще головастик, а не лягушка, ничтожество, эгоист с холодным сердцем, поганец...

Но главное — головастик, имеющий все шансы остаться в своей тине все тем же головастиком, а по ходу неизбежной моральной деградации превратиться в глиста, а в дальнейшем в палочку Коха.

Все это в репризах, в тирадах, в интонациях, в междометиях, а также в сурово-глубокомысленном: «Я не на допросе». Он действительно невероятно хамски пер на тебя, так что у меня заложило уши.

Но один-два раза он тебя нормально спросил о чем-то, элегантно прижал к стене — и в эти моменты тебя не хватило на искреннее, спокойное, высокое признание себя дураком. Или хотя бы не совсем правым...

Уже говорил тебе: при всей его дикости и дремучести ты недооцениваешь живость его интеллекта, богатство души, способность к развитию. Уверяю тебя, он своеобразный и интересный человек. Эгоизм, грубость, равнодушие, злоба — только поверхность его, но не суть.

«Чтобы общаться на уровне, нужно иметь уровень». Очень жестоко с твоей стороны требовать от него авансовых доказательств его достойности общаться с тобой. Ведь ты же сам не даешь ему на это времени и пространства, не прибавляешь сил, не ищешь пути вместе с ним.

От птенца требуешь трансатлантического перелета. С горы вопишь застрявшему в болоте: «Ну что ж ты, лентяй, не поднимаешься ко мне?!»

Прости, если перегорчил. Ты еще не опоздал...

Воскрешение детства

У нас есть великое поле для изучения детской души — наше детство, запечатленное в памяти. Мы помним свое детство, помним все, нам только кажется, что мы почти все забыли... Так трудно достать лежащее в глубине, но ведь оно есть! Так свежий снег заносит ранее выпавший...

Вспомним, какими длинными, долгими были сутки, какая даль — от утра до вечера!.. Проснувшись, мы успевали слетать на Солнце; к Реке Умывания вела извилистая Тропа Одевания; на Холмах Завтрака строили пирамиды из манной каши, не торопясь, ибо знали: Долина Обеда еще скрыта в тумане, а Горы Ужина — по ту сторону горизонта... Каким несбыточным было «завтра», каким несуществующим — «послезавтра», а уж «через неделю» — не может быть!

Мы казались взрослым нетерпеливыми, невнимательными, бестолковыми, безответственными... Они не понимали, что наш мир несравнимо подробнее их мира, что наше время во много раз емче, плотнее. Сравнили: их минута и наша минута! За нашу мы успевали раза по три устать-отдохнуть, расстроиться и утешиться, захотеть спать и забыть об этом, посмеяться, подраться и помириться, заметить ползущего жучка и придумать о нем сказку, еще раз посмеяться, забыв над чем, и еще чуть-чуть повзрослеть... А они только и успевали, что сделать какое-нибудь замечание...

Оживим первые воспоминания

...Лежу в кроватке. Надо мною склоняется...

...Сад, залитый солнцем. Иду — бегу — падаю...

...Сижу на горшке. Играю погремушкой. Забываю, зачем сижу...

...Темно. Никого. Страшно. Кричу — никого...

...На плечах у папы, вцепившись в волосы...

потолок рядом, вот он!..

Если хотите понять ребенка, понять себя — хотя бы минуту в день погружайтесь в воспоминания детства, живите в них. Если трудно с ребенком, всего лишь минуту в день отдайте воспоминанию о себе в том же возрасте, в положении, в чем-то схожем...

Усилие оправдается, найдется, быть может, решение...

Вспомним себя

ничего не знающими, совершенно неопытными

но не знающими об этом

ко всему любопытными

но всего боящимися

готовыми поверить кому и чему угодно

никому, ничему не верящим

зависимыми от больших и сильных

совершенно самодостаточными

влюбленными в родителей

ненавидящими родителей

эгоистичными и жестокими

но не знающими об этом

влюбленными во весь мир

ненавидящими целый мир

мудрыми и добрыми

но не знающими об этом

а теперь знающими...

ЛЕОНАРДО ПОДБИТЫЙ ГЛАЗ

8

повесть о настоящем ребенке

Ꙑ встречаемся с Д. С., как и раньше, на Чистых Прудах, это как бы наш общий выносной дом, изменившийся, но узнаваемый... Доктор Кстонов ходит все в той же бессменной куртке чечевичного цвета, делающей его похожим на студента, а в холодные дни в неподвластном времени сероклетчатом пальтеце, И все та же кепка, аляповато-бугристая — если помните — с чужой головы, как приклеенная к макушке.

Чья это кепка, я давно уже знаю, читатели прежних изданий — тоже, а для новичков повторю: повесть наша с того и началась, что однажды я слюбопытничал и спросил у Д,С. вместо приветствия, где ему удалось раздобыть такое замечательное лысозащитное сооружение.

— **Особая история... Дал зарок. Расскажу завтра...**

Назавтра вечером, за чаем у него в гостях, я напомнил и включил магнитофон...

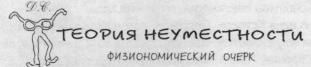

ТЕОРИЯ НЕУМЕСТНОСТИ

ФИЗИОНОМИЧЕСКИЙ ОЧЕРК

— Ну так вот, головной убор этот, как вы заметили, мне несколько маловат. Как сейчас помню... *(Обрыв пленки.)* ...Чернильницей в ухо... Итак, учился я в мужской средней школе № 313, город Москва. Эпоха раздельного обучения, довольно серьезная... Учился с переменным успехом, был убежденным холеро-сангвиником, увлекался чем попало, бегал в кино, влезал в посильные драки, при возможности ел мороженое и кроме жизни как таковой ни к чему не стремился. Это легкомыслие, при всех минусах, давало свободу для наблюдений и возможность совать нос в чужие дела — все десять долгих лет я провел преимущественно в этом занятии, так оно практически получилось и дальше. Зато никто уж не скажет, что Кот не умел дружить...

Одним из друзей был некто Клячко. «Одним из» — это, пожалуй, сказано слабо. Влияние, ни с чем не сравнимое. Могущество мозга... Исконный абориген страны, которую можно назвать ЗАПЯТЕРЬЕМ...

— Как-как?

— Запятерье. То, что начинается за оценкой пять, за пять с плюсом — туда, дальше, выше... Страна, пространство, измерение, сфера — условно, вы понимаете. Между прочим, математик наш однажды не выдержал и поставил Клячко шестерку.

— Ого...

— Да, это был скандал. Но по порядку. Имя его было Владислав, Владик Клячко. Но по именам мы друг друга, как и нынешние школьники, звали редко, в основном по фамилиям, кличкам да прозвищам. Вас как звали?

— Меня?.. Леви, так и звали. Левитаном. Левишником, Левишкой еще иногда, но я обижался.

— А меня Кстоном, Пистоном, потом Котом, одна из основных кличек, потом Чижиком, Рыжим, хотя рыжим был не более прочих, Митяем, Митрофаном, Демьяном, Кастаньетом, Кастетом, Касторкой... Так много прозвищ было потому, что я был вхож в разные общества. А Клячко — был Клячко, ну и Кляча, конечно. Еще звали его с самого первого класса Профессором, а потом произвели в Академики. Сам же он в наших разбойничьих играх называл себя одно время Леонардо Подбитый Глаз.

Наша дружба, как часто бывает, основывалась на дополнительности; отношения балансировали между обоюдным восторгом и завистью. Я завидовал его всевластному (по моему разумению) интеллекту, он — моей всеобъемлющей (по его масштабам) коммуникабельности. Он был для меня светочем, пророком недосягаемых миров, а я для него — гидом и советником по контактам с ОБЫКНОВЕНИЕЙ.

— Это что, тоже страна такая?

— Между пятеркой и единицей... Я полюбил его отчасти за муки, а он меня за состраданье к ним, что не мешало обоим мучить друг друга посильными издевательствами и изменами. С его стороны, правда, измены вынужденно бывали платоническими или символическими, не знаю, как лучше выразиться. Хорошо помню, например, как за мое увлечение Ермилой он отомстил мне Мопассаном — показал кое-что, а читать не дал: «Тебе еще рано» (дело было в шестом классе), а за любовь к Яське — внезапно вспыхнувшей томасоманией и невесть откуда почерпнутыми идеами японских ниндзя.

Как только я покидал его, устав от высокогорного климата, и спускался на отдых в Обыкновению, он находил повод меня морально уязвить, что давало повод его физически поколотить и тем самым вновь полюбить. И опять приходилось карабкаться вслед за ним в Запятерье, до новой усталости и охлаждения, его или моего, и снова разрыв, и опять уязвление — таков был тянитолкай этой дружбы...

Среднего роста, с прямым, как струнка, позвоночником, он был среди нас самый подвижный и самый замкнутый, самый темноволосый и самый бледный.

Имел четыре походки. Одна — парящая, едва касаясь земли, на высокой скорости и без малейшего напряжения — неподражаемая походка, которую я пытался копировать, как и его почерк, и в результате остался с неким подобием.

Вторая — прыгающая, враскачку, слегка карикатурная — так он ходил в школу.

Третья — кошачья, упруго-угловатая поступь боксера (коснуться перчаток соперника, мгновенно принять боевую стойку) — так подходил к книжным киоскам.

Четвертая — депрессивная: словно увешанный гирями, чуть не приседая, почти ползя, — походка клячи, воистину.

Нежные точеные черты, грустные глаза цвета крепкого чая делали бы его красивым, если бы не ужасающая форма головы и чересчур резкая мимика глаз и бровей, от которой уже годам к двенадцати наметилось несколько причудливых морщинок. Кожа его была так тонка, что казалась прозрачной, и однако, когда его били, что случалось довольно часто, он умудрялся оставаться целым и невредимым: ни единой царапины, ни одного синяка, ни малейшего кровоподтека никогда у Клячи не замечалось — очевидно, особая упругость тканей или повышенная иннервация...

В телосложении были еще две особенности: крупные, не по росту, ступни ног — на номер больше, чем у классного дылды Афанасия-восемь-на-семь...

— Я читал где-то, что, чем больше относительная длина стопы, тем больше объем оперативной памяти, странная корреляция...

— Да, и длинные, чуть не до колен, руки, которым полагалось бы заканчиваться столь же крупными кистями; но кисти на тонких сухих запястьях были, наоборот, очень маленькие, хотя и крепкие, с гибкими тонкими пальцами, пребывавшими в постоянном легком движении, будто ткали невидимую паутину. Эти беспокойные паучки были ему равно послушны и в изобретательском рукодействе, и лепке, и рисовании, и игре на рояле...

— А что такое было с головой, гидроцефалия (черепная водянка. — В. Л.)?

— Нет. Череп крупный, в пределах нормальной величины, форма только неописуемо усложненная. В те времена класса до седьмого нас заставляли стричься наголо...

— Как же, помню, сплошные скинхеды...

— И каждый имел возможность продемонстрировать мощь своего интеллекта в виде доступных детальному обозрению черепных шишек.

У Клячко эти шишки были какими-то невероятными — сплошные выпирающие бугры, осьминог в авоське, атомный гриб... Уважительно изучали: «Дай пощупать математическую»; выцеливали из рогаток — мишень искусительная, многогранная, и отлетала бумажная пулька всегда в неожиданную сторону, всего чаще на учительский стол. Грешен, я тоже раза два не устоял перед этим соблазном...

— А в вас стреляли?

— А в вас разве нет?

— У нас в пятьсот пятой употреблялись преимущественно плевалки, такие вот трубочки. Стреляли шариками из бумаги, хлебными катышами, пластилином, горохом...

— Но согласитесь, плевалка неэстетична и громогласна, то ли дело тоненькая резинка — натянешь между средним и указательным, вот и вооружен. В случае чего и в рот спрятать можно... Пульки бывали, случалось, и металлические. Одной такой, из свинцовой проволоки, Академику нашему как-то влепили прямехонько в левый глаз, и наверняка выбили бы, но он на сотую секунды раньше успел зажмуриться. И опять, несмотря на силу удара (он даже упал, схватившись за глаз), никакого синяка или кровоизлияния, никаких следов, остался только невротический тик. Волнуясь, он всегда с тех пор подмигивал левым глазом.

— А сам, что же, ходил безоружным?

— Он был миролюбцем. Кроме куклы собственного производства, оружия у него не помню.

— Что-что?..

— Кукла, обыкновенная кукла. Не совсем, правда, обыкновенная... С ней, кстати, и связано приобретение заинтересовавшего вас головного убора. Состав взрывчатки остался мне неизвестным, но действие пришлось наблюдать. Эту куклу он изготовил в четвертом... Нет, в пятом, в период увлечения химией и очередных неприятностей...

Академик хотел экспериментально проверить одну из гипотез в рамках долгосрочного исследования, тема которого в переводе с запятерского звучала приблизительно так: «Теория неуместности, или Основы употребления вещей и идей не по назначению» — в общем, что-то вроде универсальной теории изобретения, которая, как он смутно объяснил, должна была стать и одним из разделов теории превратностей судьбы. Взрывчатка в той кукле была *смешная* — слово, которое Академик часто употреблял вместо «хороший», «правильный», «справедливый»...

«Понимаешь, Кастет, это ведь никакая не взрывчатка, я вычислил, это проще... Если это взорвется, то, значит, человек может летать без крыльев и без мотора, безо всего... За счет перераспределения силовых полей, смешно, а?...»

Мы искали подходящее место для испытания. Из соображений конспирации и безопасности Кляча носил куклу с собой в портфеле.

— В портфеле?..

— Да, и эту идею подарил ему я. На том здравом основании, что в портфель к нему взрослые никогда не заглядывали, дневников и уроков не проверяли. Но мы не учли одного обстоятельства.

Одною из шуток, которою увлекались тогда мы все кроме Клячко, было подойти к товарищу, беззаботно державшему в руке портфель (ранцы тогда были еще редкостью), и внезапно вышибить ударом ноги. Операция называлась «проверка на вшивость» — на произнесшего пароль не полагалось сердиться: зазевался, пеняй на себя. Если портфель проверки не выдерживал, и из него выскакивало какое-нибудь содержимое вроде пенала, бутерброда или учебника, окружающие имели право поиграть этим содержимым в футбол — это называлось «Шарик, догони»...

— А у нас «Бобик».

— Ага... Ну так вот, в результате очередной «проверки» из портфеля Академика и выскочила эта самая кукла и покатилась по полу, а дело было в школьной раздевалке, после уроков. Кукла относилась к классу неваляшек обыкновенных, бывшая игрушка его сестры, только с начинкой, а голова служила предохранителем. Естественно, тут же начался «Шарик, догони», с комментариями, что вот Академик-то все еще в куклы играет (куклы служили ему и для других целей, об этом дальше) — бумс, бамс, пас налево, удар, еще удар — что-то зашипело...

Дальше помню чей-то истошный вопль — то ли мой, то ли Клячко, — я лежу животом на кукле, Академик на мне, сверху еще человека два, толчок, сотрясение, еще сотрясение... «Мала куча, кидай лучше!» — «Трамбуй, баба, трамбуй, дед, заколдованный билет!..» — *«ПРЕДОХРАНИТЕЛЬ. ДЕРЖИ ПРЕДОХРАНИТЕЛЬ»,* — шепнул Клячко и обмяк: трехсекундный обморок, с ним бывало...

Очутившись на улице, мы обнаружили, что Клячко потерял в свалке свою кепочку, эту вот самую, но мы, конечно, за ней не вернулись, а что было духу пустились бежать. «Стой, — вдруг остановился Клячко, абсолютно белый, с мигающим левым глазом. — Дай... дай и иди... Домой». Кукла была у меня, я не мог оторвать от нее рук и ответил ему пинком. Он порозовел. Пошли дальше прогулочным шагом.

Портфели наши тоже остались в раздевалке, на другой день нам их вернули, а вот кепчонка исчезла надолго... В тот же вечер мы куклу эту взорвали на пустыре, за школой глухих — пострадали только ближайшие стекла...

— Ничего себе куколка.

— После этого он выбросил свои реактивы, но вскоре набрал еще больше. *«Я НЕ УЧЕЛ, ЧТО ТЕОРИЯ НЕУМЕСТНОСТИ ДОЛЖНА ИМЕТЬ НЕУМЕСТНОЕ ПОДТВЕРЖДЕНИЕ».*

НИЧЕЙНАЯ БАБУШКА

В первый класс он явился неполных семи лет, с изрядными познаниями в классической литературе (которые я могу теперь оценить лишь по смутным воспоминаниям), со знанием наизусть всего Брема и с представлением о теории бесконечно малых. Кроме того, был автором около четырех десятков изобретений, подробно описанных в специальной тетради (я запомнил из них только некий универтаз, мухолет, охотничий велосипед особой конструкции, ботинки-самочинки, складные лыжи и надувной книжный шкаф), оригинальных иллюстраций к «Приключениям Тома Сойера», научного трактата «Психология кошек», оперы «Одуванчик», сказки «О том, как великий йог Вшивананда превратился в лошадь и что из этого вышло», многосерийного комикса «Сумасшедшая мышь» и прочая и прочая, включая книгу Синих Стихов. Толстая общая тетрадь со стихами, написанными синим карандашом, — стихи он писал только так. Один мне запомнился (не ручаюсь за полную точность).

ПРО ЧЕЛОВЕЧКА, КОТОРОГО НЕ УСЛЫШАЛИ

В морозный зимний вечер, когда легли мы спать,

замерзший Человечек пришел в окно стучать.

— Впустите! Дайте валенки!

Стучал, стучал, стучал...

Но он был слишком маленький. Никто не отвечал.

Тогда он догадался, как много сил в тепле,

и прыгал, и катался, и плакал на стекле.

Он слезы здесь оставил, врисованные в лед,

а сам совсем растаял и больше не придет...

— А вот из более позднего, лет через семь:

Уснувший шмель, от счастья поседевший,
как самурай, ограбивший казну,
предав свой сан, раскланиваясь с гейшей,
притом припомнив вишню и весну,
фонтан и харакири в теплом доме,
в смертельной искупительной истоме
с шиповника безвольно соскользнул и полетел —
хоть полагалось падать —
куда-то ввысь, где сон и облака
соединила в цепи львов и пагод
небрежная, но строгая рука
хозяина цветов и расстояний.
Он в голубом сегодня. Он закат
освободил от тягот и влияний,
но медлит, будто сам себе не рад...

Вы могли бы подумать, что с этим мальчиком начали спозаранку заниматься, как-то особенно развивать, или среда была повышенно культурная. Описываю обстановку. Перегороженная на три закутка комната в коммунальной квартире на 28 жильцов. Безмерной, как нам тогда казалось, длины коридор, завершавшийся черной ванной с колонкой; чадная кухня с толпившимися громадными дяденьками и тетеньками (постепенно уменьшавшимися в размерах); запах многосуточных щей, замоченного белья...

— Знакомо, знакомо...

— Таких колоссальных тараканов, как в ванной и туалете этой квартиры, нигде более я не видел. Академик уверял, что они обожают музыку. И правда, при мне он играл им в уборной на флейте, которую сделал из деревянного фонендоскопа. Слушатели выползали из углов, шевеля усами, и послушно заползали в унитаз, где мы их и топили. (Стук в дверь: «Опять заперся со своей дудкой!..») Парочку экземпляров принес в школу, чтобы показать на зоологии, как их можно вводить в гипноз, но экземпляры каким-то образом оказались в носовом платке завуча Клавдии Иванны...

Трудно сейчас, оглядкой, судить о его отношениях с родителями — я ведь наблюдал Академика из того состояния, когда предки воспринимаются как неизбежное зло или как часть тела... Отец — типографский рабочий, линотипист, хромой инвалид; дома его видели мало, в основном в задумчиво-нетрезвом состоянии. «Ммма-а-айда-да-айда, — тихое, почти про себя, мычание — мммайда-да-айда-а-а...» — никаких более звуков, исходивших от него, я не помню. Мать — хирургическая медсестра, работала на двух ставках. Маленькая, сухонькая, черно-седая женщина, казавшаяся мне похожей на мышь, большие глаза того же чайного цвета, никогда не менявшие выражения остановленной боли. Вместо улыбки — торопливая гримаска, точные, быстрые хозяйственные движения, голос неожиданно низкий и хриплый.

Академик ее любил, но какой-то неоткровенной, подавленной, что ли, любовью — это часто бывает у мальчиков... Она, в свою очередь, была женщиной далекой от сентиментальности. Я никогда не замечал между ними нежности.

Еще были у Клячко две сестры, намного старше его, стрекотливые девицы независимого поведения; часто ссорились и вели напряженную личную жизнь; одна пошла потом по торговле, другая уехала на дальнюю стройку.

А в темном закутке на высоком топчане лежала в многолетнем параличе «ничейная бабушка», как ее называли, попавшая в семью еще во время войны, без документов, безо всего, так и оставшаяся. В обязанности Клячко входило кормить ее, подкладывать судно, обмывать пролежни.

— И он?..

— Справлялся довольно ловко, зажимал себе нос бельевой прищепкой, когда запах становился совсем уж невыносимым. Старуха только стонала и мычала, но он с ней разговаривал и был убежден, что она все понимает.

Эту бабусю он и любил больше всех. Под топчаном у нее устроил себе мастерскую и склад всякой всячины.

— А свои деды-бабки?

— Умерли до войны и в войну. Материнский дед, из костромских слесарей, самоучкой поднялся довольно-таки высоко: имел три высших образования — медицинское, юридическое и философское, был некоторое время, понимаете ли, кантианцем. От деда этого и остались в доме кое-какие книги...

Главным жизненным состоянием Академика была предоставленность самому себе. Особого внимания он как будто бы и не требовал; до поры до времени это был очень удобный ребенок: в высшей степени понятливый, всегда занятый чем-то своим.

Его мозг обладал такой силой самообучения (свойственной всем детям, но в другой степени), что создавалось впечатление, будто он знал все заранее. Однажды мать, вызванная классной руководительницей — «читает на уроках посторонние книги, разговаривает сам с собой», — с горечью призналась, что он родился уже говорящим. Думаю, это было преувеличение, но небольшое. Он рассказал мне, и в это уже можно вполне поверить, что читать научился в два года, за несколько минут, по первой попавшейся брошюрке о противопожарной безопасности. Выспросил у сестры, что такое значат эти букашки-буквы, — и все...

— Как маленький Капабланка, наблюдавший за первой в жизни шахматной партией?..

— Писать научился тоже сам, из чистого удовольствия переписывая наизусть понравившиеся книжки. Оттого почерк остался раздельным, мелкопечатным, как на машинке. Не понимал, как можно делать грамматические ошибки, если только не ради смеха. Не поверил мне, что можно всерьез не знать, как пишется «до свидания»...

Во втором классе уверял меня, будто отлично помнит, как его зачинали (подобное захватывающее описание) и даже как жил до зачатия, по отдельности в маме и папе. «А до этого в бабушке и дедушке?» — спросил я наивно-материалистически. — «Ну нет, — ответил он со снисходительной усмешкой, — в бабушек и дедушек я уже давно не верю, это пройденный этап. В астралы родителей меня ввела медитация из Тибета, знаешь, страна такая? Там живут далай-ламы и летучие йоги». — «А что такое астралы? Это самое, да?» — «Дурак. Это то, что остается у привидений, понятно?» — «Сам дурак, так бы я и сказал. А мордитация? Колдовство, что ли?» — «Медитация?.. Ну, приблизительно. Сильный астрал может повлиять на переход из существования в существование. До этого рождения я был гималайской пчелой, собирал горный мед». — «А я кем?» — «Ты?.. Трудно... Может быть, одуванчиком».

— И о переселении душ успел начитаться?

— Книги работали в нем как ядерные реакторы. Очень быстро сообразив, что бесконечными «почему» от взрослых ничего не добьешься, пустился в тихое хищное путешествие по книжным шкафам. Скорочтению обучаться не приходилось, оно было в крови — ширк-ширк! — страница за страницей, как автомат, жуткое зрелище.

И пока родители успели опомниться, вся скромная домашняя библиотека была всосана в серое вещество. Впрочем, не исключено, что у Академика мозги имели какой-то другой цвет, может быть, оранжевый или синий (шучу)...

На всякого взрослого он смотрел прежде всего как на возможный источник книг и приобрел все навыки, включая лесть, чтобы их выманивать, хотя бы на полчаса.

Тексты запоминал мгновенно, фотографически. «Пока не прочел, только запомнил, — сказал об одной толстой старой книге по хиромантии, — пришлось сразу отдать»...

Кто ищет, тот найдет, и ему везло. Подвернулась, например, высшей пробы библиотека некоего Небельмесова Ксаверия Аполлинарьевича, соседа по той же квартире. Одинокий очкастый пожилой дяденька этот не спал по ночам, был повышенно бдительным, писал на всех кляузы с обвинениями в злостном засорении унитаза и прочем подобном. Притом страстный библиоман. Маленький Клячко был, кажется, единственным существом, сумевшим расположить к себе эту тяжелую личность. Сближение произошло после того, как Академик подарил Небельмесову «Житие протопопа Аввакума» с неким автографом, извлеченное в обмен на ржавый утюг из утильной лавки.

— «Житие» за утюг?..

— Да, в те времена утильные лавки были что надо, Клячко открыл это золотое дно... Сам он в приобретении книг не нуждался, только в прочтении... Пока Кляча дружил с Ксаверием, тот на какое-то время даже перестал склочничать. Но когда источник книгопитания был исчерпан, Академик не только перестал посещать Небельмесова, но и написал на него сатирическую поэмку «Ксавериада», которую показал, правда, только мне, а потом спустил в унитаз и тем, конечно же, засорил...

— А кто вычистил?

— Я.

— ?..

— Академик хотел сам, но я не позволил. Засорение-то, если уж вам это интересно, произошло по моей вине. Пока он читал мне свое произведение, я давился от хохота, а потом вдруг мне стало ужасно жалко Ксаверия, и я заявил, что ничего более скучного в жизни не слышал. Кляча побледнел, замигал, бросился в коридор, я за ним, он распахнул дверь уборной, бросил в зев унитаза скомканные на ходу листки, спустил воду, унитаз вышел из берегов...

ПИ-ФУТБОЛ и ЭНОМ

...Жаркий май позвал нас в Измайлово. Мы сбежали с уроков и валялись на траве, купая в солнце босые пятки; вокруг нас звенела и свиристела горячая лень.

— *Нет, это еще не то... Это все только техника и слова,* — говорил он с неправильными паузами, не переставая вглядываться в шебуршащую зелень, — *а будущее начнется... когда люди научатся делать себя новыми... Менять лица, тела,* — смотри, *муравьи дерутся,* — *характеры, все-все-все... Уже помирились, гляди, напали на косиножку... Сами, кому как хочется. Чтобы быть счастливыми. Эта жизнь будет смешной, будет музыкой... А ты можешь быть счастливым, Кастет. Стрекозус грандиозус...*

— Улетел стрекозявиус. Почем знаешь, буду или нет?

— *Смотри, богомол. Ты умеешь развиваться... А это у него рефлекс на опасность... А кто развивается, на того находит какая-нибудь любовь.*

— Ну и сколько времени он так проваляется?.. А может, я не хочу развиваться. И никакой этой любви не хочу.

— *Ложная смерть, притворяется неодушевленным... Мы тоже, в другом смысле... Ты не можешь не развиваться.*

— А ты?

— *Я?.. Я хотел бы свиваться.*

— Свиваться?..

— *Развиваться внутрь. Смотри, это тля...*

Все, что он говорил, было забавно и по-детски прозрачно лишь до какого-то предела, а дальше начиналось: один смысл, другой смысл...

Как всем городским мальчишкам, нам не хватало воздуха и простора, движения и свободы; зато мы остро умели ценить те крохи, которые нам выпадали...

Окрестные пустыри и свалки были нашими родными местами — там мы устраивали себе филиалы природы, жгли костры, прятались, строили и выслеживали судьбу; совершались и более далекие робинзонады: в Сокольники, на Яузу, в Богородское, где нас однажды едва не забодал лось...

Клячко любил плавать, кататься на велосипеде, лазить по крышам, просто гулять. Но натура брала свое: гулять значило для него наблюдать, думать и сочинять, устраивать оргии воображения.

Деятельный досуг этого мозга был бы, пожалуй, слишком насыщен, если бы я не разбавлял его своей жизнерадостной глупостью; но кое-что от его густоты просачивалось и ко мне. За время наших совместных прогулок я узнал столько, сколько не довелось за всю дальнейшую жизнь. Из него сыпались диковинные истории обо всем на свете, сказки, стихи; ничего не стоило сочинить на ходу пьесу и разыграть в лицах — только успевай подставлять мозги...

На ходу же изобретались путешествия во времени, обмены душами с кем угодно...

За час-два, проведенные с Академиком, можно было побыть не только летчиком, пиратом, индейцем, Шерлоком Холмсом, разведчиком или партизаном, каковыми бывают все мальчишки Обыкновении, но еще и:

 знаменитой блохой короля Артура, ночевавшей у него в ухе и имевшей привычку, слегка подвыпив, читать монолог Гамлета на одном из древнепапуасских наречий;

аборигеном межзвездной страны Эном, где время течет обратно, и поэтому эномцы все знают и предвидят, но ничего не помнят...

Так было до тех пор, пока их великий и ужасный гений Окчялк не изобрел Зеркало Времени; эта игра неожиданно пригодилась мне через много лет для анализа некоторых болезненных состояний, а название «Эном» Академик дал другому своему детищу, посерьезнее;

МЕЗОЗОЙСКИМ ЯЩЕРОМ КУАКУАГИ, КОТОРЫЙ ОЧЕНЬ НЕ ХОТЕЛ ВЫМИРАТЬ, НО ОЧЕНЬ ЛЮБИЛ КУШАТЬ СВОИХ ДЕТЕНЫШЕЙ, ИБО НИЧЕГО ВКУСНЕЕ И ВПРАВДУ НА СВЕТЕ НЕ БЫЛО;

электроном Аполлинарием, у которого был закадычный дружок, электрон Валентин, с которым они на пару крутились вокруг весьма положительно заряженной протонихи Степаниды, но непутевый Аполлинарий то и дело слетал с орбиты **(эти ребятишки помогли мне освоить некоторые разделы физики и химии);**

госпожою Необходимостью с лошадиной или еще какой-либо мордой (весьма значительный персонаж, появлявшийся время от времени и напоминавший, что игра имеет ограничения);

Чарли Чаплином, червяком, облаком, обезьяной, Конфуцием, лейкоцитом, Петром Первым, мнимым числом, мушиным императором, психовизором профессора Галиматьяго и прочая — все это с помощью простой присказки: «А давай, будто мы...»

— Так вот откуда ролевой тренинг...

— **Обычнейший метод детского мышления, достигший у Академика степени духовного состояния. Он серьезно играл во все. Он не умел не быть всем на свете.**

— А насчет спортивных игр как?

— **А вот это не очень. Не понимал духа соревнования. Был в курсе спортивных событий, но ни за кого никогда не болел. Когда играл сам, выигрыш был ему интересен только как решение некой задачи или проверка гипотезы, ну еще иногда как действие, в котором возможна и красота.**

В футбольном нападении отличался виртуозной обводкой, часто выходил один на один, но из выгоднейших положений нарочно не забивал: то паснет назад или ждет, пока еще кто-нибудь выскочит на удар, то начнет финтить перед вратарем, пока не отберут мяч...

В должности вратаря за реакцию получил титул вратаря-обезьяны. А настоящим асом стал в жанре пуговичном...

— Пуговичном?..

— **Да, а что вас удивило? Пуговичный футбол — прошу вас, коллега, непременно указать это в книге на видном месте — придумал и ввел в спортивную практику ваш покорный слуга, отчего несколько пострадала одежда моих родителей. В одиннадцать лет от роду на что только не пойдешь в поисках хорошего центрфорварда...**

— Серьезно, так вы и есть тот неведомый гений?.. По вашей милости, стало быть, и я срезал с папиного пиджака целую команду «Динамо»?

— **Кляча тоже отдал должное этому типично-обыкновенскому увлечению, но и оно у него имело не спортивный характер, а было одним из способов мыслить, каждая позиция была чем-то вроде уравнения, в которое подставлялись всевозможные символы. Однажды он даже начал развивать мне теорию Пи-футбола, как он его окрестил, тол-**

ковал что-то о модельных аналогах ограничения степеней свободы, где каждый промах, если его выразить в математических терминах, дает структуру для анекдота, тематическое зерно для сонатного аллегро или сюжет для романа. Уверял, будто Пи-футбол натолкнул его на идею *карты...*

С шестого класса он начал составлять карту связи всего со всем. Карта зависимостей, взаимопереходов и аналогий наук, искусств, всех областей жизни и деятельности, всего-всего, вместе взятого...

Ее нужно было как-то назвать, покороче, и он решил, что название «Эном» из упомянутой игры — подходящее.

Вначале Эном этот представлял собой действительно подобие карты, с расчерченными координатами, материками и островами, с невероятным количеством разноцветных стрелок. Потом видоизменился: стрелок стало поменьше, зато появилось множество непонятных значков — шифров связей и переходов; наконец, от плоскостного изображения дело пошло к объемному — какие-то причудливые фигуры из пластилина, картона, проволоки...

Вот возьмем, например, длинноухий вопрос (его эпитет, он любил так говорить: вопрос толстый, лохматый, хвостатый — вопросы для него были живыми существами), — длинноухий, значит, вопрос: почему одним нравится одна музыка, а другим — другая?

Это область отчасти музыковедения, отчасти социологии, отчасти психологии... Показывал точку в системе координат, объяснял с ходу, что такое социология, то есть чем она должна быть, сколько у нее разных хитрых ветвей...

В одну сторону отсюда пойдем к материку истории, не миновав континента философии и полуострова филологии; в другую — к океану естественных наук: биологии, физике... Математика, говорил, — это самая естественная из наук, язык Смысловой Вселенной...

250

А вот идет извилистая дорожка к плоскогорью физиологии: чтобы разобраться, почему в ответ на одни и те же звуки возникают разные чувства, нужно понять, как человек чувствует, правда ведь?..

Чтобы это узнать, надо узнать, как работают клетки вообще. Механизм клетки нельзя постичь, не уяснив происхождения жизни, а для этого надо влезть в геологию, геофизику, геохимию — в общем, в конгломерат наук о Земле; ну и конечно же, никак не обойти астрономии, во всем веере ее направлений — Земля есть небесное тело, ага?..

И вот мы уже прошли от музыковедения к проблеме происхождения Вселенной, вот такие дела...

ТЕСНОТА МИРА

— ...все-таки не понимаю, почему ваш вундеркинд учился вместе с вами, в обычной школе? Неужели родителям и учителям было неясно...

— Спецшкол для профильно одаренных детей тогда еще не было, а НАСТОЯЩИХ школ для ВСЕСТОРОННЕ одаренных нет и сейчас. Универсальность не давала ему права выбора занятия, как иным не дает недоразвитость...

— А почему не перевели в старшие классы, экстерном? В институт какой-нибудь или в университет? Ведь в исключительных случаях...

— Перевести пытались, и даже дважды. Сначала, почти сразу же, из нашего первого «Б» в какой-то далекий четвертый «А». Через две недели у матери хватило ума отказаться от этой затеи. Во-первых, ему там все равно было нечего делать. А во-вторых, четвероклассники над ним издевались. Не все, разумеется, но ведь достаточно и одного, а там нашлось целых двое, на переменах они его «допрашивали», используя разницу в весовых категориях.

В шестом решали на педсовете, исключить ли из школы за *аморальность* (уточним дальше) или перевести сразу в десятый, чтобы побыстрее дать аттестат. Приходили тетеньки из РОНО, ушли в недоумении. Отправили в десятый, к «дядям Степам», как мы их звали. Дяди заставляли его решать самые трудные задачи, которые ему были так же неинтересны, как задачи шестого, а на переменах использовали в качестве метательного снаряда. Продержался недели три, потом с месяц проболел и вернулся к нам.

— И как был встречен?

— С радостью, разумеется. Еще бы, Академик вернулся. «Ну что, Кляча, уволили? Покажи аттестат». Без Академика нам, правду сказать, было скучновато.

— А ему-то с вами, наверное, было скучно отчаянно?

— Если представить себе самочувствие ананаса на овощной грядке, самолета среди самосвалов... Но на уроках можно украдкой читать, рисовать, думать, изучать язык — к восьмому он уже читал на японском... Сочинять музыку, разбирать шахматные партии...

— Увлекался?

— Да, одно время... Представляете, как мне было обидно? В шахматы ведь научил его играть я, тогдашний чемпион класса, не кто-нибудь, а у него даже своих шахмат не было. Но я не выиграл у него ни одной партии, только самую первую едва свел вничью. Особенно неприятно было, когда он доводил свое положение, казалось, до безнадежного, а потом начинал разгром или сразу мат. Издевательство. Я взял с него слово не играть со мной в поддавки...

Быстро стал чемпионом школы, победителем каких-то межрайонных соревнований, получил первый разряд, играл уже вслепую, но потом вдруг решительно бросил — утверждал, что правила оскорбляют воображение, что ладья неуклюжа, ферзь кровожаден, король жалок... «*Король не должен никого бить, а только отодвигать, зато после каждых трех шахов должен иметь право рождать фигуры. Пешка должна иметь право превращаться в короля...*»

— Ого... А музыке его где учили?

— Дома инструмента не было, но у Ольги Дмитриевны, одной из соседок, было пианино. Дама из старой интеллигенции, иногда музицировала, попытки Шопена, Шуберта... Постучал как-то в дверь, попросил разрешения послушать. Во второй раз попросил позволения сесть за инструмент и подобрал по слуху первые несколько тактов «Весны» Грига, только что услышанной. В следующие два-три посещения разобрался в нотной грамоте, чтение с листа далось с той же легкостью, что и чтение книг.

Ольга Дмитриевна стала приглашать его уже сама, а потом, когда она переехала, Кляча ходил играть к другому соседу, выше этажом. Играл всюду, у меня дома тоже, на нашем старом осипшем «Беккере». (Я, любя музыку и имея неплохие данные обычного уровня, был слишком непоседлив, чтобы пойти дальше Полонеза Огинского.) Импровизировать и сочинять начал сразу же. Вскоре разочаровался в нотной системе, придумал свою — какие-то закорючки, вмещавшие, как он утверждал, в сто одиннадцать раз больше смысла на одну знаковую единицу, чем нотный знак. Вся партитура оперы «Одуванчик» занимала две или три странички этих вот закорючек.

— Почему его не отдали в музыкальную школу?

— Отдали. В порядке исключения принят был сразу в третий класс. Через три дня запротестовал против сольфеджио, попытался объяснить свою систему и в результате был выгнан с обоснованием: «Мы учим нормальных детей». После этого вопрос о музыкальном образовании больше не возникал, чем сам Клячко был очень доволен. Играл где попало, писал себе свои закорючки, а в школе при случае развлекал нас концертами.

Его сочинения и серьезные импровизации успехом не пользовались («Кончай своих шульбертов», — говорил Яська), зато сходу сочиняемые эстрадно-танцевальные пьески и музыкальные портреты вызывали восторг. Инструментишко в зале стоял страшненький, вдрызг разбитый. Академик его сам сколько смог поднастроил. Участвовал и в самодеятельности, в том числе и в довольно знаменитом нашем школьном эстрадном ансамбле...

— Погодите, погодите... Ваш ансамбль выступал в кинотеатре «Колизей» во время зимних каникул?

— Выступал. Начинали, как водится, с благообразных песен, кончали черт знает чем...

— Худенький, темноволосый, очень белокожий подросток? С отрешенным каким-то взглядом...

— Владислав Клячко — дирижер и партия фортепиано, с тремя сольными номерами.

— Как же тесен мир... Значит, и я его тоже видел. Я был среди зрителей. Он понравился тогда одной моей знакомой девчонке, но они, видно, так и не встретились...

— А конферансье нашего случайно не помните?

— Что-то серенькое, какой-то вертлявый кривляка?..

— Что-то в этом духе. Это был я.

— Вот уж никак...

— Мир действительно тесноват... А вот на эту картинку вы часто смотрите, я заметил.

(Пейзаж в изящной резной рамке у Д. С. над кроватью. Вода, сливающаяся с небом, нежный закатный свет. Каменистые берега с тонко выписанной растительностью. На дальнем берегу одинокое дерево, Человек в лодке.)

— Я полагал, что-то старое, итальянское...

— Академик написал эту картину девяти лет от роду и подарил мне ко дню рождения. Как вы понимаете, я тогда еще не мог оценить этот подарок. Мои родители не поверили, что это не копия с какого-то знаменитого оригинала.

Он не проходил через период каракуль, а сразу стал изображать людей и животных с реалистическим сходством и пейзажи с перспективой, преимущественно фантастические. Абстракции своим чередом.

— Что-нибудь еще сохранилось?

— Вот... Это я со спины, набросок по памяти... Несколько карикатур... В том возрасте это был самый ценимый жанр, и Кляча отдал ему должное. Афанасий-восемь-на-семь за шарж в стенгазете, над которым хохотала вся школа, пообещал бить автора всю жизнь, каждый день. Пришлось нам с Ермилой устроить ему собеседование...

Ермила, наоборот, в качестве вознаграждения за "крышу" потребовал, чтобы Кляча отобразил его в печатном органе, причем в самом что ни на есть натуральном виде.

Гиперреалистический рисунок обнаженной натуры с лицом классной руководительницы однажды стихийно попал на стол оригинала. Была вызвана мать, потребовали принять меры; дома вступил в действие отец, была порка. Приклеилась формулировочка: «Разлагает класс». Запретили оформлять стенгазету. Кляча переключился на подручные материалы: тетрадки, обертки, внутренности учебников, промокашки. По просьбам рядовых любителей изящных искусств рисовал на чем попало диковинные ножи, пистолеты, мечи, арбалеты, корабли, самолеты...

Но особой популярностью пользовались его кукольные портреты. Представьте себе: из портфеля вынимается небольшая кукла, вроде той злополучной бомбочки, а у нее ваше лицо, ваша фигура, ваши движения, ваш голос...

— Как делал?

— Клей, проволока, пластилин, пакля, картон... Механический завод или батарейки, система приводов...

— А голос? Неужели они говорили, его куклы?

— Не говорили, но жестикулировали и издавали характерные звуки. Клавдя Иваннна, например, завуч наш, имела обыкновение, разговаривая с учеником, отставлять правую ногу в сторону, отводить левое плечо назад, голову устремлять вперед и слегка взлаивать, приблизительно вот так (...) В точности то же самое делала ее кукольная модель.

Дома делал серьезные портреты по памяти, но показывать избегал, многое уничтожал. С девяти лет бредил Леонардо да Винчи. После того как увидел в какой-то книге его рисунки, прочитал о нем все возможное, в том числе старую фрейдовскую фантазию; одно время намекал даже, что Леонардо — это теперь он, немножко другой...

— В тот самый период веры в перевоплощение душ?

— Веры в реинкарнацию уже не было, скорей ощущение родства, конгениальности... Как-то он заметил, что у каждого человека, кроме высоковероятного физического двойника, должен существовать и духовный близнец... ➔

Я любил наблюдать как он рождает людей: сперва бессознательные штрихи, рассеянные намеки... Вдруг — живая, знающая, точная линия... Существует, свершилось — вот человек со своим голосом и судьбой, мыслями и болезнями, странностями и любовью... И вдруг — это уже самое странное — вдруг эти же самые персонажи тебе встречаются за углом, в булочной, в соседнем подъезде — копии его воображения, с той же лепкой черт и наклонностей... Мне было жутковато, а он даже не удивлялся: *«ЧТО МОЖНО ПРИДУМАТЬ, ТО МОЖЕТ И БЫТЬ — РАЗВЕ НЕ ЗНАЕШЬ?»*

О сверхТИПИЧНОСТИ

...Кто-то из моих приятельниц в восьмом классе назвал его лунным мальчиком, по причине бледности, но смеялся он солнечно — смех всходил и сверкал, раскалывался, рассыпался на тысячи зайчиков, медленно таял, — долгий неудержимый смех, всегда по неожиданным поводам, более поразительный, чем заразительный, смех, за который его примерно раз в месяц выгоняли из класса...

Если пойдет в книгу, обязательно подчеркните, что это и есть ребенок типичнейший. Настоящий.

— Как это понять?

— У Бальзака определение гения: «Он похож на всех, а на него никто». Великолепная роза, прекрасная бабочка или тигр исключительной красоты — воплощенный идеал вида: полная настоящесть, соответствие творения Замыслу. Сверхтипичность и несравненность.

Из рисунков Академика Клячи

— Определение вундеркинда, не помню чье: нормальный ребенок у нормальных родителей.

— После «От двух до пяти» Чуковского общепризнано, что каждый ребенок в свое время есть натуральный гений. У Академика это время оказалось растянутым до постоянства, всего и только...

— Об одном моем юном пациенте родители вели записи. У отца была фраза: «Неужели посредственность?» У матери: «Слава богу, не вундеркинд».

— Чуда жаждут, чуда боятся, чуда не видят...

— Вы хотите сказать, что и мы с вами в свое время были гениями, но нас проворонили?

— Я имею в виду чудо бытия, а не удивительность дарования, то есть какого-то одного, пусть и прекрасного проявления жизни. И я против функционального подхода, против той рабской тупой идеи, что если ты ничего не совершаешь, ничего собою не представляешь, то тебя как бы и нет, и человеком считаться не можешь. Во всяком случае, трижды против прикладывания этой удавки к ребенку.

Дарование — повод возрадоваться жизни, не более.

НИКАКОЙ ТАКТИКИ

... Психологом Кляча по жизни был никудышным, на грани неприспособленности. Влиться в среду, создать себе в ней нишу, удобную роль или маску — то, чему средний человечек стихийно обучается уже где-то в середине первого десятилетия жизни, — для него было непосильно. Прочел уйму книг по психологии, но...

— Немудрено — книги одно, жизнь другое...

— Некоторые всплески, правда, удивляли. Мог угадывать, например, кто из класса когда будет вызван к доске, спрошен по домашнему заданию... Нетрудно представить, сколь ценной была эта способность в наших глазах и как поднимала нашу успеваемость. Как он это вычислял, оставалось тайной. Предугадывать, когда спросят его самого, не умел; впрочем, ему это и не было нужно...

Еще помню, как-то, в период очередной моей страдальческой влюбленности, о которой я ему не сказал ни слова, Клячко вдруг явился ко мне домой и после двух-трех незначащих фраз, опустив голову и отведя в сторону глаза, быстро заговорил: *«Я ЗНАЮ, ТЫ НЕ СПИШЬ ПО НОЧАМ, МЕЧТАЕШЬ, КАК ОНА БУДЕТ ТОНУТЬ В ЧИСТЫХ ПРУДАХ, А ТЫ СПАСЕШЬ, А ПОТОМ УБЕЖИШЬ, И ОНА БУДЕТ ТЕБЯ РАЗЫСКИВАТЬ... НО ТЫ ЗНАЕШЬ, ЧТО ТОНУТЬ ЕЙ ПРИДЕТСЯ НА МЕЛКОМ МЕСТЕ, ПОТОМУ ЧТО ТЫ НЕ УМЕЕШЬ ПЛАВАТЬ. И ТЫ ДУМАЕШЬ: ЛУЧШЕ ПУСТЬ ОНА ПОПАДЕТ ПОД МАШИНУ, А Я ВЫТОЛКНУ ЕЕ ИЗ-ПОД САМЫХ КОЛЕС И ПОПАДУ САМ, НО ОСТАНУСЬ ЖИВОЙ, И ОНА БУДЕТ ХОДИТЬ КО МНЕ В БОЛЬНИЦУ, И Я ПОЦЕЛУЮ ЕЕ РУКУ. НО ТЫ ЗНАЕШЬ, ЧТО НИЧЕГО ЭТОГО НИКОГДА НЕ БУДЕТ...»*

Я глядел на него обалдело, хотел стукнуть, но почувствовал, что из глаз текут ручейки. «Зачем... Откуда ты все узнал?» — *«У ТЕБЯ ЕСТЬ ГЛАЗА»*...

— И вы говорите, что это никудышный психолог...

— А вот представьте, при эдаких вспышках этот чудак умудрялся многое не воспринимать...

Не чувствовал границ своего Запятерья. Не догадывался, что находится не в своей стае, что его стаи, может быть, и вообще нет в природе... Не видел чайными своими глазами, а скорее, не хотел видеть стенку, отделявшую его от нас, стенку тончайшую, прозрачную, но непроницаемую. Мы-то ее чувствовали безошибочно...

Он был непоколебимо убежден, что назначение слов состоит только в том, чтобы выражать правду и смысл, вот и все. Никакой тактики. С шести лет все знавший о размножении, не понимал нашего возрастного интереса к произнесению нецензурных слов — сам если и употреблял их, то лишь сугубо теоретически, с целомудренной строгостью латинской терминологии. Но кажется, единственным словечком, для него полностью не понятным, было нам всем знакомое, простенькое — «показуха».

В четвертом классе лавры успеваемости выдвинули его в звеньевые, и он завелся: у звена имени Экзюпери (его идея, всеми поддержанная, хотя, кто такой Экзюпери, знали мало) — у экзюперийцев, стало быть, — была своя экзюперийская газета, экзюперийский театр, экзюперийские танцы и даже особый экзюперийский язык.

С точки зрения классной руководительницы, однако, все это было лишним — для нее очевидно было, что в пионерской работе наш звеньевой кое-что неправильно понимает, кое-не-туда клонит. После доноса самодеятельного стукача Перчика, претендовавшего на его должность, Клячко был с треском разжалован, на некоторое время с него сняли галстук. Обвинение звучало внушительно: «Противопоставляет себя коллективу». Народ безмолвствовал. Я был тоже подавлен какой-то непонятной виной...

Попросил слова и вместо защитной речи провякал вяло, что он исправится, он больше не будет.

Академик заплакал. *«Тут чья—то ошибка, —* сказал он мне после собрания, — *наверно, моя. Буду думать...»*

Представьте, чайничек этот не постигал даже того, почему получает пятерки. Удивлялся: заведомо враждебные учителя (было таких трое, его не любивших, и среди них классная руководительница) ставят эти самые пятерки с непроницаемой миной, *скрипя сердцем* (мое выражение, над которым Кляча долго смеялся), — что же их вынуждает?

А всем было все ясно, все видно, как на бегах. Да просто же нельзя было не ставить этих пятерок — это было бы необыкновенно. Учительница истории вместо рассказа нового материала иногда вызывала Клячко. Про Пелопоннесскую войну, помнится, рассказывал так, что нам не хотелось уходить на перемену. «Давай дальше, Кляча! Давай еще!» (У Ермилы особенно горели глаза.)

— А как с сочинениями на заданную тему?..

— Однажды вместо «Лишние люди в русской литературе» (сравнение Онегина и Печорина по заданному образцу) написал некий опус, озаглавленный «Лишние женщины в мировой классике». Произведение горячо обсуждалось на педсовете. (У нас в школе было только трое мужчин: пожилой математик, физкультурник и завхоз.)

Потом стал, что называется, одной левой писать нечто приемлемое. Кстати сказать, он действительно хорошо умел писать левой рукой, хотя левшой не был. А один трояк по географии получил за то, что весь ответ с ходу зарифмовал. «Что это еще за новости спорта?» — поморщилась учительница, только к концу ответа осознавшая выверт. Он усиленно замигал. «Ты, это, зачем стихами, а?» — с тревогой спросил я на перемене. — *«Нечаянно. Первая рифма выскочила сама, а остальные побежали за ней»...*

За свои пятерки чувствовал себя виноватым: не потеет, не завоевывает — дармовщина. Но все же копил, для себя, ну, родителям иногда... Еще мне — показать, так, между прочим, а я-то уж всегда взирал на эти магические закорючки с откровеннейшей белой завистью, сопереживал ему, как болельщик любимой команде. Вот, вот... Ерунда, в жизни ничего не дает, но приятная, новенькая. Особенно красными чернилами — так ровно, плотно, легко сидит... Лучше всех по истории: греческие гоплиты, устремленные к Трое, с пиками, с дротиками, с сияющими щитами — и они побеждают, они ликуют! По математике самые интересные — перевернутые двойки, почерк любимого Ник. Алексаныча... И по английскому тоже ничего, эдакие скакуньи со стремительными хвостами...

Пять с плюсом — бывало и такое — уже излишество, уже кремовый торт, намазанный сверху еще и вареньем. Но аппетит, как сказано, приходит во время еды. Хорошо помню, как из-за одного трояка (всего-то их было, кажется, четыре штуки за все время) Кляча долго, с содроганиями рыдал... А потом заболел и пропустил месяц занятий.

— Однако ж, он хрупок был, ваш Академик.

— Но притом странно — казуистические двойки за почерк, к примеру, или за то сочинение не огорчали его нимало, даже наоборот. Пусть, пусть будет пара, хромая карга, кривым глазом глядящая из-под горба! Сразу чувствуешь себя суровым солдатом, пехотинцем школьных полей — такие раны сближают с массами. Ну а уж единица, великолепный кол — этого Академик не удостаивался, это удел избранных с другого конца. Кол с вожжами (единица с двумя минусами) был выставлен в нашем классе только однажды, Ермиле, за выдающийся диктант: 50 ошибок — это был праздник, триумфатора унесли на руках, с песней, с визгом — туда, дальше, в Заединичье...

БЕЛОКЛЯЧ ВОДОВОЗНЫЙ

«ДА, КАСТАНЬЕТ, ЧЕЛОВЕК НЕПОНЯТЕН», — **сказал он мне как-то после очередной драки...**

Труднее всего понимать, как тебя понимают, видеть, как видят. Я, например, не знал, что с седьмого класса ходил в звездах, узнал только через пятнадцать лет, на встрече бывших одноклассников, — немногие враги были для меня убедительнее многих друзей...

А еще трудность в том, что отношение может быть многозначным. Наш другой друг, Яська Толстый, был одновременно любим за доброту, презираем за толщину (потом он постройнел, но остался Толстым, кличка прилипла), уважаем за силу и смелость, кое-кем за это же ненавидим...

Я узнал потом, что, кроме меня и Яськи, который умудрялся любить почти всех, в Академика были влюблены еще трое одноклассников, и среди них некто совсем неожиданный, часто выступавший в роли травителя...

Был у Клячко и свой штатный сальери — некто Краснов, патентованный трудовой отличник, все долгие десять лет «шедший на медаль», в конце концов получивший и поступивший в фининститут. Этот дисциплинированный солидный очкарик, помимо прочих мелких пакостей, дважды тайком на большой перемене заливал Клячины тетради чернилами, на третий раз был мною уличен и на месте преступления крепко отлуплен.

Были и угнетатели, вроде Афанасия-восемь-на-семь, гонители злобные и откровенные... То же условное целое, что можно было назвать классным коллективом, эта таинственная толпа, то тихая, то галдящая, то внезапно единая, то распадающаяся, — была к Кляче, как и к каждому своему члену, в основном равнодушна.

Безвыборность жизни ранила его глубже, чем нас.

Обыкновения, как мы все знаем, хамски бесцеремонна: никак, например, не может пройти мимо твоей невыбранной фамилии, чтобы не обдать гоготом, чтобы не лягнуть: ха-ха, Кляча!.. Еще и учителя путают ударение: уставившись в журнал, произносят: КлЯчко — ха-ха, клячка!..

Из польско-украинской древней фамилии произвели Клячу Водовозную, Клячу Дохлую — это он-то, которого Ник. Алексаныч прямо так, вслух, при всех назвал гениальным парнем?.. Видали когда-нибудь вратаря по фамилии Дыркин? Нападающего Размазюкина? Защитника Околелова?.. Песню помните: «П-а-аче-му я ва-да-воз-аа-а?»

Фамилия Клячко зажимала его в угол, не мог он с ней сжиться-отождествиться, это была не *Его* фамилия.

Почему не Дубровский, не Соколов, не Рабиндранат Тагор, не Белоконь, на худой конец?

Белоконь, звездно-высокомерный король-Белоконь, красавчик, в которого потом влюбилась молодая учительница английского и, как болтали, что-то имела с ним, поцелуй в углу, что ли, — этот всеобщий источник комплексов сидел через парту, не подозревая о своем статусе, закомплексованный по другим причинам...

Однажды Академик испытал нечто вроде горького фамильного удовлетворения. Учительница физики, рассеянная пожилая дама по кличке Ворона Павловна, намереваясь проверить усвоение учениками закона Ома, сонным голосом произнесла: «Белокляч...», что составило синтетическую лошадиную фамилию его, Клячи, и Белоконя. Тут и произошла вспышка, засияла вольтова дуга родственности — оба они, под проливным хохотом, медленно поднялись...

Вероника Павловна еще минут пять строго улыбалась. К доске так никто и не вышел.

На перемене Клячу уже называли не просто «Кляча», а «Белокляч Водовозный».

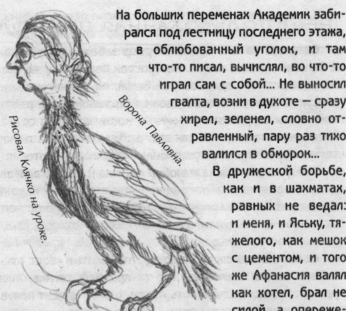

Ворона Павловна.

Рисовал Клячко на уроке.

На больших переменах Академик забирался под лестницу последнего этажа, в облюбованный уголок, и там что-то писал, вычислял, во что-то играл сам с собой... Не выносил гвалта, возни в духоте — сразу хирел, зеленел, словно отравленный, пару раз тихо валился в обморок...

В дружеской борьбе, как и в шахматах, равных не ведал: и меня, и Яську, тяжелого, как мешок с цементом, и того же Афанасия валял как хотел, брал не силой, а опережением, интеллектом.

Но для статуса такая борьба значения не имеет: ну повалил, ну и подумаешь, посмотрим еще, кто кого...

В серьезных стычках Клячко всегда уступал, в драках терпел побои, не смел никого ударить, мог только съязвить изредка на слишком высоком уровне. Можно ли быть уважаемым, в мужской-то среде, если ни разу, ну ни единожды никому не двинул, не сделал ни одного движения, чтобы двинуть, ни разу не показал глазами, что можешь двинуть?..

Клячу считали трусом. Но я смутно чувствовал, что это не трусость, а какой-то другой, особый барьер...

Это ощущение вскорости подтвердилось...

НЕИСПОЛЬЗОВАННАЯ ПОБЕДА

Однажды на наш школьный двор забежала серенькая, с белыми лапками кошка. Переросток Иваков, он же Ивак из седьмого «А», здоровенный бугай, по слухам имевший разряд по боксу и бывший своим в страшном клане районной шпаны под названием «киксы», кошку поймал и со знанием дела спалил усы. Ивак этот любил устраивать поучительные зрелища, ему нужна была отзывчивая аудитория.

Обезусевшая кошка жалобно мяукала и не убегала: видимо, в результате операции потеряла ориентировку. Кое-кто из при сем присутствующих заискивающе посмеивался, кое-кто высказывался в том смысле, что усы, может быть, отрастут опять...

Ивак высказался, что надо еще подпалить и хвост, только вот спички кончились. Кто-то протянул спички, Ивак принял. Я, подошедший чуть позже, в этот момент почувствовал прилив крови к лицу — прилив и отлив...

«Если схватить кошку и убежать, он догонит, я быстро задыхаюсь, а не догонит, так встретит потом... Если драться, побьет. Если вдруг чудо и побью я, то меня обработает кто-нибудь из его киксов, скорее всего Колька Крокодил или Валька Череп, у него финка, судимость...»

Вдруг, откуда ни возьмись, подступает Клячко, лунно бледный, с мигающим левым глазом.

— Ты что... ты зачем...

Ивак, не глядя, отодвигает его мощным плечом.

И вдруг Кляча его в плечо слабо бьет... не бьет даже, а тыкает, но тыкает как-то так, что спички из руки Ивака падают и рассыпаются. Кляча стоит, мигает. Трясется, как в предсмертном ознобе... *В тот миг я его предал...*

— С-со-бе-р-ри, — лениво выцеживает Ивак, взглядом указывая на рассыпавшиеся спички.

— Не соберу, — взглядом отвечает Клячко и перестает мигать. Почему-то перестает...

Ивак на четыре года старше и на 20 кэгэ тяжелее. Смотрит на Клячко понимающе сверху вниз. Ухмыляется одной стороной морды. Ставит одну ногу чуть на носок. Сценически медлит. Небрежно смазывает Клячко по лицу, но...

Тут, очевидно, получилась иллюзия — Ивак как бы смазал, но и не смазал — ибо — трик-трак!— невесть откуда взявшимся профессорским прямым слева Клячко пускает ему из носу красную ленточку и академическим хуком справа сбивает с ног. Четко, грамотно, как на уроке. Но на этот раз никто, в том числе и я, своим глазам не поверил.

Ивак поднимается с изумленным рычанием. Ивак делает шаг вперед, его рука начинает движение, и кадр в точности повторяется... Ивак поднимается опять, уже тяжело... как бы бьет — и еще раз — трак-тарарик! — то же самое в неоклассическом варианте: хук в нос слева, прямой в зубы справа и еще четверть хука в челюсть, вдогон. Нокаут.

Ивак уползает, окровавленный и посрамленный. Убегает наконец и что-то сообразившая кошка. Но...

Вот она, непригодность для жизни! — с Клячко сделалось что-то невообразимое, он сам тут же и уничтожил плоды великой победы, создавшей ему Суперстатус!!..

Ивак-то уполз, а Кляча упал на землю. Кляча зарыдал и завыл благим матом, забился в судороге — короче, с ним сделалась истерика — хуже того, его тут же стошнило, вывернуло наизнанку, чуть не подавился блевотиной...

Вокруг сразу опустело, все потеряли интерес... Мы с подоспевшим Яськой насилу дотащили Клячко домой: у него подкашивались ноги, он бредил, уверял, что теперь должен улететь. «Куда?» — «В Тибет... В Тибет... Все равно...»

Недели две провалялся с высоченной температурой...

Мы ждали расправы, но Иваков исчез. Исчез навсегда.

МАЭСТРО ЗАЕДИНИЧЬЯ

Вовка Ермилин был старше меня года на два. В наш класс попал в результате второгодничества. Белобрысый, с лицом маленького Есенина, низенький, худенький, но ловкий и жилистый, очень быстро поставил себя как главарь террористов, свергнув с этой должности Афанасия. Перед ним трепетали даже старшеклассники. И не из-за того, что много дрался или применял какие-то приемчики, нет, дрался не часто и не всегда успешно: Яська, например, на официальной стычке его основательно поколотил, после чего оба прониклись друг к другу уважением.

Силы особой в нем не было — но острый режущий нерв: светло-голубые глаза стреляли холодным огнем, а когда приходил в ярость, становились белыми, сумасшедшими...

Отец Ермилы был алкоголик и уголовник; я видел его раза два в промежутках между заключениями: отекший безлицый тип, издававший глухое рычание. Сына и жену бил жестоко. Мать уборщица — худенькая, исплаканная, из заблудившихся деревенских.

В комнатенке их не было ничего, кроме дивана с торчащими наружу пружинами и столика, застеленного грязной газетой. Ермила был плохо одет и нередко голоден.

Симпатия, смешанная с неосознанным чувством вины, тянула меня к нему. У него не было ни одной книги. Я попробовал приохотить его к фантастике, не пошло... А сам жадно впитывал его рассказы о тайной жизни улиц, пивных, подворотен, рассказы на жарком жаргоне, убогом по части слов, но не лишенном разнообразия в интонациях...

Однажды зимой Ермила спас школу от наводнения: заткнул задом огромную дырку в лопнувшей трубе. Почти полчаса пришлось ему пробыть в неестественной позе, сдерживая напор ледяной воды...

Память имел прекрасную на все, кроме уроков, любил яркими красками рисовать цветы, пел голубым дискантом тюремные песни...

Из школы его вскоре исключили. Уже зная о том, что предстоит, Ермила напоследок сам выставил себе в табеле уйму пятерок по всем предметам, в том числе и по пению, которому нас почти не учили в связи с перманентной беременностью учительницы, и по психологии, которой вообще не учили. На задней странице табеля написал:

я пары палучаю нарошна ни фраир я ни дурак я блатной сам с сабой разбирус блять и с Вами законна бес хулеганства че за жись мая кодла мине ставить пять сплюсам и пшли вы на хир

Кодла — это компания аборигенов Заединичья. Ермила входил в клан *колявых*, известный своей свирепостью и то объединявшийся, то враждовавший с киксами. У колявых водились ножички («перья»), в ходу были огрызки опасных брить. Через посредство Ермилы и я был вхож в это сообщество, когда-нибудь расскажу...

Сейчас только деталь: Ермила, похожий, как я сказал, на Есенина, писал втайне стихи. Однажды он показал мне замызганную тетрадку...

васмое марта

Мама мама я всех абижаю мама я никаво ни люблю
ночю сам сибе угражаю сам сибя я па морди да крови бью
мама мне дали звание хулегана я хужи фсех я дурак и гавно
ихнее щасте што нету нагана ани фсе баяца а мне все равно
мама миня приучают парятку завуч клавдюха клипаит грихи
када я умру ты найдеш титратку и прачитаиш маи стихи
мама я ни такой бизабразник мамачка лудше всех эта ты
мама прасти што на этот празник я ни принес цвиты

Есенина Ермила никогда не читал, а писал точно как говорил, игнорируя орфографию и пунктуацию. Несколько раз уличаем был в кражах: воровал завтраки, ручки, карманные деньги; однажды вытащил половину зарплаты у физкультурника — то, что взял только половину, его и выдало, и спасло. Потом в каждой краже стали подозревать его, и на этом некоторое время работал какой-то другой маэстро, пожелавший остаться неизвестным.

Первым ученикам не было от Ермилы прохода; очкарика Краснова сживал со свету, заставлял бегать на четвереньках. Клячу тоже доставал: дразнил всячески, материл, подставлял подножки, изводил «проверкой на вшивость»... Сдачи не получил ни разу, и это его бесило. «Ну что ж ты, Водовоз? Хоть бы плюнул. У!.. Дохлый ты мудовоз».

И однако, когда Академик рассказывал что-нибудь общедоступное или играл на пианино, Ермила слушал с открытым ртом и первый бежал смотреть его рисунки и куклошаржи. Когда же я попросил его оставить Клячу в покое на том основании, что он мой друг, — вдруг покраснел и, накалив глаза добела, зашипел:

— Хули ты петришь?.. Может, ему так надо, законно, понял?! Может, ему нравится! Может, я тоже, понял...

Пахан Павиан. Из рисунков Клячи, нравившихся Ермиле

УСТАЛОСТЬ НА СПУСКЕ

«КАСТЕТ, ПРОСТИ, ПРОШУ, ПОЙМИ И ПРОСТИ! ИЗ-ЗА МЕНЯ РАЗВАЛИЛСЯ ВЕЧЕР, Я ВИНОВАТ, НО, ПОВЕРЬ, Я НЕ ХОТЕЛ ЭТОГО, УШЕЛ ПРОСТО ИЗ-ЗА БЕССМЫСЛЕННОСТИ...

НЕ СВОЮ МУЗЫКУ МОЖНО СЛУШАТЬ КАКОЕ-ТО ВРЕМЯ, НО ПОТОМ ЭТО СТАНОВИТСЯ ИСЧЕЗНОВЕНИЕМ. А БУТЫЛОЧКА С ПОЦЕЛУЙЧИКАМИ... ТЫ МАСТЕР СДЕРЖИВАТЬ ТОШНОТУ, ТОЛЬКО ЗАЧЕМ, КАСТЕТ?..

Я ОБЕЩАЛ РАССКАЗАТЬ ТОТ ПОВТОРЯЮЩИЙСЯ СОН ПРО ТЕБЯ — ДА, Я В НЕМ СТАНОВЛЮСЬ ПОЧЕМУ-ТО ТОБОЙ...

ТЫ ИДЕШЬ В ГОРУ, К ВЕРШИНЕ, ОНА ЗОВЕТ, ТЫ НЕ МОЖЕШЬ НЕ ИДТИ, ОНА ТЯНЕТ... ИДЕШЬ С ПОПУТЧИКАМИ, ДОРОГА ВСЕ КРУЧЕ, ПОПУТЧИКИ ОТСТАЮТ, ОСТАЕТСЯ ТОЛЬКО ОДИН — ТЫ С НИМ ГОВОРИШЬ... И ВДРУГ ОБНАРУЖИВАЕШЬ, ЧТО ЯЗЫК ТВОЙ ЕМУ НЕПОНЯТЕН... ПОПУТЧИК ГОВОРИТ: «ОБРЫВ, ВИДИШЬ? ДАЛЬШЕ НЕЛЬЗЯ». ИСЧЕЗАЕТ... А ТЫ КАРАБКАЕШЬСЯ — ДОРОГИ УЖЕ НЕТ, ТОЛЬКО СКАЛЫ И ВЕТЕР ПРОНИЗЫВАЕТ... ЧТОБЫ НЕ БЫЛО СТРАШНО, ГОВОРИШЬ САМ С СОБОЙ... И — ОБРЫВ!

ТВОЙ ЯЗЫК СТАНОВИТСЯ НЕПОНЯТНЫМ ТЕБЕ САМОМУ. ВЕРШИНА ОСТАЛАСЬ В НЕДОСЯГАЕМОСТИ... И ТОГДА ТЫ ПРЫГАЕШЬ ВНИЗ, В ПРОПАСТЬ, КАСТЕТ, — И ВДРУГ ТЫ ЛЕТИШЬ — ТЫ НЕ ПАДАЕШЬ, ТЫ ЛЕТИШЬ!..»

Одно из его посланий после очередной нашей ссоры.

К восьмому классу Академик еще не сильно вытянулся, но уже приобрел черты нежной мужественности: над детским припухлым ртом появилась темная окантовка; волна вороных волос осветила выпуклость лба; глаза под загустевшими бровями — две чашки свежезаваренной мысли — обрели мерцающий блеск и стали казаться синими. Притом, однако же, несколько ссутулился, стал каким-то порывисто-осторожным в движениях...

Когда я, как бы между прочим, поинтересовался, не имеет ли он еще определенного опыта и не собирается ли перейти от теории к практике, он вскинул брови и легко улыбнулся.— *«Пока сублимируюсь».* — **«Это еще что?..»** — *«Подъем духа энергией либидо».* — **«Либидо?..»** — *«Ну, влечение... Питаешься, как от батареи. Стихи, музыка, мысли... Хорошее настроение, если справляешься».* — **«А если не справляешься?»** — *«Ну, тогда... Как можно реже и равнодушнее».* — **«А девчонки... а женщины? Ты что, не хочешь?..»** — *«Ну почему же. Только со своей музыкой, не с чужой... Имею в виду маловероятную любовь».* — **«Маловероятную?..»** — *«Примерно один шанс из миллиона. А все прочее сам увидишь... Скука».* — **«Вообще-то да, в основном гадость. А все-таки... А вот иногда во сне...»** — *«Физиология, не волнуйся. Во сне, если только не боишься, можешь узнать очень многое...»*

Я еще просил его иногда кое-что переводить с запятерского. Один раз, помню, назойливо пристал с требованием объяснить, что такое «гештальт». Как раз в это время я увлекался лепкой и ощущал в этом слове тяжесть растопыренной ладони, погружающейся в теплую глину...

— Гештальт — это вот, а?.. Берешь кусок гипса, здоровый такой — хап, а он у тебя под пальцами — бж-ж, расплывается, а ты его — тяп-ляп, и получается какая-нибудь хреновина, да? Это гештальт?

— *Любая хреновина может иметь гештальт, может и не иметь, но если изменить восприятие... Возможность смысла, возможность значения, понимаешь? В структуралистской логике...*

Он прервался и жалобно на меня посмотрел.

И вдруг я осознал: все... Тот самый обрыв. Я больше не мог за ним подниматься.

Я уставал, задыхался, катился вниз — а он —
УСТАВАЛ СПУСКАТЬСЯ...

Он играл нам общедоступные шлягеры, а меж тем в висках его, выпуклых шишковатых висках с радарами ушей, звучали инструменты, которых нет на земле. Все дальше, все выше — он не мог   этому сопротивляться...

...Но там, наверху — там холодно... Там — никого... Только призраки тайных смыслов и вечных сущностей, там витают они в вихрях времен и пространств... Там космически холодно и страшно палят сонмы солнц, и от одиночества в тебе застревает страх...

Скорей вниз, на землю, в Обыкновению! Пойдем в кинотеатр «Заурядье» — хоть все видано-перевидано, зато тепло от людской тесноты и мороженое эскимо...

Всякий обыкновенец, не отдавая себе в том отчета, прекрасно чувствует, с ним собеседник внутренне или нет. Отсутствие не прощается. Почему-то вдруг, когда все мы стали стараться прибавить себе солидности, именно Академик продвинулся в отчебучивании разных штук, словно бы отыгрывал недоигранное: то вдруг вскочит на стол, выгнет спину и мерзейшим образом замяукает, то преуморительно изобразит происхождение человека из червяка...

К нему перестали приставать бывшие доводилы, зато появилось нечто худшее — спокойное отчуждение.

Он пытался объяснить...

Как раз где-то в то время его озарило...   Обрушилось, навалилось, разверзлось:

НЕ ВЕДАЕМ, ЧТО ТВОРИМ — моя теперешняя формулировка, вернее, одна из классических...

А у него, всего лишь подростка, — вундеркиндство было уже ни при чем — это было мысле-состоянием, мысле-ощущением, всеохватным, невыразимым, паническим. Все вдруг начало кипеть и тонуть в голове, какой-то потоп:

НЕ ВЕДАЕМ, ЧТО ТВОРИМ!
СЛЕПЫ! — СЛЕПЫ ИЗНУТРИ!— НЕ ВИДИМ СЕБЯ!

Волны самочувствия, ткань общения — сплошная стихия, в которой барахтаемся, топя себя и друг друга, — вот так как-то могу это выразить теперь за него, менее чем приблизительно... А между тем — и это пронзило! — существует и ВОЗМОЖНОСТЬ ПРОЗРЕНИЯ — МОЖНО ВИДЕТЬ! — можно себя понимать, можно ведать!.. И как можно скорее надо себя всем у-видеть, у-ведать, скорее!..

Ему казалось, и не без оснований, что все уже готово, что в шишковатой коробочке уже имеется пленка, на которой все-все отснято, все «почему» и «как» — только проявить... Казалось, что даже с непроявленной пленки можно кое-что прочитать: если хорошенько всмотреться туда, внутрь, то видны какие-то летучие линии и значки, что-то вроде бегущих нот... При бессоннице или температуре, если только чуть надавить на веки, они превращаются в волшебный калейдоскоп, сказочную живопись...

— В психиатрии подобные состояния называются, если не ошибаюсь, *философской интоксикацией.*

— Да, и я в качестве эксперта Обыкновении (мы все эксперты с пеленок) склонен был кое-что заподозрить...

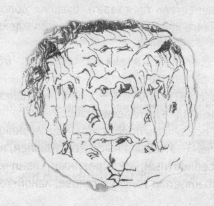

БУДЬТЕ ЗДОРОВЫ, МОЛОДОЙ ЧЕЛОВЕК

Юлий Борисович Линцов (назовем его так) заведовал кафедрой некоего института. Это был крупный специалист в одной из областей математической логики, автор нескольких монографий, обладатель титулов, премий и прочая. Юлий Борисович успевал всюду, был на виду. Один раз выступил с популярной лекцией в Политехническом музее. Читал замечательно — Академик, бывший среди немногих его внимательных слушателей, ушел в полном восторге. Линцов с той поры не сходил с его уст. Через какого-то знакомого математика сумел достать из научной библиотеки чуть ли не все его работы и прочитал от корки до корки.

Я, понятно, мог этому только отдаленно сочувствовать, пожалуй, даже слегка ревновал. Один раз за игрой в Пи-футбол это прорвалось.

— И чего ты нашел в своем этом Хренцове?.. Сейчас мой удар, был угловой... Тьфу... Чего он там тебе такое открыл?

— ШЕСТЬ — ОДИН. ОБЪЯСНИТЬ СЛОЖНО, ТЕРМИНОЛОГИЯ... ЛИНЦОВ — ЛИЧНОСТЬ. ЛИЧНОСТЬ В НАУКЕ. АУТ.

— А остальные в вашей науке без личностей что ли?

— ПРОЯВИТЬ САМОБЫТНОСТЬ — ТЕБЕ ПЕНАЛЬТИ — ДОСТАТОЧНО СЛОЖНО. А ОН СУМЕЛ. СЕМЬ — ОДИН.

— Ну и что? Ты тоже проявляешь самобытность. Я тоже проявляю самобытность. Семь — два.

— НЕ ЖУЛЬНИЧАЙ, ПОЛОЖЕНИЕ ВНЕ ИГРЫ. СЛУШАЙ, КОТ, А ТЫ ПОДАЛ ИДЕЮ, СПАСИБО!..

Его идеи всегда возникали по каким-то немыслимым поводам, по непостижимым касательным, скакали, как блохи, куда-то вбок. На этот раз идея была простенькая и бредовая: собственною персоной явиться к Линцову.

Поговорить.

Обоснование: ЛУЧШЕ ОДНАЖДЫ, ЧЕМ НИКОГДА.

Дней десять Клячко, не разгибаясь, сидел и строчил, вычеркивал и строчил, рвал бумагу и снова строчил — такого с ним никогда не бывало, он работал всегда сразу набело.

ОН СОСТАВЛЯЛ ВОПРОСЫ.

Когда все было готово, страшно мигая, протянул мне аккуратно исписанный лист бумаги и попросил прочесть.

Семь вопросов. Первые три и последний состояли сплошь из абсолютно непонятных мне формул.

— *Это пропусти, пропусти!* — закричал Кляча, увидев мою реакцию. — *Вот это, ты только это... Смешно, а?..*

Изо всех сил заскрипев извилинами, я прочел следующее. (За точность воспроизведения не ручаюсь.)

...ИСЧЕРПЫВАЕТСЯ ЛИ ВЫСШАЯ ДЕЯТЕЛЬНОСТЬ МОЗГА ПОСТАНОВКОЙ И РЕШЕНИЕМ ПРОБЛЕМ?

...ИМЕЮТ ЛИ СМЫСЛ ПОПЫТКИ ОБОСНОВАНИЯ ЭТИКИ ТЕОРИЕЙ РАЗОМКНУТЫХ (СВЕРХЦЕЛЕВЫХ) ИГР?

...ЕСТЬ ЛИ ПУТИ К СОЗДАНИЮ ЕДИНОГО ЯЗЫКА НА ОСНОВЕ ГИПОТЕЗЫ МУ... МУЛЬТИ... МО... МУЛЬТИМОДАЛЬНОСТИ СМЫСЛОВОЙ ВСЕЛЕННОЙ?

— *Ну как, а? Смешно?..*

— Гм... Все бэ-мэ. (Более или менее.) В целом бэ-мэ нормально, — сказал я важно.

Ему пришлось приходить к Линцову несколько раз, из которых добиться аудиенции удалось только дважды.

Первый раз (по его неохотному описанию).

— *...Юлий Борисович, если можно... Минимальное время... Письменно или устно, как вам удобнее...*

— Хорошо, я посмотрю вашу работу, оставьте секретарю. Приходите на той неделе. Во вторник. Нет, в пятницу... Нет, в пятницу заседание кафедры... Алло... Сейчас, извините... Позвоните секретарю во вторник с утра... Нет, лучше в пятницу... Будьте здоровы, молодой человек.

Второй раз. (Я увязался с ним, подслушивал за дверью).

— Ну заходите, что же вы мнетесь... Садитесь... Алло. Да, добрый день, дорогой Олег Константинович! Спасибо, и вас так же! И вас с тем же!.. И вам того же!.. Переносится симпозиум? Да-а-а... Спасибо, спасибо. И вам спасибо... Так вот, молодой человек. Алло. Да... Занят. Тоже занят. В пятницу. Алло. Слушаю вас... Сию минуту... Маргарита Антоновна! Риточка, ну что же вы... Референт Николая Тимофеевича... Алло, да, да, материал подготовлен, мы ждали вашего... Обязательно. Сделаем. Большое спасибо...

Итак, мальчик... А? Минуту... Риточка, принеси... Ну вот. Да, я помню... Молодой человек, вы не представляете себе моей занятости. Ваши вопросы... Э-э... Не совсем... Хотя и свидетельствуют о вашем интересе к ряду проблем дискордантного преобразования... Алло. Я... Почему раньше не позвонила?.. Нет, не совсем удобно... Перезвоню... Да... У вас, несомненно, есть кое-какие задатки, молодой человек. Если вы будете серьезно работать в какой-либо области, из вас, будем надеяться, со временем выйдет какой-нибудь толк. Будьте здоровы, молодой человек.

СТРАННЫЙ ПРЫЖОК

...Был теплый мартовский день, налетал шалый ветерок, отовсюду текло и капало. Мы встретились, как обычно, у ворот дворика дома 6, в Телеграфном, — отсюда начинался наш традиционный маршрут: за угол, по Сверчкову, Потаповскому и на Чистые.

Но на этот раз он не пошел, а встал на месте, неподвижно опустив руки.

— *КСТОНОВ, СЛУШАЙ. МОЖНО, Я СПРОШУ ТЕБЯ?..*
Кстоновым он назвал меня в первый раз.

— Ну.

— *ТЫ СКАЖИ... ТЫ ЗНАЕШЬ, ЗАЧЕМ ТЫ ЖИВЕШЬ?*

— Чего-чего?

— *ЗАЧЕМ ТЫ ЖИВЕШЬ?*

— Ты что, охренел?

— *ЗАЧЕМ ТЫ ЖИВЕШЬ?*

— Да чего ты?.. Ну, чтобы стать... Чтобы было весело... Тьфу, да че ты пристал?.. Ты что, того?.. А ты знаешь?

— *НЕ ЗНАЮ.*

— Ну и... Да че ты, живот, что ли, заболел?

— *Я ВСЕГДА ДУМАЛ, ЧТО ЗНАЮ. ПОТЕРЯЛ.*

— Ну ты вообще... Ты даешь. А моя Катька вот знает. (Так звали мою тогдашнюю кошку.) Чтобы лопать сырую рыбу. Чтобы гулять, хе-хе, чтобы котята были. Мурлыкать чтобы. А ты не знаешь, хе...

— *Я НЕ ЗНАЮ.*

— Ну ты...

Я вдруг осекся. Глаза Академика со страшной силой упирались в меня и светились отчаянием.

— Клячко, — я попытался взять его за рукав, но рука моя как-то сама собой отошла обратно, — слышь... Пошли. Пошли попиликаем.

(То есть на нашем языке поиграем в Пи-футбол или еще как-либо поразвлекаемся.) А?.. Опять бабка спать не дала?

«Ничейная бабуся» уже второй месяц была очень плоха и по ночам кричала на одной ноте.

— *Она вчера умерла.*

Он повернулся и побежал. Перед поворотом за угол переулка споткнулся, но не упал, а подлетел как-то вверх, вскинув руки с растопыренными пальцами, и в этом странном прыжке исчез за углом.

С месяц после того мы еще виделись и разговаривали как обычно, но обоим было до головной боли ясно, что этому уже не продолжиться. Что-то между нами разрушилось.

...Пропал внезапно, без подготовки. Утром мать нашла на столе записку:

ДО СВИДАНИЯ. НЕ ИЩИТЕ. Я ВАС ЛЮБЛЮ. Я НЕ...
Дальше что-то зачеркнутое.

Исчез в домашней одежде, ничего с собою не взяв. Обнаружили потом, что куда-то девалась всегда бывшая среди немногих его личных книг «Карта звездного неба» и последняя из объемных моделей Энома.

Обрывки разговора, подслушанного возле учительской.
Мария Владимировна. А если самоубийство?

Ник. Алексаныч. Не думаю. Какая-нибудь авантюра... Какой-нибудь закидон...

— Одиночество... Никто его по-настоящему не знал. Мерили общими мерками...

— А что было делать, как подойти? Иногда мне было просто стыдно с ним разговаривать.

— Старший друг, хотя бы один...

— При таком-то уровне? Да он старше нас с вами... Всех нас, вместе взятых... У гения не бывает возраста.

— Не скажите...

Следователь приходил в школу, беседовал и со мной, я из этой беседы мало что запомнил. «Любил ли он ходить босиком?» — «Да, очень». — «Водился ли с подозрительными личностями?» — «Да. Водился». — «С какими?» — «Ну вот со мной». — «А еще с какими?» — «Не знаю». — «Как ты можешь не знать, а еще друг. Вспомни». — «Ни с кем он не водился».

Еще пару раз я приходил к нему домой. Почерневшая мать, с сухими глазами, беспрерывно куря, не переставала перебирать его одежонку, тетради, рисунки...

«Владик. Владик. Ну как же так. Владик...»

Отец, абсолютно трезвый, сидел неподвижно, упершись в костыль. «Сами. Искать. Упустили. Пойдем. Сами...»

— «Куда ж ты-то... Куда ж ты-то...»

Его лабораторно-технический скарб, находившийся под бабусиным топчаном, был весь вытащен и аккуратно разложен на свободной теперь поверхности. Сестры переговаривались полушепотом и ходили на цыпочках. Я сидел, мялся, пытался что-то рассказывать о том, как с ним было интересно, какой он...

Страшнее всего глаголы в прошедшем времени...

В последний день занятий, после последнего урока, когда я, отмахнувшись от Яськи, в дремотной тоске брел домой, кто-то сзади тронул меня за плечо.

Я сперва его не узнал. Передо мною стоял Ермила, уже больше года как исключенный из школы. Он мало вырос за это время — я смотрел на него сверху вниз. Бело-голубые глаза глядели тускло и медленно, под ними обозначились сизоватые тени.

— Его, понял?

Он протягивал мне измятую кепку. Я не сразу ее узнал, но сразу, как от удара током, вверх подскочило сердце.

— Ты его видел?..

— Я взял, ну.

— Когда?..

— В раздевалке куклу гоняли, тогда и взял, понял?

— А почему... Почему не отдал?

— Теперь отдаю, законно. Вы с Клячей кореша — так? Ты это, понял... Носи. Пока не придет.

— А ОН ПРИДЕТ?

— Куда денется. Кляча — голова на всех, понял.

— А ГДЕ ОН?

— Откуда знаю? Придет, законно.

— Придет?..

— Носи, ну. Побожись.

— ...(Соответствующий жест, изображающий вырывание зуба большим пальцем.)

— Ну давай...

Сунул мне под дых корявую грабастую лапку, повернулся и — как краб, боком, — в сторону, в сторону...

Больше я его никогда не видел.

Что же касается Клячко, то... (*Обрыв пленки*).

Не стану утомлять ваше любопытство, читатель. Я был до крайности удивлен и взволнован, когда Д. С. сообщил мне, что Владик К. жив и ныне.

— Оставьте пленку, не надо. Другая история.

— Но ведь...

— Разве не интересно, какие бывают дети? Разве весь смысл их в том, чтобы становиться взрослыми? Суть в том, что ребенок тот был и есть, хотя мог бы и потеряться...

— А кепка?

— Как видите, осталась невостребованной... У него теперь другая фамилия, взятая им самим, *СМЕШНАЯ*...

ЗАПРЕТНЫЙ ПЛОД

о половом воспитании
из книги «Откуда я взялся?»

Смерть, животные, деньги, правда, бог, женщина, ум — во всем как бы фальшь, дрянная загадка, дурная тайна... Почему взрослые не хотят сказать, как это на самом деле?..

Есть ли у вас план, как возносить ребенка с младенчества через детство в период созревания, когда, подобно удару молнии, поразят ее менструации, его эрекции и поллюции? Да, ребенок еще сосет грудь, а я уже спрашиваю, как будет рожать, ибо это проблема, над которой и два десятка лет думать не слишком много.

Януш Корчак

Сколько стоит Главная Тайна?

РАССКАЗ, СОСТАВЛЕННЫЙ ИЗ ВОПРОСОВ

подстрочный перевод с детского

Здравствуйте, меня зовут Родик, мне десять лет.

Хочу спросить у вас, что такое любовь, что такое правда и тайна и как мне быть.

Когда мне было пять лет, я спросил у мамы, откуда я взялся. Она ответила: «Я купила тебя в роддоме».

Я спросил: «А что такое роддом? Такой магазин?» — «Да, — ответила мама, — такой магазин». — «Где покупают детей, да?.. А сколько ты за меня заплатила?» — спросил я. «Очень дорого. Сто рублей».

«Значит, я стою сто рублей!» — обрадовался я. «Теперь ты стоишь еще дороже». — «Сколько? Тысячу, да?» — «Да». — «А почему?» — «Потому что ты вырос».

«А ты сколько стоишь?» — «Не знаю, — сказала мама. — Не помню, спроси у бабушки». — «Она тебя тоже в роддоме купила?» — «Да, тоже в роддоме».

Я решил спросить обязательно, было очень интересно узнать, сколько стоит моя мама. Но бабушка была в деревне. Поэтому я на другой день спросил у папы, сколько он стоит.

Папа рассердился: «Что ты болтаешь. Человек не стоит нисколько. Это только рабов покупали за деньги». — «Значит, я раб», — сказал я. «Почему?» — удивился папа. «Потому что меня купили за сто рублей. А теперь могут продать за тысячу». — «Что за глупости? Кто тебе сказал такую ерунду?» — «Мама». — «Мама?.. А-а. Понятно».

Потом мы пошли с папой в «Детский мир» покупать машинку. Там было много красивых машинок, и папа объяснял мне, что их привозят сюда с фабрик, их там делают и затрачивают на это много материалов, потому они стоят дорого.

Я спросил: «На меня тоже затратили много материалов?» — «На тебя? Да, — сказал папа. — Много». — «А-а, — сказал я, — понятно». — «Что понятно?» — встревожился папа. «Понятно», — сказал я, но сам не понимал, что понятно. Вспомнил, как папа сказал, что мама сказала мне ерунду.

И спросил: «А на какой фабрике меня сделали?»

Папа долго думал. Потом сказал: «На картонной. То есть... на керами... на космической». — «В космосе, да?» — «Ага». — «Значит, меня привезли из космоса?» — «Да». — «А тебя?» — «И меня». — «И всех людей оттуда привозят?» — «Да. Но сначала они попадают в животики». — «В какие животики?» Тут папа вдруг покраснел и рассердился: «Хватит! Пристал опять! Со своими дурацкими вопросами!.. Вырастешь, узнаешь. Смотри, какая машинка».

Летом меня отправили в деревню к бабушке. И я спросил у нее: «Бабушка, а за сколько рублей ты купила маму?»

Бабушка засмеялась: «Ни за сколько, Роденька. Я ее в капусте нашла. Бесплатно». — «А мама сказала, что ты ее купила в роддоме». — «Правильно, Роденька. Это я ее уж потом в роддом снесла и купила. Оформила за руб двадцать. А сначала в огороде, в капусте». — «Только руб двадцать? Так дешево?..» — «Да, Роденька, раньше все дешевше было, не то что теперь. Все нынче подорожало». — «А откуда она в капусту попала? Из животика, да?» — «Да ты что, господь с тобой. Это кто ж тебя научил? Стыд-то какой. В капусту, Роденька, деточек аист носит». — «С космической фабрики?» — «Какой такой фабрики?.. Научают детей черт знает чему, прости господи. От Бога, миленький мой, от Бога». — «Бабушка, Бога на земле нет, мне в детском саду старший мальчик сказал. Бог был раньше, а теперь он в космосе. И аистов тоже нет. Людей делают на фабриках, из фабрик кладут в животики, из животиков в капусту, а из капусты в роддом».

Бабушка начала креститься, заплакала.

Потом, когда пошел в школу, я спросил у Витьки Штыря, командира нашего двора (ему было уже тринадцать), за сколько его купили. Витька посмотрел на меня, прищурился и сказал: «Ща по хлебалу. Ты откуда взялся? Из Фэ-эС-Бэ?» — «Не, — ответил я, — я из роддома. Меня там купили. А сделали на фабрике, в космосе».

«Ха-ха-ха!.. Во дает. Ты че, глупый? Взрослых слушает, сказочки завиральные. Не знаешь, как детей делают?» — «Как?» — «Вот так: тюк, и готово. Чем ссут, понял?» — «Вот так?..» — «Ну. А ты как думал?» — «Бесплатно?» — «Ха-ха-ха! За это даже деньги дают.» — «Врешь ты все». — «Ха-ха, во дурак-то! Чик-чирик! Понял как?» — «Сам дурак. Врешь». — «На что спорим? Тебя когда спать загоняют? Не поспи час, ну два. Знаешь, как? Заварки чайной наглотайся. Они у тебя в другой комнате спят, да? А ты...Че ревешь?..»

Я заплакал. Я понял, что я глупый. Понял, что взрослые врут, врут и врут, и что все это очень скучно. Как раз в этот день папа учил меня, что врать нельзя никогда, потому что любое вранье обязательно разоблачается.

Штырь мне потом еще много чего порассказал. В общем, все оказалось так просто, что я даже расстраиваться перестал. Но почему-то все равно не хотелось верить, что все получаются из того, чем...

Когда мне исполнилось девять лет, я пошел в кружок юных натуралистов. Я очень люблю животных, особенно хомячков. И птиц тоже люблю, и рыб, и лягушек. Там, в кружке, я увидел, как звери и птицы рождают детенышей, как выкармливают, как воспитывают.

Я узнал, что все существа происходят от самцов и самок. Это называется «спаривание». Наш руководитель Виталий Андреевич, рассказал нам, что это великая тайна жизни, Главная Тайна. И у человека это Главная Тайна. Но у человека это называется не «спаривание», а «любовь».

Я спросил: *«Виталий Андреевич, у нас в классе уже четыре любви. Это очень плохо?»* — *«Ну почему же. Это не плохо».* — *«А как же, ведь теперь они должны рождать детей».* — *«Почему, вовсе не должны».* — *«Ну как же, они ведь живые существа».* — *«Человек живое существо не такое, как остальные. Человеку любовь нужна, не только чтобы рождать детей. У человека много разных видов любви. Вот ты, например, любишь маму и папу, правда?»* — *«Да, — сказал я, — конечно».* И тут же почувствовал, что соврал.

Я уже не знаю, люблю я их или нет. После того как понял, что они меня обманывают, я перестал им верить. А как любить, если не веришь? Почему одним словом называют Главную Тайну жизни и всякую гадость?..

Как мы не отвечаем на их вопросы

Пресечение простое. «Отстань. Не приставай. Некогда. Не видишь, занята. Поди погуляй. Не задавай глупых (неприличных, некрасивых) вопросов».

Реакция: *«Задам, но не вам».*

Пресечение со ссылкой на возраст. «Тебе еще рано это знать. Вырастешь — узнаешь».

Реакция: *«Долго ждать. Выясню сам».*

Пресечение со следствием. «А почему это тебя заинтересовало? Такая тема, а? Такая ерунда, гадость такая!.. Кто тебя... навел на размышления, а?!»

Реакция: *«Очень интересная гадость».*

Отзывчивость не по делу. «Данный вопрос возник у тебя весьма своевременно, а учитывая потребность современной молодежи во всесторонних знаниях, он не мог не возникнуть. Как известно, знание — сила, а в человеке все должно быть прекрасно...»

Реакция: *«Когда же ты перестанешь так нудно врать».*

Отзывчивость грустная. «Эх, что же поделаешь... В аиста, значит, не веришь? Пропащее вы поколение, не убережешь вас от информации. Про червячков уже знаешь? Ну так вот, и у человечков, к сожалению, так же...»

Реакция: *«А почему к сожалению?»*

Отзывчивость информативная. «Хи-хи-хи, ха-ха-ха, хо-хо-хо! А ну-ка выйдем из кухоньки, чтобы бабушка не слыхала, я тебе кое-что, хе-хе-хе, для начала...»

Реакция: *«Тьфу».*

Бумеранги неправды

Шестилетняя: «Расскажи, как это получилось? Где я была раньше, в папе или в тебе?.. А как папина клеточка прибежала к тебе?.. А если бы заблудилась?..»

Через четыре года: «Я все узнала сама, от подружек. Ты не хотела говорить со мной как с большой».

Тринадцатилетняя: «Хочу стать врачом, чтобы переделать людей. Чтобы у человеков было, как у цветов...»

Пятнадцатилетняя (о взрослых): «Они смотрят на нас грязными глазами».

Боре М. было двенадцать, когда он узнал, как получаются дети. Ну и запоздание!.. Родителей боготворил, вместе строили парусник... И вдруг этот Санька прицепился с вопросами. И выяснилось, что он ничего не знает. И тогда Санька все рассказал, и как рассказал...

Две недели Боря не сомкнул глаз... Однажды ночью не выдержал, бросился с ревом на родителей, занимавшихся ЭТИМ, потом попытался выпрыгнуть из окна...

«Хотели сохранить чистое отношение... Рассказали, что в лесу бывают цветочки, из которых вырастают человечки... Думали, будет проходить биологию и поймет, — объясняла мать. — А теперь не может нам простить...»

Защищая детскую чистоту неуклюжими сказочками, на самом деле защищаем свою трусость и недалекость. А ребенка бросаем на произвол лжи самой лживой, имеющей вид правды, — дикорастущей пошлости, бьющей по святая святых. Детским обобщающим сознанием дремучая смесь влечения, грязи, стыда, мечты и запрета переносится потом на все, связанное со взаимоотношениями полов. Бумеранг боли и неправды всегда возвращается...

В.Л., а я думаю, не только трусость и недалекость движет взрослыми, скрывающими правду об ЭТОМ. Всю правду детям говорить все же нельзя. На Западе секспросвет начинают чуть не с пеленок — зоны, позиции, контрацептивы. Одной нашей психологине, посетившей голландскую школу, старшеклассники сказали, что завидуют российским ребятам, которые знают о сексе меньше, зато о любви больше.. Антон.

Да, всю правду СРАЗУ нельзя, Антон, мы и не знаем ВСЮ правду. И прямо, грубо нельзя. И туманно нельзя. И слишком рано нельзя. И слишком поздно опасно...

Не уверен, так ли уж много наши ребята знают теперь о любви, и так ли мало о сексе — если не из книжек, так из видеопорнухи и Интернета или от подъездных просветителей, предлагающих заодно попробовать и наркотики. Дело ведь не в количестве этого знания, а в его качестве, в направлении — вверх или вниз...

Общая беда в том, что цельное человековедение дробится на упакованные куски — что любовь без секса, что секс без любви — все одно: расчлененка...

Как же им отвечать

«Откуда берутся дети?» — «Зачем звери это делают?» — «Зачем люди женятся?» — «Как меня родили?..»

Шестилетнему иначе, чем трехлетнему. Девочке иначе, чем мальчику. Опережающему в развитии иначе, чем ровесникам... Не угадать, как ребенок воспримет наши ответы, куда поведет его дальше отсутствие знания, присутствие любопытства, фантазии и стихии жизни... Пять пожеланий:

— не пресекать вопросов;
— никаких «святых лжей»;
— не стараться объяснить сразу все;
— не испытывать вины за способ детотворения;
— не секспросвет, а общение: творческая задача.

Чтобы объяснять, нужно знать. И не только «про это». Вся великая Биология, все необъятное Природоведение, все безмерное Человекознание пусть откроют перед ребенком свои врата: спрашивая «про это», дети хотят знать ПРО ВСЕ, а «это» — одна из ветвей Древа Познания, одна из дорожек к Целому.

Что знаем мы сами, все ли уже поняли и постигли?..

Доучиваться никогда не поздно...

НЕ ОБЯЗАННОСТЬ, А СВЯТОЕ ПРАВО

Естественно, когда мать посвящает дочь, отец — сына. Но главное не в том, *кто*, а в том, *как*. Если нет уверенности, лучше попросить кого-то, кому доверяем.

Маловероятно, чтобы даже самый умный и тактичный отец, будь он хоть гинекологом, смог преподать своей дочери некоторые гигиенические навыки. Но зато мать — здесь Природа дает больше свободы — может, в меру своей осведомленности, рассказать сыну и о мужской физиологии, и женской. **Важно принять это не как обязанность, а как святое право. Не задаваться целью повлиять и направить — это произойдет тем верней, чем меньше намеренности...**

При вопросах, ставящих в тупик, лучший ответ: «Мне об этом нужно узнать точнее, подумать, потом поговорим». Авторитет и доверие ущерба не потерпят, напротив, и драгоценные вопросы не пропадут.

Придется только выполнить обещание.

«Как подойти, с чего начинать?.. Жутко трудно! Какой-то барьер... Как же я могу все рассказывать, я, именно я?.. Почти как рассказывать о неизбежности смерти...»

Барьер двусторонний: даже великовозрастный ребенок более всего стесняется таких разговоров именно с собственными родителями. Боится вопросов, боится нравоучений, боится убийственных откровений... Удивительна самозащита детской чистоты и невинности — упрямая, иногда до отчаяния, решимость не впускать в себя ничего сверх того, что способна без искажений вместить душа. Ведь почти у всех первая, мгновенная реакция на намек «про это» — отпрянуть, закрыться...

У каждого ребенка есть великий инстинкт нравственного самосохранения. Это он делает и для взрослого невозможным представить тайну собственного рождения как простой плотский акт, хотя все вроде бы ясно.

Не ясности, не понятности и не пользы ищет душа в сокровенном знании, а посвященности...

ЛЕЧЕНИЕ ОНАНИЗМА НАЧИНАЯ С СЕБЯ

Сосунок, младенец. Можно еще ползать и ходить вполне голеньким. Сама невинность, сама чистота.

Утверждать, однако, что пола в это время не существует, — значит, по меньшей мере, выдавать желаемое за действительное. Уже в утробе мальчики ведут себя иначе, чем девочки. Другое дело, что пол пока еще не двигатель жизни, а как тяжелая фигура в шахматной партии, участвует в игре скрыто. Нет «секса», но есть разлитой эротизм, пронизывающий ребенка и окрашивающий некоторые картинки в узнаваемые тона. Бессознательное влечение к телу, объятиям, ласке...

Естественно и любопытство малышей к собственному телу — оно удивительно, как и все остальное. Все в какие-то мгновения приковывает внимание...

Доктор, проблема наша ужасна. ..Трехлетняя дочь Анна с пятимесячного возраста занимается онанизмом. И сама с собой, и с помощью игрушек. Как только ни отвлекали, ни наказывали, ни объясняли. Чуть не доглядишь, опять за свое. Мы с мужем в отчаянии. Как это вылечить?. *Антонина.*

Антонина, начните с себя: постарайтесь вместе со своим мужем на год, не меньше, а лучше на всю жизнь совсем ЗАБЫТЬ о «проблеме», а все силы души и ума направить на оздоровление и развитие дочки. На дружбу с ней, долгую и веселую дружбу...

Как показывает опыт тысяч подобных случаев — «проблема» при таком родительском поведении исчезает, развеивается сама собой.

Бессознательный онанизм — явление той же природы, что неотвязное сосание пальца. Аутоэротизм — одна из первых форм «подсаживания» на что бы то ни было, частное проявление общего наркотизма жизни. Нервная цепочка, врожденно предуготованная для удовлетворения инстинктивной потребности, легко самозамыкается от любого случайного раздражения — тесными штанишками, пальцем, сидением...

Ребенок не знает, что онанировать «нельзя», *(а что секс без любви и деторождения есть узаконенный онанизм вдвоем, может быть, и никогда не узнает).*

Окрики, угрозы, наказания ЗА ЭТО ребенку не более понятны, чем кошке. Сразу конфликт, чреватый далекими последствиями, закладка тяжелых психоневрозов. Страх лишь усиливает влечение, притом его извращая...

Не раздувать проблему — пройдет, не сразу или не вполне, но пройдет или уменьшится до эпизодов.

Не стискивать одеждой, не понуждать долго сидеть и лежать, не перекармливать, не перегревать.

Воздуха, движения, разнообразия! И любви!..

Как зреет запретный плод

Момент, обычно ускользающий от внимания: как ребенок реагирует на первые наши требования обязательно надевать штанишки, ни в коем случае не показывать то, что нельзя, не смотреть на то, что нельзя...

Соглашаясь, даже радостно соглашаясь («я уже большой», «я как взрослая»...), все же затаивает и какой-то неясный вопрос, на который будет искать ответ.

С четырех-пяти — всем известные игры «в папу и маму». При случае взаимоисследование: посмотреть, а что там, а как у кого устроено, а почему...

Интерес угасает быстро, за считанные секунды, и секса здесь не больше, чем в игре в прятки.

Некоторая недовыясненность: почему у мальчиков так, а у девочек так, легко находит промежуточные объяснения — у собачек-мальчиков и собачек-девочек, например, тоже почти так...

Детишки даже постарше спокойно бегают голышом на пляже, совершенно забыв и о своей, и чужой наготе. Когда плод не запретен, и интереса нет. А вот взрослая ханжеская прилипчивость может испортить многое. Детская внушаемость такова, что и молчаливый взгляд, переполненный мерзким подозрением (и своей подавленной похотью), может заморозить душу на годы...

Разоблачения и репрессии — психотравмы на всю жизнь, риск остаться без внуков.

Неодобрение слишком активным сексуальным играм или чересчур нахальному любопытству может выразить ироническое: это глупость неинтересная и неаппетитная — такая же, как высовывать язык и плеваться.

Не забудем вовлечь в игры с другим направлением...

ЖЕЛЕЗА ЦЕЛОМУДРИЯ

Чтобы стать цветком, нужно побыть бутоном. Завтра увидим, как расцветет, как по-другому, но повторится все, что было и с нами... Но когда же оно, это завтра, где же оно?.. И наимудрейшему родителю не избавиться от иллюзии, что ребенок всегда будет таким, каков вот сейчас. Никогда не женится, никогда не родит. Никогда не расстанемся... Неужели вырастет борода?..

Детство — время, когда то, чему в недалеком будущем суждено заговорить, запеть, застонать, а то и взорваться, — молчит, прячется, притворяясь отсутствующим...

У одних до 12-13, у других до 16-17 господствует гормональная железа детства, вилочковая, лежащая в верхней части грудной клетки и сотворяющая характерные детские свойства: мартышечью непоседливость, нетерпеливость, кажущуюся невнимательность... Железа игры, железа целомудрия. Препятствует росту опухолей. Притормаживает половое развитие и правильно делает. Ибо, прежде чем расцвести, надо не только вырасти, но и собрать кое-какие сведения об этом мире...

ЖЕЛЕЗА АНТИЦЕЛОМУДРИЯ
ИЗ САМОЗАРИСОВОК ДЛЯ СЫНА

...Первая любовь и пробуждение сексуальности обычно не совпадают и иной раз не имеют друг к другу никакого отношения. Именно так было у меня. Я из тех, в ком сексуальность проснулась рано и бурно. А рос в то время, когда на вопросы секса было наложено жесткое, ханжеское, сталинское табу.

Все мои детские попытки что-то узнать об этом, разведать, тем паче изведать — наталкивались на яростное, непонятное сопротивление взрослых.

Однажды я привел домой девочку — поиграть. Мне было пять лет, ничего ТАКОГО я и в мыслях не имел...

И вдруг родители вошли в комнату, сделали вытянутые лица, возвели очи к потолку и сказали: «Ах!.. Девочку привел!..» В этом «ах» было что-то странное...

Я не понял ничего, но почувствовал: дело нечисто — есть какая-то особая разница: девочка или мальчик, какая-то страшная и, быть может, сладкая тайна...

Из поколения в поколение передаются душевные и умственные кривизны. В историческом времени кривизны эти движутся по закону маятника, по синусоиде:

у одного поколения (или целого ряда) — криво в одну сторону, у другого — в противоположную.

Равновесие — штука трудная, долгая...

Я рано увлекся животными, очень любил рисовать их. Отличаясь наблюдательностью и хорошей памятью, рисовал все подробно, в деталях, для меня важно было сходство с действительностью.

Однажды, читая большой том Брэма «Жизнь животных», я пририсовал всем зверям, изображенным там на картинках, половые органы — и в простоте душевной показал с гордостью родителям: «Вот, я подрисовал как правильно! Как по-настоящему!»

Бедные папа и мама впали в прострацию, а когда шок прошел, за мою художническую честность мне дико влетело, папа первый раз в жизни меня выпорол.

Столь убедительное внушение иного навсегда бы отвратило от натуралистического жанра, но я оказался крепким орешком. Во втором классе я уже развлекал одноклассников рисованием порнографических открыток. Меня чуть не вышибли из школы.

Для взрослых все это было злостной и непонятной испорченностью. Они забыли себя... Уже к семи годам любопытный ребенок, если его не держат в пробирке, жаждет познать тайну пола.

Ну а любовь — первая, чистая, всеохватная и беспомощная, — любовь, прилетающая совсем с иного полюса мироздания, может вспыхнуть и тогда, когда человек не знает еще и самого слова «любовь»!..

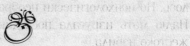

Смотреть в оба как можно дальше

— Как бы вы выразили пожелание относительно *ее* личной жизни?» — спросил я недавно маму одной дочки.

— Чтобы счастливей, чем я...

— А что для этого делаете?

— Учу быть осторожной. Учу бояться мерзавцев.

Шестнадцатилетняя дочка, хорошенькая, уже три года страдала невротическими спазмами кишечника, возникавшими всякий раз, стоило ей оказаться вблизи представителей противоположного пола. На дискотеке, в кино, повсюду... Мама явно перестаралась.

Многие современные дети до 12 лет обретают сексуальный опыт — от поцелуев и далее. Некоторые мальчики и еще больше девочек к 14 годам не имеют невинности. «Безопасный» секс стремительно молодеет...

Вовсе не предрешено, что наш ребенок окажется в числе подтвердителей тенденции. Всего лишь вероятно. Обратная вероятность тоже сравнительно высока.

Главный вопрос родителя: к какой же из этих вероятностей готовиться? Чему быть, тому не миновать? Или предупреждать, контролировать, смотреть в оба?

Ответ диктуется эмоциями, мне не известен ни один случай, когда возымели бы силу разумные аргументы.

...Десятилетняя Надя занималась «этим» с мальчиком чуть постарше. Кто-то увидел, сообщил матери.

Вера, одиннадцати лет, вместе со своей подружкой-однолеткой — то же самое с компанией сверстников.

У всех троих врачебными осмотрами было установлено, что ничего физиологически необратимого не случилось. Но психологически необратимое у двоих случилось. Надю мать изругала последними словами, прокляла и жестоко избила.

Мать Веры заметила, что девочка не спит ночами, то и дело с тревогой ощупывает свой живот. «*Что с тобой?*» — «*Мама, я теперь умру. Я беременна*». (Кто-то успел поведать, что от «этого» бывает беременность, а что такое беременность, недообъяснил.)

«*Мы с Тонькой... с ребятами на пустыре...*» Мать осталась внешне спокойной, постаралась успокоить и дочь. Повела к врачу... Страх «беременности» прошел. Имела, однако, неосторожность — из добрых побуждений — уведомить мать подружки. Реакция была, что и у матери Нади... Вера развивалась дальше нормально, впоследствии — счастливое замужество. Подружка же, как и Надя, благодаря «принятым мерам» осталась душевно искалеченной, выросла психическим инвалидом.

Смотреть в оба? Да. Но как можно дальше...

ЩУПАЛЬЦЕ САТАНЫ

В.Л., нашей дочери Оле 12 лет. Два года назад летом она отдыхала с бабушкой в Н-ске. И там нашелся один «симпатичный человек» (так писала бабушка в письмах), назвавшийся учителем, которому Оля очень понравилась. Он с ними гулял, купался, покупал Оле конфеты, и бабушка много раз оставляла девочку с ним. Он их даже провожал и подарил Оле свою фотографию. А когда они сели в самолет, Оля призналась бабушке, что он учил ее онанировать, показывал свои половые органы и т. д. и сказал, что убьет ее, если она расскажет об этом.

Мы, как могли, обсудили случившееся и сказали Оле, что это плохой человек и надо его забыть. Ничем не пугали, не наказывали, подробности не выспрашивали.

Нам с мужем казалось, что ребенок все забыл.. И вдруг опять зашла речь об этом.. Я поняла, что все это время девочка мучилась, пыталась что-то понять. Призналась, что занимается онанизмом. Я спросила: «Что именно ты делаешь?». — «Просто лежу сама с собой». Я сказала, что это пройдет, что все будет хорошо, а того типа надо забыть..

На этом разговор закончился. Но я чувствую, что у ребенка травма, что это беда, и не знаю, как быть. Может, показать врачу? Какому?. Муж собирается ехать вылавливать и убивать того гада, а я не сплю ночами, реву.. *Татьяна.*

Татьяна, мне понятно ваше состояние, сам бы того мерзавца-педофила придушил...

Ведете вы себя почти правильно. Только вместо *«надо* забыть» лучше уверенное «забудется».

Сейчас главное — по возможности успокоиться вам самим (мне тоже трудно не сказать «надо») и вычеркнуть из своего сознания слово «беда».

Беды нет, а есть неприятность, последствия которой минуют тем скорее, чем тверже вы оба с мужем будете в этом убеждены.

Имейте в виду: ребенок воспринимает не только прямые обращения и разговоры, но все, что у нас внутри, весь подтекст. От вашего настроя зависит многое.

Поэтому, как ни трудно, **забывать** вам придется вместе с дочкой и даже опережая ее — забывать, конечно, не в смысле полного стирания из памяти, этого не бывает — а в смысле преодоления боли и обнуления значения случившегося. Так и только так — изнутри — отрежется щупальце сатаны...

Сейчас девочка, хоть и замкнута, доверяет вам, и это самое главное, что поможет дальше. Вам самим важно знать и пояснить ей, что произошедшее — история не такая уж редкая. Те или иные травмы у детей, в том числе психосексуальные, в нашем нестерильном мире практически неизбежны, а любящие взрослые на то и существуют, чтобы их понимать и, по крайней мере, не усугублять.

ПРАВДА БОЛЬШИНСТВА, ЛЕВДА МЕНЬШИНСТВА...

Почему лет до 14-15 девочки дружат преимущественно с девочками, а мальчики с мальчиками?.. Почему стихийные детские стайки, как правило, однополы?..

Влечение с вопросительным знаком — вот отношение полов друг к другу до созревания.

Хочешь не хочешь, а в каждом классе и каждом дворе образуется при одном явном еще и по два тайных мирка, отделенных друг от друга незримыми, а часто и вполне видимыми перегородками.

Вон к той крепости за пустырем, сделанной из обгорелых ящиков и железяк, ни одна из окрестных красавиц и близко не подойдет, зато вот на эту скамеечку, что поближе к дому, ни один уважающий себя мальчишка не сядет. В мирках этих возникают свои устремления, свои жаргоны и микрокультуры...

NB! **Перед броском друг к другу две половины человечества должны накопить силу взаимного притяжения, а для этого временно размежеваться.**

Каждый ребенок неосознанно, но неотступно решает одну из важнейших стратегических задач целой жизни — отождествление со своим полом.

От этого будет зависеть и отношение к противоположному полу, и отношение к родителям и будущим собственным детям, и выбор профессии...

Случаи, когда это отождествление не удается, а удается обратное или никакое, не редки...

Доктор, мне нужен совет, это вопрос жизни и смерти. Мне 17 лет. Я испытываю влечение к людям своего пола. Когда мне было 15, я ждал очередь к окулисту в поликлинике, а рядом был кабинет сексопатолога. Я подумал: «Мне же туда..» Но не смог.. Какими глазами посмотрит на меня врач? Да не посадят ли меня еще в тюрьму?

Обратиться все же решился. Врач сказал, что мне мало чем можно помочь и для ослабления влечения выписал бромкамфору..

В первый раз я влюбился в детском саду в мальчика из своей группы. Тогда я еще не знал, что это влюбленность. В школе один раз в третьем классе влюбился в девочку-одноклассницу, но потом снова влюблялся в мальчиков, сначала только платонически, а потом по-другому..

Объясните мне, в чем причина моего порока — гомосексуализма, и как переделать свою натуру? Стоит ли дальше жить? *Саша.*

Саша, главное твое страдание сейчас не от того, что ты гомосексуалист, а от того, что мало знаешь.

Как среди правшей рождаются левши, так всегда и всюду рождается некий процент людей с влечением не к другому полу, а к своему. (А у некоторых влечения совмещаются, как право- и леворукость у «амбидекстеров».)

Вариант человеческой природы; мы не понимаем, зачем он нужен (очевидно, не для размножения), но это не значит, что мы должны считать его только пороком.

Многие гомосексуалисты отличаются великими способностями, вносят огромный вклад в культуру, творят прекрасное и прекрасны сами. Чувства какие угодно — не порок вовсе. Порочны только **действия**, если затрагивают других и оскорбляют **их** чувства, и насилуют **их** природу. Такие действия могут производить и люди с обычным типом влечения...

Сосредоточь силы не на непосильной переделке своей натуры, а на одухотворении.

Жить тебе предстоит дальше одновременно в двух мирах. Один — малый мир людей, **в этом** устроенных как ты и этим объединенных. Повсюду разбросаны сообщества гомосексуалистов, и внутри них (очень разных по духу и уровню) человек, подобный тебе (и мужчина, и женщина), может найти то, без чего не может...

А другой — Большой Мир, в котороми живем мы все, Большой Мир Общей Нормы и Разных Норм.

В Большом Мире разные нормы враждуют в сознании людей, и не в наших силах их примирить.

Задача твоя — найти **в себе** способ сосуществования их обоих: Большого мира и малого, части и Целого.

Помни всегда, что особенности твоих чувств тебя не исчерпывают. Половое влечение — только часть человека, и от тебя зависит, стать ли его низменным прислужником, рабом, роботом — или, отдав телу телесное, а духу духовное, найти **свой** способ прожить достойно...

Двойной счет

Незабываемо это событие, когда наше невинное чадо в первый раз приносит домой со двора или из садика нечто благоуханное. Реакции взрослых — от смеха до ремня. Но так или иначе в бытность детьми мы узнаем, что бывают слова обыкновенные, хорошие и бывают плохие, и что говорить, эти плохие слова — значит быть плохим и делать плохо другим.

А значит — нельзя. А почему?.. Почему нельзя произносить и писать слова, обозначающие всем известные части тела и действия, с ними связанные? Кто придумал эти негодные слова и зачем? Кто автор мата?.. Почему другие слова, обозначающие то же самое, говорить можно? Слово «спаривание», например, считается приличным, употребляется в учебниках. А ведь?..

Почему, почему?.. Не всякий взрослый ответит на эти вопросы. Далеко не всякому они и приходят в голову.

Взрослые просто хорошо запомнили, выучили, какие из придуманных ими слов говорить можно, а какие нельзя. Но иногда забывают...

Из рассказа одного недовзрослого матерщинника.

— Воспитали меня на литературной речи, на классической музыке, на математической строгости в моральных вопросах. Никогда ни одного недостаточно интеллигентного словца в семействе не проскользнуло.

А вот теперь небольшим начальником на своем участке работаю, и такая кругом математика, что хоть с заткнутыми ушами ходи. Самое интересное: люди в большинстве неплохие, отчасти даже культурные. Что делать прикажете? Протестовать? Жаловаться?

Перевоспитывать? Были попытки. С единственным результатом: утратой доверия, от чего страдал и заработок. В радиусе двух метров воздерживались, но не далее..

Задумался: может, воспитали меня чересчур стерильно? Может, чего-то не постигаю? А если попробовать овладеть предметом?..

Попробовал: муть, дрожь под ложечкой. Попробовал еще раз: стошнило.. Но вот теперь, после трехмесячного мат-тренинга матюгаюсь таким автоматом, что не могу удержаться ни с родителями, ни с любимой. В интимные моменты она затыкает уши и, блин, не верит, что я, блин, по обеим родительским линиям, блин, дворянин седьмого колена..

В пятом классе на одной парте могут оказаться отменнейший специалист по непечатному лексикону и строжайший пурист, краснеющий при одной мысли о слове, совпадающем с уменьшительным обозначением попугая. К десятому может произойти обмен ролями...

Я знал одного десятиклассника, сильного парня, не дававшего спуску никому, кто позволял себе грязно выражаться в присутствии особ женского пола. Вступал в рукопашные с целыми компаниями. И он же, этот рыцарь, в обществе однокашников, если только поблизости не было женских ушей, матерился без удержу.

Я спросил его как-то, почему такое рассогласование. — Мы мужики. Между нами можно. — А почему между ними, я имею в виду женщин, нельзя? — Ну... Так принято. — Почему? — Им не нравится. Это их оскорбляет...

Я знал, что он был слабым, пока не занялся спортом; что у него запойный отец; что он нежно любит мать...

— Не думал, зачем это тебе? — *Да так... Без мысли.* — Чему-нибудь помогает? — *Да вроде бы... Ну, свободней... Ничего такого, без мысли. А еще когда злишься, как выхлопной газ выходит. Разрядка, ну.* — А фальши не чувствуешь? Двойной счет: при дамах чистенькие, между собой грязненькие. — *Не думал об этом...*

«Без мысли» — вот основное.

Сквернословящих можно разделить на две категории. Одна — те, для которых мат служит выхлопной трубой разного рода чувств. Злоба, досада, растерянность... Есть и те, кто таким способом, за неимением иных, выражают одобрение, изумление, даже нежность.

Другие же матерятся по той лишь причине, что это принято в их среде. Без мысли и даже без чувства. Сигналы связи, визитные карточки. Как сказал генерал Лебедь: матом мы не ругаемся, мы на нем говорим.

Развратники и сексоманьяки обычно не сквернословят. Матерщина — это слова, а они заняты делом...

Одна из загадок массовой психологии. Ключ к ней — в в древнейших запретах, табу, кочующих из рода в род и связанных со всегдашней нашей потребностью отличать своих от чужих. Слова попадают под табу в результате дрейфа значений, смещений смыслов. (Как, например, ругательство «б....», ранее бывшее рядовым словом.) Происходит и обратное: запрещенные слова получают прописку в словаре, чему в последнее время успешно способствуют наши СМИ и литература...

Все это любопытно для тех, кто, желая противостоять хамству и мерзости, хочет иметь опору в понимании, а не только в своих оскорбленных чувствах.

Нравоучение — жанр, в котором еще никто не преуспел...

ЯДЕРНОЕ ИСПЫТАНИЕ

Вот и подросток, вот-вот начнется... У каждого график свой. У некоторых девочек уже в 10 -11 возможна беременность. Одни мальчики в 13 уже с усами, другие еще цыплятами идут в армию.

Если вспомнить, как это было у нас... Если снова погрузиться туда, в наши глупые трудные времена...

Вдруг оказываешься, как во сне, в какой-то темной пещере, несущей тебя то ли вверх, то ли вниз... Не понимаешь, что с тобой делается, — то как струна натянут, то неуклюж, как мешок с кирпичами...

Мы не сознавали, что это времена трудные и глупые — все времена такие. Мы не знали, чего хотели от старших, кроме безнадежного: чтобы не лезли...

Сейчас ясно — вот если бы объяснили вовремя, спокойно предупредили... Не только об *этом*, но и вообще... О любви, о себе, о жизни... Только без навязываний и поучений! Только не считая за маленького!..

Да, чтобы объяснять, нужно знать; но еще важней — осознать собственное недо-знание — то, чего не постиг и что теперь наблюдаешь как ядерное испытание. Только взрыв этот уже не в тебе, а в том, кто получился из твоего... Длящегося, может быть, и по сей день...

Приходят месячные, должны приходить — что это такое? Почему и зачем?.. И из врачей мало кто знает, что это наследие тех времен, когда мы были океанскими жителями, чье тело строилось и жило по приливно-отливным ритмам. Заметна и сейчас связь с лунными фазами...

Ничего не знаем о смысле оволосения, кроме того, что это смахивает на шерсть. Не знаем, почему и у мальчиков на некоторое время вспухают, твердеют и болят грудные железки. Действует какой-то гормон, но зачем?..

А откуда вдруг эротические сновидения? Как случается во сне то, чего в жизни не было, быть не может, чего и вообразить невозможно?..

Поллюция — буквально значит «загрязнение», «осквернение», а ведь это лишь выход семени, чистой природной живой материи, подобной цветочной пыльце.

Цветение — существо природное ликует, гордится, открывает себя — а у нас муки стыда, смятение, ужас... Как глуп человек!.. Неужели не поумнеем?..

Айсберги доверия

Секс сексом — а вдруг грянет и в тринадцать, и в десять, а то и в шесть, в пять — любовь, самая настоящая, жестокая и безнадежная, даже если взаимна...

Научить, помочь?.. Дай бог не покалечить.

Доверительность — лучшее, на что можно надеяться, но и в Океане Доверия много айсбергов... Опасностью может стать и чрезмерное доверие ребенка родителю.

На поединок с судьбой каждый должен выходить в собственных доспехах...

Как раз когда есть доверие, а значит, царствует и внушаемость, и зависимость — самое разумное — попридержать свои суждения и прогнозы, даже как дважды два ясные... Язык на замок, жалость на цепь!..

Трудно, невероятно трудно! — Но хоть на десятую...

Большинство родительских (да и всяческих) предсказаний сбывается не потому, что они верны, а потому, что дети им верят, даже когда стараются опровергнуть.

Заготовка
Для разговора с подростком

— Думаешь, опять собираюсь воспитывать? Хватит, воспитывай теперь ты меня... Я серьезно, прошу помочь, без тебя не справиться. Понимаешь, мне нужно себя понять. А чтобы понять, нужно вспомнить... Мешает моя взрослость, моя, понимаешь ли, окостенелая личность.

Хочу вспомнить себя в твоем возрасте. Все, все, ничего не упуская, не обходя и самых секретных секретов, которые скрывались и от себя. Вот-вот, это... Себя ведь и боишься больше всех, и меньше всех знаешь... Я себя и сейчас не знаю, просто чуть больше опыта... Если бы можно было своевременно поговорить со знающим другом...

Старшие редко понимают, как трудно младшим, потому что не хотят помнить, какими были. А я хочу вспомнить свою любовь, да, в твоем возрасте у меня была уже любовь. Вспомнить, чего приходилось стесняться, бояться, тайно желать... Помоги мне вопросами...

Может быть, легче будет задать вопросы, если представишь себя доктором? Или моим родителем, предком?.. Такое представить трудно?.. Ну а будто ты просто мой друг, старший друг, а я мучаюсь, жажду спросить, но стесняюсь, боюсь, что осмеешь, застыдишь или, что всего хуже, начнешь читать проповедь...

...Вспоминаю... Сначала только любопытство, еще непонятно к чему. Хотелось только узнать, выяснить... Но почему-то уже было страшно, волнение... Как будто спало внутри неведомое существо и начало просыпаться...

Первый раз: несвоевременно, неуместно, не так, как представлялось, не как полагается... Ненормально?!..

Теперь-то я знаю: тревога эта обычна, бывает она у каждого, в ком растет не только животное...

В тебе просыпается зов следующих поколений, быть может, несравненно более совершенных, чем ты, — как не бояться?.. Это была тревога за Тебя!

Но тогда эта причина, самая сокровенная, не сознавалась. Крутились неотвязно только самые пошлые глупости: «А что, если узнают? А как теперь я выгляжу, какое произвожу впечатление? Что сказать и что делать, если...»

— А у тебя как? — хотелось спросить у кого-нибудь. — И у тебя тоже?..

Никто не объяснил, что эти желания чисты и святы, потому что это главное влечение жизни — жить, продолжаться — влечение, без которого не было бы ни тебя, ни меня, никого. Зато более чем хватало внушений, что это стыдно. Если бы знать, что врачи считают ненормальным как раз отсутствие влечения, и что это тоже не так!

Если бы объяснили, что у каждого своя жизненная стезя, своя тайная мудрость, своя норма, свой путь!..

Что счастье не в следовании заповедям и не в кайфе их нарушения — а в следовании Себе в самом полном смысле — Себе Вместе Взятому!..

Первая нелюбимость

ИЗ РАССКАЗОВ ДЛЯ СЫНА

Каждый несчастлив в одиночку...

Еще будучи маленьким мальчиком, я впервые влюбился, влюбился страстно, беспомощно. У меня эта любовь не была счастливой, в меня запало неизгладимое болевое ощущение, что меня не любят и никогда не полюбят, что я не достоин любви. Даже когда меня любили потом, я этому не верил...

...Мне было неполных восемь, когда появилась Она — моя первая девочка, которая не была моей. Беззащитная и наивная, рыженькая, веснушчатая, резвушечка-хохотушечка, на год младше меня. Имя ее было Галя, а звали все почему-то Гулей, Гулькой.

Мы познакомились летом на подмосковной станции Валентиновка. Жили на соседних дачах. Каждое утро я из окна видел, как она в розовой легкой пижамке или в одних трусиках, потряхивая рыжей гривкой и щебеча, сбегает с крыльца к рукомойнику.

Святой Валентин, покровитель влюбленных, окружил мою первую любовь сплошным невезением.

Стояло цветущее лето, а я заболел коклюшем, да еще зачем-то меня побрили наголо, и отражение в зеркале говорило мне: «Урод ты какой-то». И вдруг я безумно влюбился в Гульку, и через день все это уже заметили, уже посмеивались надо мной, а она...

«Володька, хи! Он такой лысый, такой смешной», — услышал я однажды ее слова, притаившись за забором. Это подружки сплетничали, кто в кого втюрен.

Она кокетничала чуть-чуть и со мной, но на площадке, где играли все дети, старалась быть с двумя другими, более симпатичными и ладными ребятишками.

И вот как-то, когда она в очередной раз в игре предпочла Борьку и Мишку, я вдруг ужасно заревновал и, не помня себя, ударил Гульку, больно хлестнул прутом по голеньким ножкам!..

Я сам от себя этого не ожидал.

Она заплакала. Все меня испугались и разбежались. Я внезапно остался один. Навсегда запомнился этот миг — с ревом убегающая Гулька, ребята, с ужасом смотревшие на меня как на сумасшедшего...

Все. Я — один. И я совершил преступление. Я девочку ударил, беззащитную, ни в чем не виновную.

Совершенно подавленный, я поплелся домой. Ужас вины, любовь, жалость к Гульке, раскаяние — все смешалось во мне, и впервые возникла мысль — покончить с собой. Я не спал всю ночь, писал ей письмо, полное отчаяния и мольбы о прощении. Я объяснял, что все случилось потому, что «я очень тебя люблю, ты не знаешь... Я тебя спасу, я за тебя жизнь отдам...»

Нарисовал вместо подписи красивый кораблик. Под утро, набравшись храбрости, положил письмо к двери ее дома. И опять мне не повезло: не успел я отбежать, как пошел сильнющий дождь и бумажку с моим посланием размолотил. Весь вымокший и дрожащий, я сидел за сарайчиком, ждал, когда же она выйдет...

Дождик кончился, посветлело, и к ней на крыльцо прибежали две девчонки-подружки. Вышла и она, милая, улыбающаяся, еще сонненькая.

Они посмотрели на этот размокший листок, ничего не поняли, похихикали и порвали... Все!

Так и не признался ей, прощения не попросил...

Потом долго искал... (Помню, она говорила, что живет на Ново-Басманной улице.) Но больше не встретил. а любовь жива до сих пор...

Единственным утешением оказалось то, что, как скоро выяснилось, любил мою девочку так несчастно не я один... Я узнал об этом, когда она и остальные ребята к концу каникул разъехались, и мы остались вдвоем с одним местным мальчишкой, Славкой, который тоже играл в нашей компании.

Как-то мы коротали вечер вдвоем и заговорили о том, кто кого любит. Я признался, что люблю одну девочку. Славка сказал, что тоже любит девчонку, и спросил: «А ты угадаешь, кого я люблю?..» И тут мы посмотрели друг на друга и в один голос воскликнули: «Маленькую Гульку!»

Не описать это душевное облегчение, этот внезапно вспыхнувший свет!.. Мы вдруг ощутили, что мы — товарищи по несчастью... или по счастью...

Наверное, только в детстве возможно соперничество-наоборот?.. Может быть, потому, что предмет любви удалился в недосягаемость?..

Дружба наша была короткой и дивной — глоток волшебного эликсира: мы оба вылечились от тоски и снова стали обыкновенными озорниками.

Ни эта моя любовь, ни последующие две, не менее страстные и несчастные, не имели касательства к сексу, бушевавшему как бы в другой, параллельной жизни. К полу — бесспорное, а к похоти — ни малейшего.

Слияние разных уровней человеческого существа — тела и души — великое таинство, без благоволения Свыше оно может и не состояться...

ЗДРАВОЛОГИЯ

10

о телесном и душевном здоровье ребенка

про еду, про отказ от еды, про режим,
про болезни и про закалку,
про насилие маленькое и большое...

Рисовал дядя Володя Леви

Вот и с духовной пищей так же...

*Заставлять ребенка спать или есть,
когда ему не хочется, — преступление.*

Януш Корчак

ВВЕДЕНИЕ В СКУКОВЕДЕНИЕ

Книгу с названием «Скука. Психологическое исследование» я приобрел в букинистическом, долго читал, в основном, за едой. (Как только вышел из-под опеки родителей, сразу пожизненно окунулся в долгозапретную привычку читать жуя. Если бы современные дети хотя бы через одного возымели этот порок — какой культурный рывок мы получили бы!..) Потом попросил на денек просмотреть Д.С., как всегда, зачитал...

Вышла в свет эта книжка еще перед первой мировой войной. Автор, если не ошибаюсь, г-н Иванов-Охрюндеев, взял на себя труд рассмотреть все виды скуки своего времени, как-то: скука в городе и деревне; скука вялых и темпераментных женщин, скука мужчин молодых, старых, холостых, женатых; утренняя и послеобеденная скука чиновников; скука от сознания смертности... Напророчил будущее: с прогрессом человечества, утверждал г-н Ив. — Охр., будет прогрессировать также и скука.

Читая, ВПС (ваш покорный слуга) сообразил, что до сих пор неведомо для себя страдал восемнадцатью разрушительными видами скуки. Заинтересовался, занимается ли кто-либо ныне целенаправленным изучением скуки, чужой и своей. Как развивается скуковедение, в чем состоит прогресс скукологии?

По этим вопросам у нас с Д. С. и состоялся небольшой симпозиум у него дома.

— **Очень интересно...** — вяло пробормотал Д. С., нашаривая что-то на продуктовой полке. — **Вчера на этом месте был кекс, а сегодня... гм... какая-то окаменелость... «Скуку» верну как только найду... Кажется, кто-то на «Пятачке» ее нечаянно приласкал... Можем уже начать, да?..**

— Устраним прежде всего односторонность подхода, — начал ВПС в мягко-парадоксальном стиле Бертрана Рассела. — «Все жанры хороши, кроме скучного» ,— никак не могу согласиться с этим демагогическим афоризмом. Кое-какие скучные жанры я, например, решительно поддерживаю и категорически одобряю. Мало ли кому что покажется скучным по недостатку образования или воображения. Мне вот, скажем, представляются скучноватыми папуасские языки, а ведь на самом же деле интересно необычайно, ведь правда?..

— Я слышал, этих языков что-то около сотни, а папуасов раз-два и обчелся... И куда им языков столько... Кроме позапрошлогоднего кекса и варенья из прошлого тысячелетия закусывать нечем, уж не взыщите...

— Ничего-ничего, привычно... Далее, хорошо известно, что наряду с другими состояниями внутренней неудовлетворенности, такими, как, например, хандра, — о чем вы, коллега, в свое время упомянули, — скука является мощным стимулятором жизнедеятельности и творчества. Эйнштейн мечтал о должности смотрителя маяка... Болдинская осень...Евгений Онегин, бежа от скуки...

— А мой подход предельно прост. Вам скучно? Скука — диагност! — перебил Д. С., внезапно войдя в рифмотранс. — **Безмыслие, занудство, пьянь и всякая другая дрянь, безлюбие, бездарный секс, невкусный, как вот этот кекс, и добродетельная ложь, тупая, как вот этот нож, — все, все эти мутные речки, поштучно, вливаются в тупиковое «скучно»! Скука — боль Духа!**

Выйдя из транса, Д. С. скучным голосом обратил внимание на юридический аспект. Скука, отметил он, не преследуется законом. Есть вещи, которые запрещено отрицать, осуждать, хвалить, вспоминать, делать-не-делать, но нет таких, от которых запрещено скучать.

В то же время, — продолжал он, — **скука есть самое жестокое наказание и для скукогенератора (источника скуки), и для скукоперцепиента (объекта скуковоздействия). Разумеется, не всегда можно показывать, что тебе скучно, но всегда можно показать скукиш в кармане. Скука — приговор окончательный и обжалованию не подлежит. У детей, во всяком случае, дело обстоит именно так. Это очень хорошо, что сейчас нам скучно,** — добавил Д.С., успокаиваясь и начиная деревенеть.

Разговор стал посекундно скучнеть — пошла цепная реакция скуки, когда воздух сереет... Додумались, уже едва ворочая языками, что состояние скуки есть самое настоящее гипнотическое состояние. Скука нас очаровывает, только с обратным знаком: сперва насилует, вынуждает смириться, принять как судьбу, как неизбежность, как смерть, затем усыпляет, парализует...

Вспомнив классические описания скуки корабельной, скуки больничной, скуки домашней и скуки тюремной, почерпнутые из упомянутой книги, ВПС сонно подчеркнул, что в основе скуки лежат объективные условия скукозадающего бытия.

— **Чтооо?!?!?!.. Чепуха! Ерунда!** — Д. С. вдруг взрывно очнулся. — **Какая чушь! Ахинея! Абракадабра! Скука не имеет ровным счетом никакой объективной основы! В природе скуки вовсе нет! В природе скука просто бред! А скучен, как на месте бег, один лишь Скучный Человек!**

Гомо Скукиенс!

— А откуда же происходят скучные гомоскукиенсы?

— **Не из природы. Оттуда же, откуда и скука.**

— ?..

— **Скука живет в животе у непонимания.**

— В животе?!

Продолжение следует на с.392

ВЕЛИКАН С ЛОЖКОЙ

В.Л., вам пишут, наверное, в основном мамы да бабушки. А вот я прабабушка, дожила. У моего внука Игоря есть девочка Ирочка, 6 лет. Плохо кушает. Мать ее сердится и поступает так: дает хлебушка в ручку девочке, берет ложку, набирает супу: «Кусай! Жуй! Глотай!» Но Ирочка не жует и не глотает. Мама сует ложку с супом насильно в рот. У Ирочки раздутые щечки, мама кричит, Ирочка смотрит на меня, взглядом просит защиты от мамы. Я, прабабушка, говорю: «Не хочет — не надо, проголодается — попросит сама». Мама мне: «Не суйтесь не в свое дело». Ирочку рвет. Мама бьет ее. Ирочка плачет.

Я говорю: «А мы, было время, плакали, что есть нечего. Получали хлеба по сто граммов на сутки, по крошке щипали, сосали, как конфету, черный, ржаной». Мама Ирочки говорит: «И что хорошего из вас получилось?»

Кто из нас прав? Или обе неправы?

Правы вы, уважаемая прабабушка. Мама же Ирочки, надо сказать, ведет себя как невежда и хамка. Уродует психику и подрывает здоровье своей дочки... А в то же время всей властью над правнучкой обладает она, Ирочка от нее пока что во всем зависит. Я бы посему вам пожелал не вступать с внучатной невесткой в споры и не пытаться ее учить и поправлять напрямик: кроме потери нервов, это, увы, не даст ничего и только ухудшит отношения, усугубит напряжение.

Попробуйте спокойно поговорить со своим внуком, отцом Ирочки — если он не подкаблучник и если любит ребенка, он внемлет вашим здравым доводам и скажет жене свое слово... Если же нет на это надежды, вам остается наблюдать происходящее по возможности спокойно, стараться сглаживать острые углы и молиться за всех...

МИНЫ В ГЛОТКУ

А вот письмо из советской эпохи, написанное на советском языке, от советского дедушки, который, важно заметить, в определенной пропорции характерен для всех эпох и явление такое же вечное, как и скука.

Уважаемая редакция «Семья и школа»! Мы прочитали отрывок из книги т. В. Л. Леви «Нестандартный ребенок».. Глава «Как не надо кормить ребенка» вызвала целый ряд споров. Отец нашего восьмилетнего внука требует от нас выполнения всех пунктов этой главы. А мы (мать, бабушка и я — дедушка) с ними не согласны.

Начну с пункта I — «Не принуждать».

Со времен нашего детства и по сегодняшний день мы слышим по радио, читаем и твердо усвоили, что режим для ребенка — основная заповедь его воспитания. Во всех лагерях, санаториях и других учреждениях требуют строго соблюдать режим питания и ни в коем случае не отклоняться.

Наступило время завтрака, обеда, ужина — иди, никто желания ребенка не спрашивает. Из пункта же I следует, что не хочешь — не ешь, а когда захочешь — иди ешь. Так понял этот пункт отец нашего ребенка.

Из своей практики мы знаем, что если ко времени принятия пищи ребенок занят интересной игрой, он не ощущает голода, а если и хочется ему кушать, то ведь в данный момент ему больше хочется играть..

Как же быть? Пусть играет? Но ведь так бывает почти каждый день. Значит, сегодня он будет обедать в 14 часов, завтра — в 15, а то и в 16? А когда же ужинать?

Вот пришел ребенок из школы, вскоре должен быть обед, так чего же его спрашивать о его желаниях? Настало время — иди кушать. Если же все обедают, а он занят другим, то кто же его кормить будет?

Теперь в отношении меню. Мы считаем, что ребенок должен есть все, что приготовлено, а не капризничать: «Этого я не хочу, дайте то, что я хочу, или я вообще есть не буду». Если пустить ребенка на самотек, то он скоро заболеет желудком.. *(На этой фразе до меня и дошло, что имел в виду Д.С., когда заявил, что скука живет в животе у непонимания.)*

Уважаемые бабушка, дедушка, мама! Вы ничего не написали об особенностях вашего ребенка, кроме того, что ему больше хочется играть, чем обедать.

Это характерно для сытых детей. Можно радоваться — ребенок упорно желает оставаться здоровым.

Прошу вас ответить себе (себе!) — станете ли вы есть, не спрашивая себя о своем желании, без аппетита, давясь от отвращения, только ради соблюдения распорядка? Всегда ли будете преодолевать разыгравшийся аппетит только потому, что до обеда осталось, допустим, еще восемнадцать минут?..

ТРУДНО ВОСПИТЫВАТЬ РОДИТЕЛЕЙ

НЕПОНИМАЮЩИЙ МИР

Здравствуйте, дядя Володя Леви! Прочитала вашу статью, что нельзя насильно кормить детей. Но меня по-прежнему бабушка и мама заставляют есть силком, а я не хочу. Они угрожают наказанием, бьют, истязают пищей. Как мне быть? Помогите, дядя Володя, убедите их, ведь я стала толстушкой, и мальчишки смеются надо мной.

Катя, 9 лет, 3 класс, отличница.

Здравствуй, Катя! Постараюсь помочь хотя бы письмом. Но воспитание родителей — задачка не из простых, сама знаешь. Они ведь только кажутся взрослыми!.. Я знаю разных детей и родителей, очень разных. И скажу тебе: все родители, бабушки и мамы желают своим детям только самого лучшего. Но многие просто не знают, что делать и как, чтобы было хорошо. И делают ошибки.

Даже когда человек много знает, все равно ошибается. Но если только человек поймет свою ошибку, он ее, конечно, постарается не повторять.

Особенно если любит того, кого по ошибке обидел...

Не расстраивайся, что «стала толстушкой».

Если ты немножко или даже множко толще, чем другие или чем тебе хотелось бы, не беда. Я, например, был в детстве одно время толстый и очень расстраивался, казалось, все только и смотрят, какой я, и смеются. (По глупости я еще тогда боялся смеха.) А на самом деле на меня и внимания-то почти не обращали. Раз только какой-то умник сказал: «У, жирный», — и все.

Я думал тогда, что похудеть — это главное в жизни... А потом стал заниматься зарядкой, бегал, катался на коньках, играл в мяч, танцевал и нечаянно похудел. Теперь даже хотел бы потолстеть, не получается.

Еще, Катя, расскажу тебе как мальчишка один наш секрет. Знаешь, почему мы смеемся над девчонками? По двум причинам. Первая: по глупости. Умнеем чересчур медленно. Вторая: от страха. Боимся, что девчонки будут над нами смеяться, стараемся опередить. В общем, тоже от глупости. Таков, Катя, наш глупый Непонимающий Мир. Но поверь: кто худой, кто толстый — для нас, мальчишек, ей-богу, не важно. Главное, чтобы девочка была добрая, веселая и чуть озорная, пускай и стеснительная.

И чтобы не была занята только собой...

То, что ты отличница, хорошо. А я тебе желаю еще и жить интересно и быть счастливой. Пока!...

НЕЛЬЗЯ ПРИНУЖДАТЬ К ЕДЕ!

Заставлять есть — противоестественно! Ни одно существо в Природе не ест по принуждению и не принуждает к еде детенышей. Можно, а иногда НУЖНО принуждать только НЕ есть. В том или ином случае — болезнь, аллергия, необходимость режима, иногда даже и в наказание.

(Сегодня, например, по случаю особо выдающихся успехов в поведении обойтись без мороженого.)

Принуждение в еде — только с частицей НЕ!

Что такое аппетит, чувство голода? Не только сигнал потребности в еде. Еще и сигнал ГОТОВНОСТИ принять пищу. Депеша желудка: *«Выделяю ферментные соки!..»* Послание ото всех клеток тела: *«Предыдущая пища усвоена, нуждаемся в новой!..»* Приказ мозга: *«Всем-всем-всем и себе самому включительно! Пора подкрепиться!»*

А что такое еда без аппетита? Насилие над организмом: наполнение пищей, которую он НЕ ГОТОВ усвоить.

Принуждая ребенка есть тогда и то, что считаем необходимым МЫ, а не его организм, рискуем просто-напросто отравить его. Слишком сильно сказано?..

Острые отравления всем известны: проявляются бурно. А хронические могут иметь вид безотчетных недомоганий, непонятных простуд, головных болей, немотивированной конфликтности, капризности или вялости...

Войдем в положение человека, ежедневно много лет подряд принимающего пищу не потому, что это нужно ему, а потому, что это нужно кому-то другому.

(«Ну, за маму.. За папу.. За дедушку.. За того мальчика..»)

Как он впоследствии сможет отличать истинные, СВОИ желания от чьих-то посторонних, навязанных — потребности от псевдопотребностей, — когда все сбивается и путается на корню? «Почему он стал пить?» «Почему курит, ведь это так отвратительно?!» Почему?.. Поищите одну из главнейших причин в раннем детстве, когда он стал есть, несмотря на то что это ему было отвратительно.

«Почему ничем не интересуется, ничего не желает делать, ни к чему не стремится?»

А знакомо ли вам слово «пресыщение»? Знаете ли, как оно всесторонне?..

Запомним: ребенок, систематически принуждаемый к еде, неизбежно вырабатывает негативизм, отрицательное отношение, — и не только к пище.

«*Эти взрослые только и делают, что заставляют есть... Только и делают, что заставляют...*» Детство — время обобщений. Отвращение к еде легко переходит в отвращение к людям, в негативизм ко всему и вся. Представим себе на миг, что весь мир стал Навязывающим, Принуждающим... Ежедневная необходимость сопротивляться, сдаваться или притворяться сдающимся...

— Насчет кормления у нас вообще проблемы не было, — пишет мне читательница, счастливая мама двоих выросших здоровых, жизнерадостных дочек.

— Как бы и кто бы меня ни убеждал кормить детей по часам, я кормила только тогда, когда они действительно захотят есть.

И не надо было кушать за маму, за папу, не надо было прыгать вокруг них козликом и рассказывать сказки для улучшения пищеварения. Я рассуждала так: если бы рядом со мной сидел великан и совал мне в рот ложку, когда я не хочу есть, что бы я сделала? Я бы выплюнула все, бросила в него ложку и убежала!»

Благонамеренные принудители, имейте в виду: своим каждодневным насилием вы подавляете у ребенка способность наслаждаться жизнью и радоваться — святое право каждого существа.

Убиваете аппетит к жизни, способность к любви и счастью. Закладываете мины и под телесное здоровье, и под душевное...

Режим — для ребенка!

Да, режим — это хорошо. Да, мы за режим!

Но в своей *способности* к режиму и ритму жизни дети (и взрослые) так же различны, как и в любых других способностях. Одним дается легко, другим трудно, а третьим и вовсе нет — и того хуже: противопоказан!

«Ритмики» и «дизритмики» выявляют себя уже с младенчества. С одним никаких проблем, функционирует как часы. С другим круглые сутки наперекосяк.

«Болен... Ненормален?!».

Нет, мама и папа, нет, бабушка и дедушка. Совсем не обязательно болен. Может быть, даже наоборот: здоровей многих прочих. А просто он вот такой, такая его природа.

Трудно, конечно. Приспособлять надо? Надо. Но...

Взвесим спокойно: что приносит больше вреда: отсутствие режима, его усложненность и переменчивость — или изнурительная и бесплодная борьба за режим простой, солдатский, удобный для взрослых и пыточный для ребенка? Самотек или война с самотеком?..

Упертых фанатов расписания хочется иногда спросить: а зачинали и рожали вас тоже по расписанию?.. Взглянув на часы — ать-два?..

«Можно ли позволять ребенку в любое время, когда ему захочется, хватать колбаску, яблочко, бутерброд, конфету, печенье?»

Ответ первый. Нет, лучше не позволять. Непорядок: перебивает аппетит, нарушает режим, дойдет и до распущенности. Наконец, накладно.

Ответ второй. Да, иногда — можно и даже нужно.

Вдруг в самое неподходящее время сильнейшее желание есть, волчий голод. Почему вдруг, откуда?.. Десятки возможных причин: сильный расход энергии, перебегался или недоел, спад возбуждения, перемена атмосферных условий, вызвавшая понижение сахара в крови...

Есть дети, имеющие потребность в частой еде.

Есть стремящиеся по непонятным причинам (вполне сыт!) постоянно что-то жевать, грызть, мусолить, сосать (включая, увы, и собственные пальцы). Не очень приятно, что и говорить. А причины?..

У некоторых — признак расстройства обмена, недостатка неких веществ. У других — свидетельство невроза или депрессии. (Не заметили ли, что ребенок стремится жевать-грызть-сосать в периоды ссор, неудач и тревог? Не подозреваете ли, что чувствует себя нелюбимым?..)

Ну, а у третьих... Вариант нормы. Так называемый травоядный тип, родственный жвачным и грызунам.

В тысячный раз напомним: ребенок — живое природное существо высшей сложности, а не автомат.

Не ребенок для режима, а режим для ребенка.

НЕ МЕШАТЬ ВЫЗДОРАВЛИВАТЬ

Нет вопроса, когда по ясным причинам (аллергии, расстройства пищеварения....) должны быть исключены из питания те или иные продукты, тем более если опыт уже показал, что они для ребенка опасны.

Сложнее — когда есть по врачебным предписаниям НУЖНО, а ребенок НЕ ХОЧЕТ — или вообще, или как раз показанное и предписанное.

«Смотрите, какой худой, слабенький — и ничего не ест, не впихнешь!..» «Доктор рекомендует лимоны, а ее от одного вида лимона рвет». «Малокровие, а не ест мяса»..

Больной отказывается от лекарства. Как быть?..

Разница между «обвиняющим» и «виноватым» родителем в таких случаях выявляется с кинематографической четкостью. «Обвиняющий» идет напролом: применяет силу, посулы, угрозы, обман — надо — значит надо, и все!

«Виноватый» разводит руками, льет слезы...

«Ну как же, как все-таки быть?.. Решите же наконец! Предпишите!»

А вот и нет. Однозначно не решишь, не предпишешь. Однозначность опасна.

Отказ от еды при болезни — проявление мудрости организма: защита от шлаков и обменных нагрузок. Все звери, пока болеют, особенно в острый период, отказываются есть или едят очень мало и очень избирательно.

Но изредка нежелание есть — особенно в период, когда болезнь сходит на убыль, может быть и проявлением глупости организма: инертного нарушения саморегуляции; иногда — после повторных рвот, после болей в животе и других неприятностей — появляется и невротический страх перед едой...

И тут уже **можно** помочь: попробовать легко, безнасильно склонить к еде уговором, игрой, примером...

Ребенок — звереныш: чувствует свою пользу лишь тельцем, умишком не понимает.

Но понимают ли взрослые, думая, что понимают?!..

Рискуем — и настаивая, и уступая.

Но все-таки меньший риск — уступать сопротивлению ребенка, особенно если оно проявляется такими резкими симптомами, как тошнота. И природа ошибается, но гораздо реже, чем доктора. А природа ребенка умнее природы взрослого, потому что еще не так испорчена.

Сейчас плохо ест, чтобы хорошо есть потом. Худеет, чтобы поправиться. А когда?.. Природа подскажет.

ВНИМАНИЕ! ПРИ НАРАСТАНИИ НЕДОМОГАНИЯ,
ПРИ ПОВЫШЕННОЙ ТЕМПЕРАТУРЕ,
ПРИ СИЛЬНОЙ ГОЛОВНОЙ БОЛИ,
ПРИ БОЛЯХ В ЖИВОТЕ, ТОШНОТЕ, РВОТЕ, ПОНОСЕ
НИКОГДА НЕ НАСТАИВАТЬ НА ЕДЕ!
ДАЖЕ НЕ ПРЕДЛАГАТЬ — **ОПАСНО!**

Детский сад или Депрессад?

В.Л, нашей Машеньке 6 лет. В этом году она впервые пошла в детский сад (до сих пор росла с бабушками). Девочка была коммуникабельная, но сад абсолютно не восприняла и через два месяца мы заметили, что она сильно нервничает и, что нас особенно беспокоит, стала систематически вырывать волосы на голове. Нам пришлось остричь ее наголо. Просим совета.. *Вера, Андрей.*

Жаль, Вера и Андрей, что вы заметили нелады с таким запозданием, два месяца девочка страдала без поддержки и впала в депрессию.

Вырывание волос на голове — один из признаков загнанной вглубь тоски. Симптом этот появляется у детей, в отношении к которым со стороны старших преобладает отчужденная «ответственность» и контроль, а живое тепло, игра, ласка — недодаются...

Похоже, вы занятые люди: сперва кинули ребенка на бабушек, а потом, опять же с изрядным запозданием, в сад. Бабушки баловали, а в садике наоборот — получилась пересадка из рая в ад, в депрессад...

Девочку сейчас нужно забрать, во всяком случае, из **этого** сада, где явно не задалось. И постараться уяснить, почему же не задалось. Что там за обстановка, каковы воспитатели, персонал, какие дети в группе, как относились к Маше, как она реагировала на то и на се, что чувствовала, какие трудности испытывала? (Часто такие вроде бы простые дела, как пописать-покакать, в саду с непривычки превращаются в тяжкую проблему...)

После восстановительного отдыха можно начать водить Машеньку в какие-нибудь группы предшкольной подготовки. Может быть, и в другой сад, где атмосфера благоприятнее — в этом надлежит убедиться заранее, подготовить почву; предварительно сходить туда вместе, познакомиться с воспитателями, поиграть с детьми...

Об одной из причин депрессии можно догадываться: девочка сразу попала в окружение детсадовцев старшей группы, вероятно, уже хорошо знакомых между собой. Даже общительному и уверенному в себе новичку такое внезапное погружение может обернуться боком.

Если не можете вернуть девочку на месяц-другой к жизни домашней — старайтесь чаще устраивать ей выходные, пораньше забирать домой, побольше общаться, играть, бывать в разных других местах... В садике как можно плотнее общайтесь с воспитателями и персоналом, с детьми и их родителями...

Всячески обозначайте для девочки ваше любящее присутствие и в отсутствии, вы меня понимаете?.. *Мы пойдем по своим делам ненадолго... Мы все время с тобой, а ты с нами, мы о тебе думаем, мы тебя любим...*

Это нам, взрослым, кажется, что походить в садик годика три, ну год — не долго и не страшно. Все обеспечено, контроль полный... Это нам даже не кажется — знаем: не так. Вранье это, самообман наш, которым прикрываем свою вину перед ребенком...

Трехлетняя (возьмем в среднем) детсадовская пора жизни ребенка по истинной, *внутренней* продолжительности — ничуть не меньше, чем десяти-одиннадцатилетняя школьная. И гораздо значимее, чем, скажем, время пребывания в армии или в институте. В первые годы жизни каждый кусочек времени вмещает в себя столько переживаний, столько развития и препятствий ему, столько памяти и душевных ран, столько беззащитности, столько жестокой тупости взрослых!..

У меня двое детей, и насильно никого из них я не кормила. Но вот моя младшая пошла в садик, в подготовительную группу. Каждое утро начинается со слез: «Не пойду в садик, меня там силой заставляют есть, когда не хочу, и пить кофе и какао!» (Она их не любит.) Я устала уже каждое утро ее уговаривать. Попросила садовскую няню не кормить дочку, если она не хочет, а она в ответ: «Должна есть. Что положено, то и будет есть. Глядя на нее, и другие не едят». Доктор, может быть, я не права? *Анна.*

Анна, конечно, права, а детсадовская няня заслуживает увольнения. Насильственное кормление в яслях и садах наносит детям жестокий вред, просто преступно. Нельзя насиловать организм, психику и душу ребенка, даже если он подает неудобный пример...

«Детский сад приносит детям огромную пользу», — с убеждением пишет доктор Бенджамин Спок.

А уж насколько легче, свободней и спокойней родителям... Надо только, говорит Спок, набраться решимости и потерпеть первые два-три месяца, пока ребенок в садике приспособится и привыкнет. Конечно, первое время может и плакать, и сопротивляться, протестовать. Первый год и болеть будет чаще... Ничего, все это нужно для последующего приспособления к жизни в школе и на работе, для социализации — жизни в обществе себе подобных. И болезни нужны для выработки иммунитета.

Так-то оно так, но...

Дневниковая запись моей мамы свидетельствует, каким был первый месяц моей жизни в детском саду. После этого месяца ей отдали меня обратно со словами «ваш ребенок дефективный, ничего не хочет, ничего не умеет». И мама с ужасом увидала, что ее солнечный мальчик, белокурый кудрявый живчик, говорливый шалун, крупный, здоровый, отлично развитый, запоминавший наизусть с одного чтения целые книжки, превратился в скрюченного рахитичного идиотика, апатично сидевшего, уставясь в одну точку. Ни слова не говорил, писался под себя, чего не было уже после четырех младенческих месяцев... Депрессивный ступор, сказал бы я-психиатр сегодня.

Это, правда, было учреждение отнюдь не из тех, что выбрали бы сегодняшние родители, даже безденежные: садик интернатного типа, голодных военных лет, в жарком эвакогороде Самарканде. Мама вкалывала на трудовом фронте, и через неделю, едва оправившегося, отдала меня в этот депрессадик опять...

Моя память утопила эти суровые времена, как и многие последующие, в Колодце Утешительного Забвения... Но три-четыре вспоминательных картинки остались.

Это я

...Длинный стол, заваленный грязными алюминиевыми тарелками, ложками... Кончился обед, все ушли из-за стола, я один копошусь, пытаюсь найти какие-нибудь объедки... Я не наелся, я хочу есть, дико, зверски хочу есть, съел бы целый мир... Воспитательница: «И тебе не стыдно?» Ребята смеются...

...Огромное палящее солнце над головой. Адское жжение снизу: босые мои ноги (тогда еще ножки) поджариваются раскаленным песком. (Территория садика была за чертой города, куда подступала пустыня, тень давали только редкие посадки акаций и грецких орехов. Спелые орехи валялись прямо под ногами вперемешку с черепахами и скорпионами.) Я затерял где-то свои сандалики, сам виноват, а может, кто-то стащил... Что делать, как от пытки спастись?! Плюхаюсь на попу, задрав ноги вверх, но и попа начинает поджариваться. Меж тем группа строем куда-то идет, воспитательница строго окрикивает: «Вставай!»... А я не могу ни подняться, ни объяснить, что со мной, дыхание перехватило, язык не слушается...

...Но страшнее всех картинка САМАЯ ПЕРВАЯ: меня оставляют. Удаляются уводимые в неизвестность брат и сестра... Спина и вполоборота лицо уходящей мамы...

Чужое вокруг все, незнакомое, все сереет, чернеет, ужас беспомощного одиночества, предательство бытия...

Знаю теперь — это переживание не сверхобычно, не уникально нисколько. Травму такую получает каждый малыш, впервые на неопределенное для него время (для маленького и полчаса — почти вечность) внезапно оставляемый в резко чужой обстановке — да, каждый, даже предупреждаемый заранее...

Удар, сравнимый с ядерной бомбежкой, наносится по древнейшей психогенетической программе ребенка, почти со стопроцентной вероятностью предусматривающей возможность его выживания в первые годы жизни только в среде СВОИХ — в родительской семье или в разновозрастной стае родственников, достаточно малочисленных и постоянных, чтобы всех их, еще не отрываясь от матери, запомнить в лицо.

Так многие тысячи и миллионы лет было в Природе, такими нас сделала история нашего вида.

У очень многих детей — у меня тоже — безумный ужас первооставленности становится главной закладкой, основой всех последующих невротических страхов, зависимостей и депрессий, всего недоверия к жизни и самому себе. Бездна, однажды разверзшаяся, не сомкнется — только прикроется придорожными кустиками...

Мой сын Максим, возвратившись со службы на афганской границе (война там еще шла...) признался мне как-то за рюмкой чая: «Никакая армия не сравнится с первобытной жестокостью детского сада. В армии и при самом свирепом начальстве и самой злой дедовщине у тебя есть какие-то маленькие права и пусть ничтожные, но при желании действенные способы за себя постоять. Ты уже что-то знаешь, что-то умеешь, какой-то опыт работает. И люди вокруг тебя не все гады, попадаются и нормальные... А в саду ты сперва как домашний зверек, попавший вдруг в джунгли. Озираешься среди незнакомых опасных тварей, и нет слов, чтобы тебя поняли...».

Детский сад средне-советского образца, как и армию, он прошел по полной. Мальчик задумчивый, самоуглубленный, медлительный, с богатым воображением, среди галдящей толкучки сверстников чувствовал себя как гусенок в стае мартышек.

Такому ребенку достаточно двух-трех минут, чтобы в любой детской компашке получить статус Омеги — изгоя, белой вороны, козла отпущения... Маленький Омега либо в полном игноре тихо сидит в сторонке, либо подвергается толчкам-тычкам, издевательствам.

И никто, даже самая добрая воспитательница, от этого не спасет, ибо пространство статусного взаимодействия внутри детской группы для взрослых практически недоступно: у детского сообщества своя система сигнализации, своя жесткая стихийная иерархия, свои темпы и циклы взаимодействия...

Вмешаться в судьбу приговоренного к травле не дано никому, покамест какой-нибудь ангел-спаситель на том же уровне не станет переходным мостиком, буфером между Беззащитным-Тобой и Страшным-Чужим, как это и вышло у моего Макса, когда с ним вдруг задружил бойкий и независимый сангвиник Кирилл, симпатяга с незаурядным социальным талантом, и они быстро образовали прочный многолетний дуэт двух обоюдных лидерств: идейно-интеллектуального и общественно-делового...

Доктор, моему сынишке Денису 4 года. Уже сейчас в некоторых вопросах он разбирается лучше меня. Понимает, не только когда я ему лгу, но и безошибочно различает, когда мне лгут в его присутствии..

Проблема: терпеть не может детсад. Малыш ощущает моральное насилие, которое царит там. Не хочет мне рассказывать, что они делали в саду — у них существуют какие-то «уговоры» с воспитателями: что происходит дома, дети им рассказывают, а о том, что было в садике, Денис мне «ни-ни»..

И упорное нежелание идти в садик. Вдруг его там принуждают к чему-то ужасному?.

Я бы его забрала со счастьем для обоих, но воспитываю без мужа, ради прокорма приходится с утра полный день работать.

К тому же бабушка успела уже затравить Деню учёбой. При одном намеке, что нужно что-то учить, замыкается. Я пыталась занятия превращать в игру, но как только он просекает, что это та же учеба, — всё, больше в эту игру играть не желает..

Как убедить сына, что жизнь иногда требует от нас делать не то, что хочется, а что надо? *Наталья.*

 Наташа, не озадачивайся: насчет «надо» и «хочется» жизнь убедит сама. Уже убедила!.. Вот только такой жизнью сынишке жить пока неохота — сопротивляется и, между нами, правильно делает. Видишь, какое у него чувство истины?.. Дай же Бог, чтобы он и дальше ему следовал...

Об учебе, разумеется, нужно уже заботиться, и первой твоей заботой должна быть охрана вот этого чувства истины вкупе с природною любознательностью и стремлением к саморазвитию. Играя в развивающие игры, не держи сына за дурака. Забывай сама про «учебу» в школярском смысле — тогда и ему не придется в ответ на попытки обманипулировать его затравленно залезать в скорлупку. Только жить начал, а тебя уже идиотом делают!..

Ребенок, пока душа его не придушена горе-учителями, самообучается с космической скоростью.

Учение-мучение и учение-увлечение, «надо» и «хочется» могут найти в будущем компромисс, но если начать с мучения, если с мучением перебрать, пережать — все, пиши пропало: увлечений не будет или будут не те, учеба загнется на корню, от скуки подохнет!..

Что же до детсада, то я желаю тебе взять инициативу в свои руки, призвать родительский народ и создать комитет по проверке того, что там происходит. Нельзя отдавать детей на произвол сомнительных персонажей. В одном подобном случае, например, несколько родителей объединились и добились того, что каждый из них поочередно дежурил в группе, наблюдая за действиями воспитателей. Кое-кого из хамов выгнали и наказали. Систему, когда ребенка сдают в детсад как в тюрьму, давно пора хоронить!..

САДОВСКИЕ И НЕСАДОВСКИЕ

В.Л., согласны ли вы с бытующим мнением, что есть дети «садовские и «несадовские»?

Ольга, молодая мама.

Да, так, но только по крайностям. Большинство детей — между тем и этим. Из десятка, взятого наугад, один привыкает за пару недель (случается, и за пару часов, а то и минут!), трое — за месяц, с прибавкой и пользы, и жизнерадостности; трое — за три-четыре месяца, притом польза уже сомнительна, а удовольствия никакого, лишь подчиняются суровой необходимости.

Еще для двоих весь первый год — пытка с большими потерями, но потом справляются; ну а один не выдюжит...

Несадовский или недосадовский ребенок — не только малообщительный, тормознутый.

Тяжко и подвижному, общительному, уверенному, если дома привык к высоким дозам внимания и любви, если доверчив, неагрессивен.

Забияка опасен и тяжел для других, но воздастся и самому... Слабому худо — трудно и сильному, самостоятельному, не умеющему подчиняться...

А кому легче?.. Об этом нам, взрослым, с высоты своей слепоты можно только догадываться. Тем, кому дом не сахар, кого там в лучшем случае терпят; тем, кто успел повариться среди сверстников; ухватистым, неизбалованным детям из многодетных семей; тем, для кого Чужой Мир не новость, кого родители где попало бросали...

Детские сады нынче разные: от муниципальных, с совковыми нравами (не все там, однако, скверно, и хорошие есть), до суперных, где играют на кортах, плавают на яхтах, катаются на мерседесах, изучают языки, менеджмент, имиджмент и еще черт-те что.

 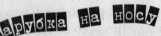 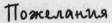

Пожелания на любой случай

☞ погружать ребенка в садовскую жизнь сперва помаленьку, желательно со своим «буферным» присутствием хотя бы первые полчаса каждого дня первого месяца

☞ помнить: мы недо-знаем, что происходит, когда ребенок в саду, и не стесняться всячески доузнавать

☞ относиться к детсаду хозяйски: продолжение дома; не ребенок для сада, а сад для ребенка

☞ если не ходит в сад, стараться возмещать нехватку общения с другими детьми и взрослыми дома и во дворе

☞ сад нужен, здоровье нужнее, счастье еще нужнее — детские глаза обо всем расскажут...

Закалка-напоминалка

Когда-нибудь это подсчитается... Огромное количество физических и духовных сил детства уходит на сопротивление убийству этих сил. На природу ребенка идут беспрестанные покушения.

«Какая там закалка!.. Вон какой слабенький: промок — простудился, глотнул холодной воды — ангина, искупался — воспаление легких! Нет уж, отложим-ка эту закалку до лучших времен, а пока полечимся».

Только вот почему-то лучшие времена все не наступают, все откладываются до гробовой доски...

Поймем, наконец! — Закалка — не палка для микробов и аллергий. Закалка — не панацея, а средство сопротивления. И самый закаленный ребенок, равно как и взрослый, не убережется ни от наследственного недуга, ни от гриппа или другой заразы, если произошло заражение. Болезнь может быть и тяжкой — в зависимости от силы инфекции и свойств организма...

Когда плохо — почти обязательно найдется семейный каркуша — «Дозакалялись! Допрыгались до воспаления легких!.. Доиграетесь и до менингита!.. Угробите ребенка вашей закалкой!..» Назначат сразу же виноватого...

Ну как объяснишь, что закалка — не гарантия от болезней, но уменьшает их **вероятность**?.. Когда же опасность смертельна, дает шанс на спасение — дополнительную возможность пройти сквозь отчаянную битву с превосходящим врагом...

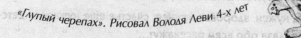

«Глупый черепах». Рисовал Володя Леви 4-х лет

Когда приходят платежки

Статистика: дети тревожных родителей болеют в среднем в четыре раза чаще, чем дети беспечных.

Вопрос: что причина, а что следствие?.. Не потому ли и тревожны родители, что ребенок болезнен?

Характер родителей более значим. У безалаберных родителей дети закаляются сами, волей-неволей. А у тревожных часто достаточно бывает на время расстаться с «лидером стресса» (обычно бабушкой или мамой), чтобы по непонятным причинам вдруг перестать болеть...

Каждый день мы заставляем ребенка сидеть в помещении, почти не шевелясь и работая головой; каждый день со слепым упорством убиваем его внимание, восприимчивость и мешаем развиться способности к самоконтролю; каждый день требуем то, что сами же отнимаем!

Самые жизнеспособные худо-бедно умудряются вырывать свое — за счет ли бешеной активности в допущенное время, за счет ли прогулов... А недобирающие рыхлеют, толстеют, худеют, бледнеют. Пассивные делаются апатичными, активные — раздражительными, склонные к задумчивости впадают в тоску, склонные к веселью — в дурашливость, хулиганство...

Ребенок, принуждаемый к духоте и малоподвижности, отучается по-настоящему двигаться и дышать: дыхание делается поверхностным, мышцы и нервы начинают киснуть и забывать, для чего предназначены, превращаются в паразитов, живущих за счет желудка.

Этот прогульщик сегодня еще сопротивляется, но и ему уроки бессмысленного самоотравления не пройдут даром. Природа обманчиво терпелива. Далеко не всегда она протестует против насилия сразу, открытым текстом.

Гораздо чаще платежки приходят отсроченно...

ЗАПОВЕДИ ЗАКАЛКИ

В чем сущность закалки? Только в одном: в естественности. В приближении жизни к природной — к той жизни, которой живет все живое. Которой жили тысячи и тысячи поколений, прежде чем блага цивилизации начали баловать, ослаблять и развращать организм...

В закалке не может быть ничего сверх того, что высоковероятно для жизни человека в природных условиях.

И вот что облегчает дело: закалочные воздействия, достаточные для укрепления здоровья, *могут быть на много порядков слабее*, нежели те, которым нас подвергала Природа в ее первобытной мощи.

У организма огромный запас наследственной памяти, которая легко оживляется даже небольшими напоминаниями... Чтобы подстраховать ребенка от лишних простуд, вовсе нет нужды моржевать в проруби — достаточно обдавать холодной водой под душем или ис-под крана (всего или только ноги); а еще лучше обтирать ледышкой из холодильника или кусочком снега... *Закалка — напоминалка* телу и мозгу: ЧТО они могут делать с собой, чтобы жить надежно и полноценно.

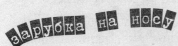

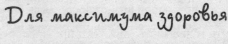*Для максимума здоровья*

☞ **Не перекутываем, не переутепляем. Никакой костюм или шубка не должны утяжелять и стеснять движения. Шарфы могут быть теплыми, но обязательно легкими, не чересчур плотно завязанными и не по самый нос — ко рту, подбородку и шее должен быть доступ воздуха.**

Плотно укутываем шею и уши только при резком ледяном ветре. Шапочка в ветреное зимнее время — вязано-шерстяная, плотная, закрывающая уши, но легкая. Дети быстро перегреваются: кровообращение у них гораздо живей, чем у взрослых, и вероятность простуды всего более увеличивается не охлаждением, а перегревом.

☞ Каждый день — хотя бы небольшое, но ощутимое холодовое воздействие. Младенца обтираем холодно-влажным полотенцем, особенно ножки, попку, спинку, шейку и ушки, а с двух-трех месяцев уже помаленьку погружаем в ванночки комнатной температуры или обдаем в течение нескольких секунд несильной холодненькой душевой струей. (Но не ледяной, чтобы не было холодового спазма!..) Далее все решительней

☞ развиваем привычку к температурным контрастам. Каждое теплое купание завершаем коротким обданием холодной водой — начиная с ног. Потом — энергично и весело растираем, обняв мягким теплым полотенцем...Пусть от холодной струи чуть-чуть повизжит! — Скоро привыкнет и будет ждать этого мига с радостью!

☞ Как можно больше ходим босиком. Дома — круглый год. (Как наша Маша и помаленьку мы сами.) А во дворе, в поле, в лесу — уж во всяком случае поздней весной, летом и ранней осенью — по не слишком сырой земле, по траве — при любой возможности, лишь бы не пораниться. Вплоть до глубокой осени босоножки или сандалии без чулок и носок — лучшая обувь.

☞ Развиваем привычку к движению воздуха. В природе оно есть и будет всегда. Не стараемся уберегать от всех сквозняков. Не затыкаем в доме все щели.

☞ Понаблюдаем за домашними животными: они прячутся только от сильного движения холодного воздуха, а когда жарко, ищут места, где сквозит, и располагаются хотя и не на самом прямом токе, но возле. Нормально, природно — когда тело свободно перемещается из мест неподвижного воздуха в продуваемые и обратно; важно только не застревать слишком ни там, ни сям и повиноваться, как звери, подсказкам собственного организма: ребенок, как всякий звереныш, вполне это умеет, если ему не мешать.

☞ Спать укладываем только в хорошо проветриваемой комнате — с открытой балконной дверью или широким окном в теплое время (если достают комары, обзаведемся москитной сеткой), а в холодное время откроем форточку. Сон в прохладе и даже на холоде, если только одеяло достаточно теплое, — самый здоровый сон.

☞ Не боимся возобновлять закалку после инфекций, даже тяжелых — не откладываем «до лучших времен» — наоборот, в ускоренном темпе снова проходим тот путь постепенного привыкания к холоду и температурным контрастам, который уже был пройден. Это поможет быстрее поправиться.

☞ Бережем ребенка только от непривычно-резких охлаждений (внезапный холодный ветер, сильный сквозняк, холодное промокание). Не принуждаем к долгой пассивности и не потворствуем малоподвижности — на санках, например — пусть лучше походит, побегает и повозится. Пусть устанет, не бойтесь. Ноги — лучший на свете лекарь!..

зарубка на носу

Песенка Пуделя

ПЕРЕВОД С СОБАЧЬЕГО:
СЛОВА — ВЛАДИМИРА ЛЕВИ, МУЗЫКА — МАКСИМА ЛЕВИ

Ах, если бы, если бы, если бы
на гору вы залезли бы,
звезды запели песни бы
и заплясал народ.

  Ах, если бы, если бы, если бы
  не были вы завистливы,
  вы бы читали мысли бы,
  и даже наоборот.

Ах, если бы, если бы, если бы
вы не сидели в кресле бы,
ваши мечты воскресли бы,
был бы вам Бог судья.

  Ах, если бы, если бы, если бы
  ваши глаза не гасли бы,
  так бы вы были счастливы,
  так влюблены – как я!

ДОБРОВЕРИЕ

11

о великой ценности неполноценности

Это ошибка, неразумие, что все неуспешное кажется нам неудавшимся, недостойным жизни... Ребенок не лотерейный билет, на который должен пасть выигрыш. В каждом есть своя искра, способная зажигать костры счастья и истины.

Януш Корчак

Жизнь такова, какова она есть, и больше никакова.

Перевод с французского «Се ля ви»

C ухая статистика: к двухтысячному году в России каждый третий ребенок физически нездоров, каждый пятый психопатичен или плохо общается, каждый восьмой — дебил, и почти все не хотят учиться.

СинDром мокрой курицы

В.Л., моему Антону 6 лет. Ходит в детский сад. Очень трудно ему там. При рисовании выяснилось, что плохо действуют ручки. Не получаются упражнения по физкультуре. Муж сделал дома спортивный комплекс; появилось улучшение, но мешает трусливость: боится новых упражнений. В гимнастику не взяли, тренер сказал, что Антон не реагирует на приказания, смотрит в сторону..

То же в саду: то «заторможенный», то «расторможенный». Почти не общается с детьми. Когда бы я ни пришла, один бегает по площадке. Со взрослыми общительный, а среди сверстников как мокрая курица. Они просто не реагируют на него, смеются или гонят. Пробовала приглашать детей домой. Поначалу приходили, потом перестали..

Ходила к психоневрологам, выписывали лекарства, которые делали его на время спокойнее, но конкретных советов не получила. Говорили: «Нужно воспитывать. Все зависит от вас». Но это общие фразы, а вот если бы знать, как все осуществлять.. *Валентина.*

Валентина, от вас зависит *многое*, а не все.

Сравниваю вашего Антошку еще с одним, его тезкой, которому скоро уже 16, верзила, бас и усы. Тот же типаж, те же трудности. При неплохом интеллекте долго длилось двигательное отставание, были и нарушения речи, и тики, и боязливость, и минус-общительность — «синдром мокрой курицы».

И в садике, и в школе пришлось трудненько — травили жестоко, доходило и до отчаяния...

Я его не лечил — врожденные ограничения и особенности не лечатся, могут лишь компенсироваться в ходе развития. Иногда мы виделись и с удовольствием играли в игры, которые обоим были интересны, разговаривали и смеялись... Удалось убедить родителей набраться терпения и не влезать ни в какую односторонность. Побольше смеяться вместе и поврозь, обращать внимание, его и свое, сперва на плюсы этой жизни, а после на минусы, не заслоняя одно другим....

Постепенно мальчику удалось сбалансироваться «по сумме очков». Сейчас достаточно благополучен, развивает себя на всю катушку, хорошо играет на гитаре. Образовался и небольшой круг друзей.

Трудности есть и теперь — пытаюсь помогать ему выбираться из скорлупки, в которую он залез еще до рождения; но прислушиваюсь и к голосу, подсказывающему, что скорлупка эта зачем-то нужна...

Знать, как ВСЕ осуществлять, — невозможно. Почти все, что от вас зависит, сейчас для сына вы делаете.

Остается одно: вместе с ним жить и радоваться.

И остерегаться жить **за него**...

Жизнь против диагноза

В.Л., моему 10-летнему Вите в больнице поставили диагноз «шизофрения». Дома между двумя пребываниями в больнице не смог адаптироваться даже на поддерживающей терапии.

Я не умею быть для него психотерапевтом, не знаю, как ему помогать. Витюша был очень спокоен и радостен при общении с любимым отцом, но отец умер меньше года назад. А у меня не получается..

Пыталась, чтобы в доме были ребята — он их сторонился и уставал. Возила в бассейн с веселой ребячьей компанией — он возвращался всегда с головной болью, угнетенный. Устраивала в санатории — убегал. Проводить диеты, голодания, водные процедуры, прогулки, игры — невозможно, на все один ответ: не хочу, не буду. Его «не хочу жить» не дает жить и мне, перед глазами картины, как я его теряю.. А интеллект сохранен. Мальчик далеко не глупый..

Главный вопрос на сегодня: надо ли держать Витю в больнице так долго, как настаивают врачи (хотят оставить учиться на весь год в стационаре). У мальчика, по словам врачей, форма болезни приступообразная, преобладает негативистическая депрессия.

Врачи говорят: спасет только больница, а неврачи — что больница и лекарства — это погибель.. Что делать, как жить?

Как победить болезнь? *Лидия.*

Лидия, без паники. Сына вы не потеряете, если сами будете в это твердо верить.

Шизофрению очень точно назвали «мусорной корзиной для непонятных симптомов». То, что мы называем психозом — только наружность непонимаемой нами внутренней жизни. Выйдите из-под гипноза диагноза: не болезнь, а ЖИЗНЬ сына вам нужно понять, и не чтобы «победить», а чтобы принять и помочь стать счастливее. Если укрепитесь в этом подходе — прибавится уверенности, и состояние сына улучшится. Он ведь живое ваше отражение, текст подтекста...

Я видел всякое, но не верю в необратимый распад детской психики. Детское сознание дезорганизуется от тысяч причин, но и поразительно восстановляемо — сотни раз наблюдал, ваньки-встаньки!..

Больно вместе с ним, да... Но скверная услуга — удваивать боль возвратом. Загоните подальше слепое сопереживание. Главная каждодневная работа — прежде всего с собой, и ключевое слово для нее вот: **Доброверие**.

Внушайте себе — как бы ни было — что все будет хорошо, что все УЖЕ идет к лучшему. Этим без капли самообмана вы будете то же самое внушать и ребенку. Это главное ваше лечебное действие — самое великое из возможных, и кому, кроме вас?..

Доброверие постепенно создаст другой климат в вашем взаимном мире и защитит от вторжений мрака.

Больница или дом, лекарства или что-то другое?.. Все конкретно на данный момент. В больнице и где угодно первое дело — научиться принимать свое положение, а потом уж и находить выходы из него...

У детей в запасе всегда много солнца.

ДВА СТАНДАРТА, МЕШАЮЩИХ ЖИТЬ

В.Л., мой сын Даник, красивый мальчик, высокий, физически сильный, с раннего детства резко отличался от других детей своим поведением. Никогда не проявлял интереса к общению, играл только сам с собой. Разговаривать начал рано, но на каком-то своем языке, и до сих пор (ему скоро 12), вместе с нормальной речью, причем очень взрослой, с большим словарным запасом, говорит иногда на непонятном наречии, изобрел даже свою письменность, какие-то значки вроде иероглифов.

Учится в обычной школе, почти отличник (у него прекрасные математические способности и абсолютная память, в семь лет знал наизусть трехтомную энциклопедию). Но поведение все время на грани исключения. Посреди урока может вдруг начать громко говорить, смеяться или встает, уходит. Насчет друзей нечего и говорить. Всегда один, посреди отчуждения и насмешек. Одно время били, потом стал давать сдачи, и его начали побаиваться, зовут «Даня-псих».

Ставили диагнозы «аутизм», «детская шизофрения». Сейчас Даник только начинает осознавать, что существует мир человеческих отношений, что остальные люди — живые, как и он, такие же и в то же время другие.

Мне страшно за него. Сможет ли он жить в этом мире? Сможет ли получить образование, работать? На что надеяться? *Марианна.*

Марианна, есть два социальных стандарта, мешающих или даже запрещающих жить тем, кто под них не подпадает. Я хотел бы помочь вам их осознать критически, чтобы понять, как МОЖНО жить вне стандартов...

Стандарт первый: «Болезнь». Да, ребенок ваш странное, трудное существо. Да, неуправляемый, неприспособленный. Да, страдает и причиняет страдание...

Назвать это болезнью — чего же проще.

Но есть и другой подход.

В определенном проценте среди обычных людей рождаются *левши*. Они не хуже и не лучше. Они другие. И приходится им жить по-другому: с преобладанием не правой, а левой стороны — жить ПО-СВОЕМУ. Когда их принуждают жить «по-правому» — «правильно» — они страдают: не получается.

Левшество, наоборотность бывает и в реакциях на лекарства, и в расположении сердца, и в сексе, и в чувствах, и в мышлении — на всех уровнях.

Психологические левши... Многие из них являют собой золотой фонд человечества — оригинальнейшие дарования. Многие даже повышенно приспособлены. Встречаются и такие, совместимость с которыми в «правой» жизни практически невозможна...

Посмотрите на сына как на ярко выраженного психологического левшу — и многие непонятные симптомы поймутся уже не как болезнь, а как поиски способа жить и выжить. С одной стороны — жить «правильно». С другой стороны — жить ПО-СВОЕМУ, сохранить СВОЕ — вот зачем этот собственный язык и особая письменность, вот откуда взрывы неадекватности...

Почти вся жизнь нераспознанного психологического левши превращается в сопротивление «правильному».

Борьба неравная, практически в одиночку.

Борьба против себя... Борьба трудная и потому еще, что сам борющийся от стандартов «правильности» не свободен. Он впитал их — и сплошь и рядом оказывается потрясенным своим несоответствием: не понимает себя, не знает, чего от себя ждать и хотеть. Когда его авторитетно определяют как только больного — он вынужден этому верить, поддается внушению. А если нет, то его, естественно, считают совсем больным. Связи с «правильным» миром оскудевают...

Этот замкнутый круг может разомкнуться, если один из «правильных» возьмет на себя труд вживания. Если поможет «неправильному» всего прежде принять себя, удостовериться в праве на жизнь. А затем— выйти на СВОЙ путь, обрести СВОЙ смысл жизни.

Это и есть настоящая психиатрия.

И это как раз то, что можете и уже делаете вы для своего Даника... Продолжайте. Пусть, пока может, учится в школе, но и не только: есть Интернет и еще многое...

Стандарт второй: «Образование». Неужели мы с вами настолько наивны, чтобы полагать, что счастье или даже просто заработок определяются какими-то бумажками, аттестатами и дипломами?..

Да черт с ними. Чем бы ни занимался — лишь бы ПО-СВОЕМУ, по СВОИМ способностям и интересам.

Если так настроитесь — страшно уже не будет, а будет поиск конкретных решений, и многое со временем переменится к лучшему, ниша жизни найдется...

Не считайте, что только «не повезло» — иная болезнь лучше иного здоровья, и никто никогда не исчерпывается болезнью. Дети всегда в чем-нибудь да левши...

НЕ ВСЕ ДОЛЖНЫ БЫТЬ КАК ВСЕ

...Странный, чудной, не от мира сего.

Непонимаемый и непонимающий, непринимаемый и непринимающий. Пребывающий в себе, неконтактный... В каждой детсадовской группе таких двое-трое. В каждом школьном классе — один-два, почти обязательно.

Один скоро сделается как все — своеобразие спрячется в гены, чтобы расцвести гениальностью или вспыхнуть безумием через одно-два поколения или дальше...

Другой тоже как-то приспособится, приспособятся и к нему: чудак, что же поделаешь. Могут и полюбить: странный, зато забавный, сдвинутый, зато честный. Опорой приспособления может послужить и какая-то одаренность, часто им свойственная (способности к математике, к языкам, художественные, технические...).

Третьему придется стать постоянным посетителем психоневрологических учреждений.

Инопланетянин. Требует нескончаемого терпения и безграничной проникновенности. Закрытый для людей, он, может быть, как никто другой, открыт Истине... Один странный мальчик написал «Божественную комедию», другой создал теорию относительности; сотни их обогатили культуру шедеврами, прозрениями, откровениями, которыми живет человечество; миллионы безвестных не создали ничего, но без них мир утратил бы свою тайну...

Плохо ли ребенку от его странностей или оттого, что мы не умеем понять их значение? Что нас беспокоит: ЕГО здоровье, ЕГО счастье — или его неприятие НАШИХ представлений о здоровье и счастье?

Жизнь сплошь и рядом показывает, что несчастны-то как раз те, кто усваивает эти расхожие представления и пытается им соответствовать...

«ЖИЗНЬ КО МНЕ ОТНЕСЛАСЬ ЖЕСТОКО»

Здравствуйте, доктор. Сегодня снова я не пошла в школу, и это уже не в первый раз. (Учусь я в 9-м классе.)

Как жизнь несправедлива! Есть у нас в классе одна девочка. Красивая, стройная, учится хорошо, дома все в порядке, у матери и отца под крылышком. Учеба дается от природной способности, никакого труда. А я должна, как раб божий, сидеть за книгами день и ночь, потому что до меня не дойдет ничего сразу, да еще двойку получишь..

Ведь она не лучше меня, все делает только для себя. Почему у одних есть все, а у тебя ничего: ни способности к учебе, ни человеческого вида (я сама себе противна), ни жизни порядочной (в семье у нас пьет отчим). Моим родителям уже по 36 лет (мне 16), а дома нет даже телевизора. Кушать не хватает, мать зарабатывает на бетонном заводе по 1400 рублей. Одеться не на что, а я некрасивая, ношу очки и много других недостатков, о волосах и говорить не хочется. Никто меня не замечает, как будто и нет..

Что меня ждет? Если и кончу школу, на физическую работу не возьмут, потому что с очками, а к умственной не способна..

Вот. Я, короче, уже сбилась с пути. Я уже два раза, чтобы купить косметику.. Вы, доктор, поняли? Жить не хочется, жизнь ко мне отнеслась жестоко. Представьте эту картину в душе 16-летнего человека. *Динара.*

Динара, не собираюсь утешать, в определении жизни ты права. Хочу только спросить: как, по-твоему, лотерея тоже несправедлива?.. Тоже жестока?..

Мне в лотереях не везло никогда. Однажды достался билет выигрышной серии, только номер на единичку не совпал — обидно до смеха!.. В тот момент я и понял, что жизнь тоже лотерея, и что те, которым везет, так же не виноваты в своем везении, как я в невезении.

Никаких «за что» — ни за что!..

Эта догадка избавила меня от унизительной зависти. А потом научился радоваться, что на свете есть более везучие, чем я. Мне не летать, зато птице!..

В то, что ты ни к чему не способна, я не верю уже потому, что ты написала мне такое искреннее письмо. Это умственная работа и более того: работа души.

Та девочка, которой все легко дается, действительно, не лучше тебя. У тебя перед ней огромное преимущество — знание суровости жизни, опыт страдания. По мерилу человеческого достоинства трудовая тройка и даже двойка стоит больше, чем дармовая пятерка. Согласна?..

Если да — дело только за тем, чтобы ты поверила, что не хуже других, что ПО-СВОЕМУ хороша — и что СВОИХ способностей ты еще не знаешь.

Способность учиться — это только способность учиться, она еще не означает ни способности думать, ни добиваться своих целей, тем паче любить...

А эти способности — главные, и я знаю многих бывших тупых учеников, достигших блистательного успеха и настоящего, СВОЕГО счастья в жизни.

Что кого ждет впереди, никогда не известно.

Не зачисляй себя в неудачницы, это ошибка!..

НЕСЧАСТЬЕ КАК ИНСТРУМЕНТ СЧАСТЬЯ

У взрослых нередко, а у детей всегда: степень и *чувство* несчастности имеют склонность к обратной зависимости. Маленькое несчастье — большое страдание. Несчастье большое — поломка судьбы, обреченность — страдание малое, жалоб нет вовсе или почти...

За гранью отчаяния происходит либо исчезновение, либо выплавка Настоящей Личности.

В.Л., я невзрачная, несчастливая, по мнению окружающих, женщина. Мужа у меня нет, есть сын-инвалид (дебильность+следы ДЦП), денег мало.

Однако я ощущаю себя счастливой, и за это благодарю сына и судьбу, его подарившую.

Он — удивительное существо. С ним я крепко стою обеими ногами на земле, наша взаимная любовь и привязанность прочны так, как не может быть при других обстоятельствах. Я люблю только его, у него есть только я. Это дает нам уверенность, неуязвимость, спокойствие духа, хотя мы в самом низу по привычной шкале удач.

Сыну уже 24 года. Он ходит, обслуживает себя, читает, любит фантастику, но не умеет считать. Я принимаю это легко. Иногда кажется, что он знает что-то недоступное нам, иногда говорит такое, что дух захватывает.

Что-то вроде телепатии есть между нами. Сегодня, когда я только хотела назвать его мужчиной и осеклась, он с печалью сказал: «Какой я мужчина?. Я мальчик».

Он меня воспитал, полностью изменил. Общение без лжи и притворства, привычка все называть прямыми словами — это так удивительно, что зачастую общаться с так называемыми «нормальными» мне в тягость.

Но люди тянутся ко мне, делятся бедами, ищут поддержки. Иной раз избегаю общения, экономлю душевные силы. Работаю много — хочется создать сыну достойные условия: книги, компьютер, Интернет, музыка..

Одно страшит: что с ним будет без меня? Мне уже 51. Денег я ему оставить не смогу, родственникам он нужен не будет.. Были мысли усыновить здорового, но не смогла: сначала не дали — бедная одиночка, а сейчас уже и стара. И нравственно небезупречно: ребенок-костыль..

Каким солнечным ангелом он был в детстве! Воплощение доверчивости и любви. А люди его сделали затворником, подозрительным и обидчивым: издевки, насмешки, кражи, избиения — все это было.. Уверяет, что наш город под властью дьявола, что люди тут плохие и за это превратятся в зверей.

Похоже, что-то подобное и случится. Город — спутник АЭС, которую планируют закрыть. Тогда тут будет город «зомби» — бомжей, воров, пьяниц.. Вот и не верь после этого в ясновидение. Я, правда, не верю в дурное, надеяться у меня лучше получается, так и зовут: *Надежда*...

Надежда, в таком положении, как у вас, спасением в грядущие трудные времена может быть вхождение в поддерживающую среду — общину, содружество или хотя бы малую группу людей, соединенных общим интересом и общим духом. Например, сообщество родителей детей с ДЦП, с психоневрологическими проблемами... Какая-то гуманистическая организация... По плечу вам, уверен, и собственноручное сотворение такого сообщества.

При всей чудесности вашей с сыном дружбы-любви что-то нужно предпринимать и для размыкания вашего мирка, для других возможностей...

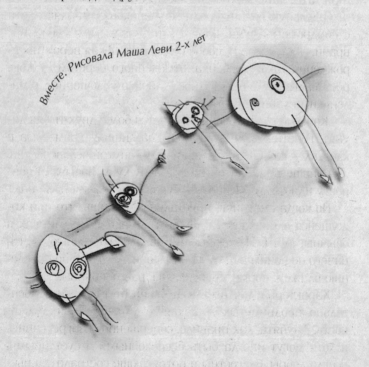

Вместе. Рисовала Маша Леви 2-х лет

Кого считать идиотами?
из предисловия к книге Ромены Августовой «Говори! Ты это можешь»

«Этому знанию никто их не обучал, оно в их природе... Зрение особого рода, глаза души, которыми эти дети видят невидимое другим...»

О ком это? О детях сверходаренных, о гениальных?..

Многие годы Ромена Августова учит говорить тех детей, которым говорить трудно из-за поражения мозга (при ДЦП, например) или тяжелых форм заикания.

Отдельную группу среди ее учеников составляют дети с синдромом Дауна, или, как их зовем меж собой мы, врачи, — даунята. В любой семье есть некая вероятность рождения такого ребенка, отмеченного перстом судьбы: рост малый, тело нескладное, личико уплощенное, с маленькими узкими глазками...

Каждый год в России рождается более двух тысяч даунят. Генетическая мутация: одна лишняя хромосома в клетках — как бы отдельная порода внутри человечества.

Раньше таких детей, валя в одну кучу, называли попросту идиотами. («Идиот» — буквально — значит «иной».)

Но когда смотришь пристальней, видишь, что при кажущейся одинаковости даунята бывают разными, как и обычные дети. Некоторые не овладевают речью, почти ничего не понимают, пускают слюни. А другие по поведению ближе к норме: общительны, разговорчивы...

Характерна для всех — и очень отсталых, и относительно продвинутых — какая-то удивительная душевность. Даунята, как правило, совершенно безагрессивны, и хотя могут иногда быть беспокойными и суетливыми, всегда добры, благостны и потрясающе сострадательны.

Помню, жил у нас в клинике дауненок Кеша, брошенный родителями... Был весел, мил, доверчив, послушен. Любил помогать при раздаче пищи и уборке.

Много раз я видел, как Кеша, словно магнитом притянутый, оказывался возле больного, страдавшего в этот миг особенно тяжело, и начинал страдать вместе с ним: плакать, стонать... Уже за два-три часа до того, как у одного тяжелого эпилептика должен был грянуть припадок, Кеша не отходил от него и проявлял признаки напряженности и беспокойства, тер себе левый висок. Как потом выяснилось, эпилептический очаг у этого пациента находился именно в левой височной доле!..

На уровне чувств существа гениальные, даунята неполноценны по части интеллекта, это очевидно. Но нашелся человек, убедивший мир, что и это не совсем так.

Ромена Августова доказала, что детей с синдромом Дауна можно научить нормальной речи, чтению, письму, арифметике и многому другому. А главное — привить желание учиться, стремление к совершенствованию — как раз то, что так часто убивает в зародыше педагогика, превращающая в идиотов нормальных детей...

«На моих глазах происходит превращение безгласного существа в личность, в ребенка, которому все интересно, который думает, рассуждает, читает, проявляя при этом удивительные настойчивость и терпение».

Это о даунятах. Какой родитель не пожелал бы того же для своего ребенка, самого что ни на есть полноценного?..

Жан Ванье, соотечественник и духовный собрат Экзюпери, бывший военный летчик, создавший общину для умственно отсталых, сказал, что такие дети нужны человечеству, чтобы учиться любви.

Вернее не скажешь...

Любит и зверь своё дитя...

...и у нас, человеков, родительский инстинкт и кровные чувства работают. Но работают, говоря мягко, халтурно. И так часто свои дети или родители, как и сестры и братья, оказываются чужими **по душе**, а чужие своими, — что это наводит на мысль о закономерности...

Единокровность не обеспечивает ни сходства характеров, ни взаимопонимания, ни привязанности, ни даже сходства физического. Зато неродственность этому не помеха. Близкая душа может не найтись у себя дома, но встретится вдруг за тридевять земель...

Возлюбить **ближнего** — часто не удается (дай Бог не возненавидеть!) — зато есть стремление возлюбить дальнего, и это выходит не так уж редко.

А дело, наверное, в том простом факте, что ближних **не выбирают**. Родителей не выбирают. И детей тоже — рождают, какими получатся, на авось, как котят...

Предков не выбирают, потомков не выбирают. А любовь избирательна. А любовь генетике не подчиняется. Да, Природа располагает нас любить и невыбранных родителей, данных судьбой, и детей, рожденных вслепую — но сама же Природа ставит все под большой вопрос...

В том ли смысл жизни **человеческой**, чтобы продолжаться — и только?.. Передать гены — и все?..

С гарантией: уже через два-три поколения наши гены неуследимо рассеются, смешавшись с чьими-то неизвестными, растворятся в чужом. Потомки будут говорить на неузнаваемом языке. Смогут ли представить себе, что мы жили на свете?..

Все живое — родня, но родство не в генах, а в духе. Родство кровное — лишь один из многих поводов для любви, самый сомнительный...

КАК СДЕЛАТЬ ПОЛНОЙ ПОЛОВИНУ СТАКАНА

В.Л., четыре года назад я усыновила Женю от родителей-алкоголиков. Сейчас ему 9 лет. Никто не верил, что ребенок этот научится говорить и пойдет в обычную школу. Первый год промолчал! Районный психоневролог поставил диагноз «олигофрения». Друзья советовали отдать его обратно.. Куда? Пьянчуге, который вышел из тюрьмы и лишен родительских прав? Или матери, бросившей сына в полугодовалом возрасте?

Вот какие заповеди взяла за основу:
— верю не в гены, а в воспитание;
— верю, что справлюсь, смогу;
— не верю, что ребенок неисправим;
— главное: Женька мне нужен, а я ему..

Добилась, чтобы к школе готовили и учили говорить в логопедическом саду — стал говорить лучше с каждым годом. А дальше — вытянула в нормальную школу! Сейчас ходит во 2-й класс. Добрый, трудолюбивый — и пуговицу пришьет, и штанишки постирает, и на кухне мне любит помогать.

При том: нарушения речи и памяти, приступы молчания, когда не может вымолвить ни слова. Вижу, хочет что-то сказать, морщит лоб, крутит руки, выдавливает звуки, глаза бегают. (Алкоголик-дед бил его по голове..)

Первое время вздрагивал и бросался наутек от каждого шороха.

Не переносит крика: если кричу на него, как парализованный делается.

Иногда делаю недопустимое — этот страх вышибаю другим: говорю, что сейчас, если не заговорит, я его щелкну по лбу линейкой..

Он — как очнувшись — вдруг начинает говорить, весь потеет.. Я понимаю: нельзя, но..

Он воспринимает лишь то, что дает встряску. Понятие «половина» учил целый год!

Однажды налила в два стакана воды: вот это целый, а тут половина. Понял?

— Понял.

— А вместе будет полтора. Понятно?

Кивает.

— Ну, хорошо. Покажи мне целый стакан.

Показывает правильно.

— А теперь — половину.

Стоит в нерешительности.

— Женя, половину. Понимаешь?

— Нет.

— Ты что, не видишь? Перед тобой стоят оба стакана. В каком же из них половина?!

Молчит.

В сердцах хватаю стакан.

— Вот половина! — и выливаю ему в штаны.

Ревет. Штаны снимаем и развешиваем сушить. Зато все понял и запомнил!

— Сколько я вылила тебе в штаны?

Без запинки: — Половину!

..Хочу спросить: действительно ли он олигофрен? Как дальше, на что рассчитывать?

Есть ли у меня ошибки, какие? *Людмила.*

Людмила, олигофрения, малоумие — понятие растяжимое: от самых легких степеней умственной недостаточности до глубокой идиотии. У вашего Жени отсталость налицо, но пока еще непонятно, какую роль в ней играет «органика» — наследственное или внутриутробное ослабление мозга, — и какую глубокий психоневроз — слом самых ранних лет, испуги и тормоза, вбитые алкогольной семьей...

Не пережмите, одолевая «сопротивление материала»: счета приходят врасплох... Мы ведь не замечаем, как наш воспитанник превращается в средство нашего самоутверждения, в объект капиталовложения, от которого ждем отдачи, и вы сами видели на других примерах, куда может завести беззаветное буйство педагогического энтузиазма...

САМОЕ ГЛАВНОЕ сын уже получил — вашу любовь и себя — принятого, любимого. Пусть это не заслоняется частностями, даже такими важными, как усвоение понятий, доступных другим...

Не засекайтесь на умственном развитии в узкопривычном смысле. Душевное несравненно важнее. И это развитие вы ему даете сейчас.

Опасайтесь только чрезмерной плотности отношений.

Сейчас вы для него мать, отец, друг и Бог воедино... Из таких отношений вырастают взаимоневрозы; сверхзависимость порождает сверхтребовательность, страхи-тревоги, а случись что — страшную пустоту...

Пусть ему будут нужны, кроме вас, и другие. Ваш дом открыт, ходите в гости?.. Включаетесь в чужие дела как в свои?.. Ему уже хочется кому-то помогать, кроме вас, делать что-то приятное?..

Если так, есть надежда, что не останется одиноким...

В.Л., мой Женька у меня не один, как вы подумали. Детей у меня трое. Старший — родной сын — служит в армии. А дочка тоже удочеренная: в больнице, где я работала, умерла ее бабушка, осталась она с дядькой-пьяницей, вот я и взяла.. Ей было 11 лет, а сейчас 18, работает, готовится в МГУ на искусствоведческий. От меня отделилась — хочет самостоятельности, я не мешаю. Советоваться и болеть приходит ко мне..

Все ваши замечания попали в точку. Подспудно и сама чувствовала: пережимаю, перегружаю, часто несдержанна..

У Женьки есть и страшненькие черты. Например, воровство, клептомания: норовит стащить все, что плохо лежит, в школе лазит по карманам.. Тащит всякую ерунду, дома бросает или прячет, забывает.. Деньги однажды заставила выплюнуть изо рта.. Ругала, ставила в угол, однажды ремня отведал.. Обещал, что больше не будет, а через три дня..

Молчание раньше непроизвольное, а теперь за него прячется, хитрит — когда хочет поупрямиться, притворяется глупеньким. Если бы сдвинуть этот камень-бурун, какая бы река рванулась с горы его сознания!

Мальчишки его используют как дурачка: «Принеси конфет, тогда будем с тобой играть». Придут в гости — сразу на кухню и в холодильник: «А что у тебя есть?» Пока во избежание тарарама одного с ними не оставляю. Приходят — показываю всем диафильмы, а Женька крутит, ему нравится.

И знаете, что еще полюбил? Конструктор. Купила без надежды и вдруг — занялся, собрал кое-что, раньше такое было немыслимо!

Он уже не такой угрюмый, уже шутит, смеется. Хорошо говорит по телефону. Сегодня вымыл пол в кухне, вчера разморозил холодильник. Я его за это хвалю, и он сияет: «Я здесь хозяин!»

Когда рассказываю друзьям, что мой Женька любит помогать по дому, что я в наказание отлучаю его от чистки картофеля, — удивляются: «Как это удается?» А я объясняю, что просто не мешаю ребенку..

Сама я с детства сочиняю сказки, выдумываю и рисую их, и Женька теперь в этом «колдовстве» участвует. А сейчас пришла интересная мысль прочесть новую сказку в Женькином классе. Там сплошные страсти-мордасти. Если б вы знали, как они слушают!

Ребята к нам повалили гурьбой. Между делом, то есть, между игрой и хулиганством, помогают Женьке в учебе. Такие шустрые, любопытные, просто зависть берет. Мой по сравнению с ними вундеркинд в обратную сторону, «киндервунд», это так больно..

Людмила, вашим каламбуром в конце, может быть, ненамеренно сказалась точная правда. Если «киндервунд» на русский перевести, получается «детская рана».

...Это я пишу не в утешение, а в благодарность за ваш материнский подвиг...

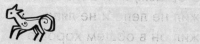

Дервункинд, или Розтяпа Адын

Как-то раз Большой Растяпа
сел случайно на горшок
и нечаянно состряпал
про себя такой стишок:

Жил да был Большой Растяпа.
Все что ел, ронял он на пол,
все что пил — на потолок —
до него достать он мог
и руками, и ногами,
и ушами, и мозгами,
и макушкой, и душой —
потому что был
БОЛЬШОЙ

Надевал Большой Растяпа
на нос — блин, на ногу — шляпу,
а на голову — штаны
сногсбежательной... простите,
сногсжевательной... простите,
сногсдувательной цены,
я забыл ее, простите,
эту строчку пропустите,
уточните у жены.

*это нога Растяпы,
а остальное —
на след. странице*

В общем, жил Большой Растяпа,
жил не лепо и не ляпо,
жил он в общем хорошо

и еще одно
стишо
он об этом
левой лапой
накорябал,
накалякал,
в общем значит
написо

Растьяпа Тва, или Небесный Пупок

Однажды Растяпа по улице чапал,
не зная куда и не помня зачем.
А солнце сияло, и дождичек капал,
и было тепло и не страшно совсем.
А туча хвостом зацепилась за гвоздик,
а ветер в засаду засел за стеной,
а солнышко грело, и сыпался дождик...
Такая погода зовется грибной.

И думал Растяпа: а что если тучу
с небесного этого гвоздика снять?..
А может, и солнце
засветит получше?
А может, и дождик
удастся унять?..

*нога в шляпе
из предыдущего
стиха,
забытая
по причине
растяпства*

Подумал Растяпа
и снял свою шляпу
и-и-и... в тучу швырнул! —
прямо небу в пупок!
И шлепнулась шляпа
в небесного папу по имени Бог...

Тут гром разразился!!! И дождик, и ветер,
как будто их кто-то взбесил!..
И выглянул Бог — и Растяпу заметил,
и пальцем ему погрозил.

— Эй, ты там, который на выдумку скорый
и светится с разных сторон!
Зачем ты свои головные уборы
швыряешь в мой царственный трон?
Уж лучше б на Марсе сворачивал горы!
Уж лучше бы рыл на Юпитере норы!
По крайности в рот бы кидал помидоры,
считал бы ворон!

— Простите пожалуйста! — пискнул Растяпа
(и маленьким сделался вдруг) —
мне просто хотелось хотя бы... хотя бы...
похвастаться ловкостью рук...

— А-а... Понял... Ну ладно! —
и Бог улыбнулся, и солнце из тучи достал,
и ветер обратно в засаду вернулся,
и дождь перестал,
а гром поворчал и уполз тихой сапой,
как старый барбос криволапый...
С тех пор — и до наших времен
Растяпы по улицам ходят без шляпы
                    и громко считают ворон.

КОШЕЛЕК Г-НА КАЙФА

о наркомании и преднаркомании*

Одинокая, блуждающая без разумного руководства в лабиринтах проблем молодежь вдруг сталкивается с врагом, не зная, откуда он взялся и как обороняться...

Януш Корчак

КОГДА ПОЖАР БЛИЗКО...

В.Л., моему сыну Сереже 16 лет. Впервые мы обратились к психиатру 5 лет назад.

К сожалению, не нашлось детского психотерапевта, с которым бы у сына установился контакт.. Лекарства то принимал, то не принимал, без разницы. Поведение ухудшалось, конфликты в школе и дома..

Мы с мужем избрали слишком жесткую политику, и это привело к полному отчуждению. Особенно тяжелые отношения с отцом — ненависть, страх, желание отомстить..

После 8-го класса поступил в техникум. Учебу не потянул. Появились компании, интерес к «красивой жизни» и «легким» деньгам. Пьет, возможно, пробует и колоться..

Не знаю, как часто, сведения не от него. На вопросы отвечает грубо, лжет или не отвечает. Заявил как-то, что целью своей жизни сделал борьбу с родителями..

Не лишен чувства юмора, на этой почве иногда удается контактировать.. Общается с дочкой наших приятелей, делится с ней откровенно. Девочка умница, жалеет меня и хочет как-то помочь. Сговор у нас тайный..

Врачи находят у сына психопатию, а он понял, что этим можно спекулировать: «Я ведь дурак и псих, какой с меня спрос».

Наркоман ли он?. Как на него воздействовать, как за него бороться? Как добиться дружбы или хотя бы контакта? *Ирина.*

Ирина, не все потеряно. Вы сможете сделать многое, если вдвоем с мужем преодолеете одностороннюю установку на «воздействие» и «борьбу»... Многое поняли, но еще не решаетесь ПРИНЯТЬ сына... И раздуваете пламя, которое хотите погасить.

Опасность наркомании близка, да.

Тем более — выслеживаниями и насильственными мерами приблизите худшее. Все трезво иметь в виду, но не держать на унизительном положении контролируемого и подозреваемого. Не требовать откровенности, а *располагать* к ней.

Для этого важнее всего знать и внушать СЕБЕ, что сыну, несмотря ни на что, ХОЧЕТСЯ быть с вами искренним. Поверьте в эту тайную, скрытую от него и от вас *главную* правду ваших отношений, поверьте пламенно — вера отзовется и в нем, пусть сперва только искоркой...

Не воздействовать, а *вживаться* в ЕГО увлечения, пусть и кажущиеся убогими.

Говорить с ним на ЕГО языке, на ЕГО волне, с ЕГО юмором, что уже отчасти и получается... Постепенное сближение — авансом уважения, одобрения. Приходится рисковать, но наградой этих усилий может стать рост доверия. Нельзя его *добиваться*, вы меня понимаете?..

Забудьте про «психопатию». Лечить можно и нужно только ваши внутрисемейные отношения. Сын ваш — типичный представитель своего поколения и имеет все шансы, переболев болезнью по имени юность, вписаться в один из обычных сценариев благополучной жизни.

Девочка-«посредник» — преддверие к этому и большая удача, но будьте, пожалуйста, предельно осторожны и деликатны: она относится к ЕГО миру, послана в дар ЕМУ (хотя *вас* жалеет) и никому ничем не обязана...

Полторы Дыры

из записей Д.С.

Шевелюра цвета дорожной пыли в нескольких местах как бы поедена молью... Глаза потухшие, с искусственным блеском, нежно-румяные щеки, бледные изнутри. Лживость при откровенности, удивление при нелюбопытстве...

Как случилось, что в свои двадцать он оказался в компании наркоманов?..

Долго шел по разряду удобных — послушный, ласковый, в меру веселый, в меру спортивный, учился прилично. Родители были достаточно бдительными, достаточно убедительными; ответственные должности, соответственная обеспеченность.

И эта дистанция, эта грань, за которую не переходила взаимная осведомленность, казалась такой естественной.

Они, например, не знали, что в спецшколе — и школа что надо! — у него некоторое время было прозвище странное: Полторы-Дыры.

Обычная возня на перемене — и продрались штаны на довольно заметном месте.

На уроке вызвали отвечать — общий смех.

Учительница: — Лапочкин, что это такое? Целых две дыры на брюках продрал!

— Где?.. Не две...

— А сколько же, по-твоему?

— Полторы.

— Полторы дыры не бывает, Лапочкин!

«У меня с тех пор в голове они навсегда остались, эти полторы дыры. Все забыли, а я не мог. Друга в школе ни одного не было — приятелей-то полно, а вот друга...»

Есть такие натуры: хворост — вспыхивает легко, горит ярко, но не оставляет углей.

Заводной, общительный, почти всегда улыбающийся, считался всеми «своим», был популярен как гитарист; несколько девочек признались ему в любви; с одной началось нечто серьезное, но потускнело, как только...

«Когда понял, что всем им нужен не я, а что-то от меня, самолюбие кончилось»...

Еще в четырнадцать ему стало неинтересно жить. Сопротивлялся как мог: читал, собирал диски, усиленно общался, занимался гитарой, по лыжам шел на разряд. Но все это не заполняло...

«ПОСЛЕДНЯЯ ПУСТОТА — от нее уходишь, к ней и приходишь... Последняя — стережет под кожей...»

В 16 сошелся с двумя типчиками постарше, уже познавшими. Почти моментально появились долги и зависимость от безразличных людей и небезразличных веществ. Жизнь, и без того давно разделенная на жизнь для родителей и жизнь для себя, раскололась на неопределенное множество эпизодов, кусков, лоскутов — от кайфа до кайфа. Хворост выгорал все быстрее...

Вскоре осталась одна тупиковая забота — любым способом снимать жуть безнаркотического состояния. Бытие стало бегством в небытие.

При всем том как-то механически поступил в институт, механически сдавал сессии...

Родители обратили внимание на расширенные зрачки и несколько невнятную речь — устает, переутомляется... Отправили в горнолыжный лагерь — вернулся через неделю, возбужденный и злой, исчез на три дня «на дачу к приятелю». Мать нашла в кармане таблетки...

На что опереться?

Душа собирается не за сеанс, не за курс лечения...

Перевод с детского

Вы дали мне жизнь, но не дали пробиться к постижению смысла жизни. Не знали, как это делается...

Я сорвался в Последнюю Пустоту, потому что при всей навязчивости вашей опеки вы были ко мне невнимательны и нелюбопытны; потому что испугались начать свою жизнь из моей, вернуться к себе со мной... Вместо этого вы старались впихнуть в мою душу манную кашицу своего полуопыта, жвачку своих полуценностей. Вы хотели моей любви и требовали благодарности, но не слышали, как я звал вас: «Войдите!..» А теперь не могу впустить, потому что некуда: во мне мечется и ломается Последняя Пустота...

Найти смысл жизни никто не может ни за кого, как никто не может за другого дышать. А вы пытались держать меня на искусственном дыхании, подменяли жизнь подготовкой к жизни...

Кошель Господина Кайфа

КАК УБЕРЕЧЬ РЕБЕНКА ОТ НАРКОМАНИИ
(ФРАГМЕНТЫ СТАТЬИ И БЕСЕДЫ С КОРРЕСПОНДЕНТОМ)

...В переходе метро продавщица книжного развала убеждает молодую мамашу приобрести бестселлер детской развивающей литературы — «Деньги для самых маленьких» или «Поиграем в киллера»... Покупательница вяло сопротивляется: он еще малыш, зачем детскую головку этим забивать... Продавщица: «А лучше, чтоб воровал?.. А лучше, чтобы его убивали?.. Учить выживанию надо. И пусть знает, откуда деньги растут... Вот тут ребятишек договора с родителями составлять учат. Ну какие договора, вы что, женщина, не в курсе совсем? Кто по дому что делает, сколько за пятерки платить, за четверки, за двойки штрафные санкции... Берите, не пожалеете!..»

Приснилось мне это после очередного детского приема или было наяву — уже не ручаюсь...

...Илье было 14 лет, когда он, украв у родителей 16 тысяч долларов, промотал их за 3 недели. Обнаружив пропажу, отец сперва хотел замочить заподозренного сослуживца, но удержался, вызвал следователей, и те без труда вычислили воришку. Возвратить потерянное было уже невозможно. Сыночка папа пальцем не тронул (хотя до того угощал подзатыльниками, а то и снимал ремень). Просто сразу отправил в психушку.

Три месяца пичкали таблетками и кололи, лечили «шизофрению». Но потом Илье шизофреником быть расхотелось — он ведь просто косил со страху, что упекут подальше, и с помощью химии так глубоко вошел в роль, что и вправду почувствовал дырку в крыше... К этому времени он уже был анашистом, пробовал и еще кое-что, а после дурдома убежденно подсел на героин.

Сейчас Илье 20 лет. Делает вид, что учится в неинтересном для него институте, делает вид, что работает при отцовском ведомстве (папа — банкир), делает вид, что живет, а на самом деле «торчит» и время от времени делает вид, что лечится. Крадет деньги где только может.

«Не могу жить без кайфа. Не устраивает реальность, — сказал он мне грустно. — Но завязывать надо. Уже пропадает потенция. Хочу вылечиться. Но как жить без кайфа?..»

Заметны признаки истощения. ВИЧ-инфицирован.

Три месяца я волок его (доверительный контакт, минимальный набор лекарств). На четвертом он вдруг исчез. Я понял: сорвался.

Позвонил: — Беда у меня, В. Л. Можно, приду?

— Можно.

Он не пришел.

Возможно, я в чем-то ошибся или был слишком мягок. Но я ведь не полицейский, лечился он добровольно...

Наркоманы бывают хорошими; наркомания — никогда. Если человек — наркоман, значит в нем поселился бес — лживый, коварный, фантастически изворотливый.

Купить наркотик, как всем известно, теперь можно почти на каждом углу, чуть ли не в каждой московской и питерской девятиэтажке есть свои дилеры. Взрывной рост, эпидемия. Вчера приходила мать юного наркомана, покончившего с собой два года назад. В компании его бывших друзей за это время погибло еще трое...

Главные наркослова

Быстрее всех слов (кроме «мама», но не всегда...) ребенок обучается произносить «дай» и «еще».

Сущность любого порока — нарушение целостности: отрыв средства от цели. Бесчинствующая автономия, самодовлеющая частичность. Переход меры истинной нужности — по себе каждый знает, как трудно уловить этот миг, и как легко все полезное и хорошее становится вредным и разрушительным; как то одна, то другая частная надобность, будь то еда, питье, игра, зрелище, секс, работа или безделье — строит из себя государство и стремится сделаться господином Жизни. Привычка — потребность — пристрастие — зависимость — рабство...

В конце этого ряда либо освобождение, либо смерть. А всему погибельному начало — наивность.

Рекламе непохвальное слово

«Пепси, бери от жизни все» — «Не тормози, сникерсни!..» Продавец товара постоянного спроса стремится каждого сделать своим покупателем, а каждого покупателя — наркоманом своей продукции. Подсадить!

Что уж говорить о товарах, которые сами подсаживают — о сигаретах-всегда-с-тобой, о шоколаде-всегда-хочется?.. (Есть, кстати, и такая наркоманийка — шоколадизм, к нему склонны трусоватые юноши и страдающие от нехватки любви к себе девушки).

Идеальный продукт рекламы — человек-наркоман, маньяк потребления, дойная человекоскотина. Засилье рекламы вносит в нашу наркоэпидемию по меньшей мере пятидесятипроцентную лепту. Такую же, если не больше, и в рост преступности.

Реклама занимается психологическим бандитизмом: настраивает подсознание на наркотический лад — внушает, внедряет, вдалбливает культ всепохотливости, идеологию кайфа-во-что-бы-то-ни-стало. («Подари себе даниссимо, и пусть весь мир подождет»)

Дети, подростки — самый лакомый адресат. Нет, вовсе не обязательно дитя ваше после рекламной вставки о сникерсах побежит немедленно обжираться сникерсами. Но **чем-нибудь** обжираться станет: каждое «не-тормози-сникерсни» закладывает ему в подкорку культ вожделения и автоматного подчинения сиюсекундному импульсу с его главной идеей — нажрись здесь и сейчас...

Для наркопрофилактики

Насколько это в ваших силах — не позволяйте своим детям (от года до 16) бездумно смотреть рекламные телеролики, слушать радиорекламу, рассматривать щиты... Выключайте экраны на время рекламных пауз.

Возразят: куды ж от реклам нынче деться? Вон и на соке она — «то, что ты хочешь», и на троллейбусах, и на памперсах, без которых и взрослому не прожить и дня...

Глупо приказывать не смотреть рекламу (запретный плод!..) — но можно от нее отвлекать, можно высмеивать, пародировать, можно вместе с детьми придумывать СВОЮ СОБСТВЕННУЮ рекламу — домашним вещам, животным, игрушкам, себе самим... Когда в доме пляшут искорки творчества, многих бесов можно уже не бояться.

Хто написал Ифгений Анеген

Две девчонки по 15 лет. Внешне и по характерам похожи. Обе убежали из дома, но по разным причинам.

Одна — младшая дочка финансового воротилы. Отказа ни в чем, сверхопека и сверхзагруженность (два языка, музыка, танцы, гимнастика, рисование, школа хороших манер...) С 13 лет все опротивело стала воровать деньги из дома и исчезать, прибилась к компании наркоманов, где под балдой практикуется и групповой секс...

Другая — дочь родителей-наркоманов, делающих деньги, большие, но непрерывно «летящие», на наркобизнесе. Росла в полном небрежении. Была постоянной свидетельницей жутких оргий и диких ссор родителей.

Скорее всего, силой отрицательного примера девочка ни разу не попробовала ни наркотика, ни даже пива или сигареты — ко всему этому у нее отвращение. Из дома, не выдержав, убежала к тете. Ко мне пришла посоветоваться по поводу бессонницы и ночных страхов...

Отчуждение между родителями и ребенком в одном случае погубило, в другом спасло.

Корреспондент «Комсомольской правды» (далее — «Кор.»). — Первый случай по нынешним временам заурядный, а второй потрясающий.

Значит, есть все-таки охранительная духовная сила в детишках?!

ВЛ — Почти у всех и душа, и тело сперва отчаянно сопротивляются наркотической мерзости. Но трудно представить, на какой уровень упадет потомство сегодняшнего наркоманского поколения — а оно уже рожает... Природа сильна, запас прочности велик. У наркомана может родиться и относительно здоровый ребенок. Но что будет с ним дальше?.. С его детьми?.. Отрицательный пример, как и в алкогольных семьях, действует положительно лишь в одном случае из трех-четырех...

Кор. — Вы сказали об отчуждении. А причины?..

— В одном случае нехватка любви, в другом понимания и ума, в третьем того и другого, в четвертом времени для общения, в пятом — бессилие перед трудностями характера, жизненной ситуации или болезни... Разлады между родителями, их пороки и дурь...

Усилитель разобщения — школа, делающая родителей домашними надзирателями. А к подростковому возрасту в самом ребенке возрастает «центробежная сила» — потребность в СВОЕЙ компании, закрытой от старших. Вот тут волосатый кайф и протягивает свои щупальца...

Кор. — Но куда же деться, куда кинуться в поисках нравственного здоровья и настоящих ценностей, а не только кайфов? Искать где?.. Дома, в глупой больной семье?.. В государственной школе с замшелыми программами, где учителям не платят зарплату? В школе коммерческой, где плата высокая, а уровень преподавания ниже пояса?.. В продажном загаженном телевизоре?.. В архаичной, дремучей церкви?.. В порнушном Интернете?.. В психушке?.. Где, где она, духовная норма?..

ВЛ — Насчет взрослых не знаю, а что до детей, то признаюсь вам, за долгие годы практики мои критерии нормальности порядочно поскромнели: не дебил ребенок, не ярко выраженный аутист-шизофреник, не наркоман клинической степени, не участник преступной банды — чего же вам еще от него надо?.. Ну подумаешь, не знает, *хто напесал «Ифненей Анеген* (цитата из школьного сочинения), в слове «еще» делает пять ошибок *(«истчо»)*, заканчивая фразу из четырех слов, не помнит, с какого начал, деньжонки родительские подворовывает, но на питание им оставляет, один раз из семи возможных говорит правду, напивается вусмерть не чаще других...

А серьезно — официального адреса духовного здоровья на земле никогда не было, нет и не будет. «Дух дышит где хочет». Личностных, конкретных носителей его можно встретить повсюду. И учитель учителю рознь, и психиатр психиатру, и священник священнику, и семья семье, и ТВ-передача ТВ-передаче...

КИинтернету отношусь с большими надеждами. Новая среда общения и информационный наркотик, не худший. «Интернет-эпидемия» — противовес наркохимической...

Важно, чтобы побольше хороших нормальных людей приняло в ней участие.

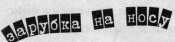

Что удерживает детей от наркотиков

☞ ранее развитие интересов и увлечений;

☞ плотная загруженность трудными, но увлекательными занятиями — очень важно притом, чтобы детская самооценка не подвергалась риску: самолюбивые дети, «пропустившие гол» (переругали, недохвалили, кто-то оказался успешнее...), часто пускаются по наклонной плоскости...

☞ длительная, развивающаяся дружба с родителями — открытость, душевность плюс общее дело, предмет единения (спорт, походы, автомобиль, домашний театр, видеотека, музицирование, животные, совместная работа...);

☞ все клубные, политические, церковные и иные формы детско-подростково-молодежной жизни, любые тусовки, не имеющие в обиходе наркотиков;

☞ ранняя любовь, особенно со взаимностью, и ранние счастливые браки с рождением детей, если только браки эти не распадаются сразу, если юные сами строят свое гнездо, если супружество помогает взрослению;

☞ раннее осиротение и нужда с необходимостью зарабатывать и утверждать себя в жизни, с ранней ответственностью за себя и других...

Воистину, Природа не терпит пустоты...

(См.также с.173 и 175).

Вот он, кайф, превратившийся в груду руин:
наркомана привозят в палату.
Бог ли дал наслаждение чадам своим
за такую безумную плату?..

Я глотаю действительность как желудочный зонд.
В осажденном пространстве моих напряжений
главный врач — отвратительность. Мой горизонт
ограничен количеством рвотных движений.

Бог, скорее на помощь! В конце-то концов,
разве это не ты нам подлянку устроил?
В наших генах грехи неизвестных отцов,
мы с рожденья болеем смертельным здоровьем.

Хватит нас обвинять, посмотри нам в глаза:
разве каждый из нас не забитый ребенок,
у которого ты забираешь назад
все подарки свои, начиная с пеленок?..

Посмотри, как горит и гниет наша плоть,
сколько ада в глазах одиночек,
обреченных блевотину в сердце колоть,
лишь бы пыткою пытку отсрочить.

Я плевком загасил бы свечу бытия,
но догадка мерцает под кожей...
Если Ты не судья, если болен как я,
если мерзость моя — это ломка Твоя,
           то прости, то прости меня, Боже!..

Вот почему родителям не верят:
все, кроме идиотов, лицемерят.
Пространство склонно к хамству.
Время врет.
Потомки — забывающий народ.

Они не знают, как мы их спасали.
Им это задали. Они писали
об этом сочинения. Слова
для них слова и только. Пухнет голова.
Законы положительной отметки
насилуют законы нервной клетки.
Когда в душе господствует вина,
такую душу посылают на...
Правители блюдут свои увечья
как звери. Вся порода человечья
искривлена, вся польза от вреда,
весь мир из ниоткуда в никуда
перетекает...

Рано или поздно
от гниды ли какой сыпнотифозной,
от СПИДа или бомбы — все равно
все будем там, но есть еще вино,
и вечный кайф, и дайте, дайте, дайте,
а не дадите — на себя пеняйте...

Я задержусь. Мне не дает пропасть
власть слабости, божественная власть.
Рука. Перо. Врачебная печать.
Я у доски. Я буду отвечать.

Как снять с крючка моего червячка?

Кор. — Весьма вероятно, этот наш разговор по-падется на глаза родителю начинающего или уже продвинутого наркомана. Вопрос для него единственный: как спасать дитя, что делать, куда бежать? Как вести себя?..

ВЛ — Прежде всего ориентировка. Самый первый практический вопрос, который надлежит выяснить: понимает ли свое положение само чадо, осознает ли, что наркоманствует, что «торчит» или близок к этому?..

И второй: хочет ли «соскочить с крючка», освободиться от зависимости, «завязать»?..

Если на оба вопроса ответ «да», то немедленно вести в наркоцентр, желательно с хорошими психотерапевтами и психологами... Если «нет», или только на второй «нет», или ни «да», ни «нет», как часто бывает — действовать по обстоятельствам, смотри дальше памятку... Наихудший выбор (после игнора или выбрасывания из дома) — бесплодно пытаться лечить насильно, сажать в психушку или в тюрьму. Наилучший — продолжать неустанно общение и выяснение действительного положения дел.

Кор. — Как же это все выяснять при общеизвестной скрытности и лживости наркоманов?

— Разговаривать. Говорить и спрашивать, спрашивать и говорить...Чем спокойней, тем лучше.

Кор. — Но ведь...

— Скорее всего, будет отрицать, лгать, уходить, разумеется... Но ведь **это уже видно.**

У большинства наркоманов, включая и самых юных, мотивированность ДВОЙНАЯ, противоречивая — это следует понять как можно отчетливей — **двойственное** побуждение: и вырваться, «соскочить», жить нормально — и продолжать получать кайф или хотя бы убегать от растущих мучений ломки...

Чашу весов этой двойственности можно склонить в сторону спасения, если только удастся достичь доверия.

Кор. — Вопрос с почти известным ответом, но все-таки... Можно ли вылечить наркомана гипнозом, кодированием?.. Может помочь молитва или какой-нибудь магический отворот?

— Ни одного достоверного подобного случая я не видывал, хотя слышу много небылиц... Пользование наркоманов стало прибыльным дельцем, и коммерческая наркология отнюдь не антагонист наркобизнеса, а наоборот...

Наркоэпидемическая реальность нова и для тех, кто пытается помогать. Многих ребятишек втягивают в наркоманский омут обманом или насильно. Мода на наркотики, миф об их «крутости», внедренный наркомафией в молодежные слои, ставит спасателей в тяжелые условия. Плох прогноз у ребят, втянутых в наркоманские *полумафии* — быстро распадающиеся, но и быстро растущие, как раковые метастазы, микромирки. В мирках этих свой убогий жаргон и своя одноклеточная философия: живи минутой, умри сегодня, а я завтра... Нет места ни дружбе, ни любви, ни даже простому любопытству — все чувства сжигаются зельем, и держит каждого лишь круговая повязанность наркотической паутиной.

Кор. — В вашей практике чудеса бывают?..

— В единственном числе — да, бывают, и на одного человека одного чуда вполне хватает...

ЕСЛИ ВАШ РЕБЕНОК УПОТРЕБЛЯЕТ НАРКОТИКИ

ПАМЯТКА ДЛЯ РОДИТЕЛЕЙ

1) СТОП — ПАНИКЕ , СТОП — ОТЧАЯНИЮ

Некоторые родители, узнав, что ребенок употребляет наркотики, готовы либо убить его, либо выгнать... СТОП. Собраться. Нужна точность действий.

2) НЕ ОБВИНЯЙТЕ, А ПОНИМАЙТЕ

Не время для разборок, кто виноват. Не обвиняйте ни его, ни себя, это лишь повредит спасению. Вам нужно узнать и понять очень многое. Очень быстро.

3) СОБЕРИТЕ МАКСИМУМ ИНФОРМАЦИИ

Вот три направления, по которым вам нужно выяснить все как можно точнее, полнее:

— все о приеме наркотиков вашим ребенком: что принимал (принимает), сколько, как часто, с какими последствиями в самочувствии и настроении, степень тяги, осознание или неосознание опасности;

— все о том обществе или компании, где ребенок оказался втянутым в наркотики;

— все о том, где можно получить совет, консультацию, помощь, поддержку.

К вашим услугам справочники, газеты, журналы, теле- и радиопередачи, Интернет и многое другое...

Расспрашивайте друзей и знакомых, всех, кто попадется, не стесняйтесь, не бойтесь.

Хочется скрыть свою беду, это понятно... Но лучше вынести сор из избы. чем в нем задохнуться.

4) НЕ ОБОЛЬЩАЙТЕСЬ

Скорее всего, поначалу вам удастся узнать лишь немногое или почти ничего. Возможна дезинформация — давность и интенсивность употребления наркотиков, степень зависимости ваш ребенок будет скрывать от вас или преуменьшать.

Побоится назвать и своих компаньонов, и тех, кто втянул его в наркотики и держит на крючке ...

Не пережимайте в дознании, не демонстрируйте подозрительность и недоверие. Но и не делайте и вида, что вы всему простодушно верите.

Если ребенок явно лжет или замкнут, оставьте вопросы и продолжайте собирать информацию помимо него. Как можно больше узнайте о его окружении.

Не рассчитывайте, что победите наркоманию, даже начальную, лишь собственными усилиями. Не бойтесь обращаться за помощью.

НО НЕ К КОМУ ПОПАЛО!..

5) БУДЬТЕ ТВЕРДЫ

Если замечаете, что сын или дочь приходит домой в странном состоянии, что из дома исчезают вещи и деньги — скажите ему (ей) спокойно, внятно и твердо, не вдаваясь в расследования, что знаете, **что** происходит. Предупредите, что будете действовать.

При продолжении такого же поведения действуйте сразу, с поддержкой тех, кто может вразумить и помочь. Наркологи, психиатры, милиция?.. Телефон доверия?.. Ориентируйтесь.

Ни в каком случае:
— не ругайте скверными словами,
— не угрожайте,
— не бейте по голове

ПОНИМАЮЩИЙ МИР

6) ДОВЕРИЕ И ЛЮБОВЬ ВАЖНЕЕ ВСЕГО. ХОТЯ БЫ ТОЛЬКО С ОДНОЙ СТОРОНЫ...

Старайтесь неустанно, любыми словами и действиями доносить до своего ребенка:

— я люблю тебя независимо ни от чего;

— я не откажусь от тебя, не уступлю гибели;

— я твой друг и поэтому враг твоей наркомании;

— я знаю, что наркомания может переворчивать твои чувства и сознание, что она может заставлять тебя лгать, красть, совершать преступления;

— но я не отождествляю тебя с наркоманией, ты и наркомания для меня абсолютные противоположности;

— я всегда буду стараться понять тебя;

— я буду стараться верить тебе, даже зная, что ты обманываешь — в любой момент ты можешь признаться в обмане, и я не стану тебя осуждать;

— я не вторгаюсь в твои тайны, не покушаюсь на твою свободу; я буду узнавать о тебе все возможное лишь в тех пределах, которые необходимы, чтобы победить наркоманию;

— я знаю, что ты хочешь освободиться от наркомании или захочешь, когда прозреешь, поймешь...

7) УВЕЛИЧИВАЙТЕ КОЛИЧЕСТВО СВЕТА В ДОМЕ.

Во всех смыслах!..

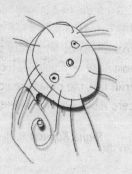

Солнышко. Маша Леви 2-х лет

ПОНИМАЮЩИЙ МИР

13

...о жертвах родительских войн,
о скуке, о празднике
и о другом...

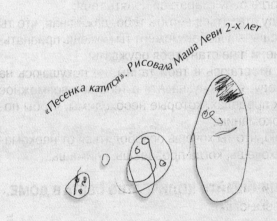

«Песенка катится». Рисовала Маша Леви 2-х лет

Часто мы видим сознательное упорство злой воли там,
где на самом деле — банкротство воли;
избыток энергии там, где отчаяние усталости...
Прежде всего надо, чтобы знание знало.

Януш Корчак

ПОЛУСВОИ
перевод с детского

Помните ли? Сперва эта кроватка была слишком просторной, потом как раз, потом тесной, потом ненужной. Но расставаться жалко...

И комната, и коридор были громадными, полными чудес и угроз, а потом стали маленькими и скучными. И двор, и улица, и эта вечная на ней лужа, когда-то бывшая океаном, и чертополох, и три кустика за пустырем, бывшие джунгли...

Помните ли времена, когда травы еще не было, но зато были травинки, много-много травин, огромных, как деревья, и не похожих одна на другую? И сколько по ним лазало и бродило удивительных существ — такие большие, такие всякие, куда они теперь делись?

Почему все уменьшается до невидимости?

Вот и наш город, бывший вселенной, стал крохотным уголком, точкой, вот и мы сами делаемся пылинками... Куда все исчезает?

Может быть, мы куда-то летим? Отлетаем все дальше — от своего мира — от своего уголка — от себя...

...Тьмы, откуда явился, не помню...

Я не был сперва убежден, что ваш мир — это мой мир: слишком много было непонятного, удивительного, слишком много всего...

Но потом убедился, поверил: это мир — мой, для меня. В нем есть все, что нужно, и многое сверх того. В нем можно жить весело. Жить прекрасно, жить вечно!..

Если бы только не одна штука, называемая «нельзя»..

Безмерной значимости события происходили там, за порогом... За этой глухой стеною внутри меня — там хранится главное, там сокровища... Но попытки проникнуть — увы... Стена, мрак... глухой гул неизвестности...

Первое, что возвращается — некое виброполе...

...Два женских голоса: мелодично-высокий, нежно-небесный — это моя мама, она пела чудесно... и голос пониже, потверже, с нотками веселой иронии — бабушкин. Они были со мной раньше и ближе всех и вошли в мое существо. Все остальное уже с примесью расстояния...

...Какой-то трехногий обшарпанный стул. Чей-то огромный башмак. Собачья морда, склонившаяся над коляской. Пара наклоненных задов крупным планом...

Словно ходил начинающий фотограф, пробовал аппарат, снимал что попало. А уже после этого, идиотически-безразличного, запоминается то, что не получается, затруднительные и отчаянные положения, когда события решительно ополчаются против тебя, а чуток спустя, когда выход находится, и жизнь опять бежит гладко, память нетерпеливо машет рукой: ну, это уже неинтересно, проваливается и вылезает у нового испытания...

..Этот мир назывался Домом. И в нем были вы — большие, близко-далекие, и я верил вам. Мы были одно.

А потом что-то случилось. Появилось ЧУЖОЕ. Как и когда, не помню; собака ли, с лаем бросившаяся, страшилище в телевизоре или тот большой, белый, схвативший лапищами и полезший в рот: «Покажи горлышко!..»

Вы пугали меня, когда я делал «нельзя», и я стал бояться. Когда вы уходили, Дом становился чужим: кто-то шевелился за шкафом, шипел в уборной..

...в солнечный день вбегаю со двора в наш дачный дом — ноги, еще не очень послушные, несут меня сами, топ-топ, топ-топ — и вдруг черная дыра: с разбегу влетаю в зев подпола, ноги неудержимы, обрыв сознания...

Меня сразу вытащили, ничего не сломал, было лишь легкое сотрясение мозга... Но с этого мига затаилась во мне стерегущая чернота... Не люблю спать взаперти... Смерть, она была раньше, когда меня не было. Смерть была мной-другим...

Прибавилось спокойствия, когда выяснилось, что Дом, мир мой-и-ваш, мой-и-наш — может перемещаться, как бы переливаться в чужое — когда, например, мы вместе гуляем или куда-нибудь едем.

Со своими возможно все, и чужое уже не страшно, уже полусвое. И когда вы начали оставлять меня в чужом одного («Ты теперь будешь ходить в детский сад, там такие же мальчики и девочки, как и ты, и никто не плачет»), я плакал, но ждал вас и верил.

Как же долго я думал, что мой Дом — это мир единственный, главный и лучший — Большой Мир! А все чужое — пускай себе, приложение, постольку поскольку...

...Запахи и цветы в детстве так резко-близки, так ошеломительны, так взрывают мозг... Одуванчик — восторг, брызги солнца! Колокольцы радости, ландыши! Песнь блаженства, сирень! Акация, упоение... Господи, я не зря родился: я видел, вдыхал, обнимал Белую Акацию! Ничего больше не нужно...

...Как долго считал я вас самыми главными существами на свете! Но вы так упорно толкали меня в чужое, отдавали ему — и чужого становилось все больше, а вас все меньше. Когда осваиваешься — ничего страшного. Есть опасности, зато интересно. Здесь встречали меня большие, как вы, и маленькие, как я, и разные прочие...

Школа моя — тоже Дом: шумный, сердитый, веселый, загадочный, скучный — да, целый мир, полусвой, получужой. Среди моих сверстников есть чужие, есть никакие и есть свои. Я с ними как-то пьянею и забываю о вас...

Почему мой Дом с каждым годом становится все теснее, все неудобнее, неуютнее?

Почему вы год от года скучнеете? Да вот же в чем дело: наш Дом — это вовсе не Большой Мир, это маленький!

Только один из множества и не самый лучший...

Вы вовсе не самые большие, не самые главные. Вы не можете победить то, что больше вас, вам не увидеть невидимого. Вы не можете оградить меня от чужого ни в школе, ни во дворе, ни даже здесь, дома, вон его сколько лезет — из телевизора, из компьютера, из меня самого!.. А у вас все то же — «нельзя» и «давай-давай»...

Не самые большие — уже перегнал вас, не самые сильные и умные. Это все еще ничего... Но знали бы вы, как больно и страшно мне было в первый раз заподозрить, что вы и не самые лучшие. Конец мира, конец всему...

Если мне только так кажется, думал я, то я изверг и недостоин жизни. Если не вы, давшие мне жизнь, лучше всех, то кто же? Если не верить вам, то кому же?.. Значит, полусвои и вы?..

Где же мой Дом? Где-то там, в Большом Мире?.. Но как без вас? Я еще ничего не знаю и ничего не умею, а Большой Мир неприступен; все заняты и все занято — в Большой Мир надо еще пробиться, в Большом Мире страшно...

У меня есть друзья, но они будут со мной лишь до той поры, пока не найдут своего Дома, мы в этом не признаемся, но знаем: мы тоже полусвои...

...А вы стали совсем маленькими — невидимыми: потерялись. Я ищу вас, родные, слышите?.. Ищу вас и себя...

Чертополох и три кустика за пустырем...

Симпузиум по Скукологии
ПРОДОЛЖЕНИЕ — НАЧАЛО СМ. С.310

 — Так вот, — Д. С. уселся поудобнее, — Александр Дюма сказал после ужина в каком-то салончике: «Если бы там не было меня, я бы сдох со скуки». У него неплохо работали лобные доли мозга, как вы считаете?

Это я к тому, что один из признаков нарушения лобной функции — утрата способности испытывать скуку. Есть гении, веселящие целый мир и умирающие от скуки. А лобный больной — патологически скучный человек, скуки не чувствующий. Счастливец!..

— Позвольте, позвольте. Не могу согласиться. Огромный процент человечества...

— Минутку, я не закончил. Лобные доли, говорю я, являются главным центром ОЩУЩЕНИЯ скуки, а также и главным органом борьбы с нею. Неощущение скуки достигается двумя противоположными способами. Либо самоотключение лобных центров — всякого рода балдеж. Либо, наоборот, их повышенная активность — всякого рода творчество.

— Балдеж творческий?

— Можно и так. Теперь представим себя в положении человеческого детеныша, природная психогенетическая программа которого состоит в скорейшем и интенсивнейшем развитии этих самых лобных долей.

— Но...

— Подождите, я только начал. Я говорю: ДОЛЖНА состоять, убежден, что так и задумано. Именно потому, что такая программа в детёнышей вложена, они так невыносливы к скуке и так яростно с нею борются.

Лобные доли жаждут работы, чтобы развиваться. А когда работы не получают или с ней не справляются — тотчас рождают эту вот боль, называемую скукой, производят судорожные всплески, а далее тем или иным способом отключаются. Вот откуда эти внезапные приступы нелепого буйства или тупой ступор...

— Без-лобное поведение?

— Все поведение учащихся, вся история педагогики, — хотел я сказать, — это история борьбы лобных долей за свое существование. По моим подсчетам, девяносто процентов бодрственного времени ребенка уходит на сопротивление скуке. Разумеется, с вариациями...

— А у взрослых?

— Еще не подсчитал. Но уже сделал вывод, что скучные взрослые — это дети, отравившиеся взрослятиной.

— Симптоматика?..

— Широчайший спектр отупения. Тоска, ищущая себе причины. Создание искусственных напряжений, от выяснения отношений на пустом месте до построения бредовых систем. Азартные игры и наркотики всяческие. Расцвет пошлости до извращений включительно. Вандализм, жестокость, садизм, самоубийства...

— Все это описывали старинные исследователи скуки ученической, экспедиционной, корабельной, армейской, тюремной... В семейной примерно то же.

— Взрослые — это половозрелые дети, которые, когда их не лупит кнут какой-нибудь необходимости — когда в безопасности, когда сыты, согреты и выспались, когда удовлетворены основные инстинкты — только и делают, что придумывают себе желания. Чтобы снова и снова сгущаться вокруг какого-нибудь стерженька, чтобы не распадаться. А мой пациент, наркоман, выдавил как-то на ломке: душа — болящая пустота, на х.. она нужна!..

Попробуем теперь уяснить общие знаменатели. Скука всех видов предполагает некое замкнутое сообщество...

— Знаменитая провинциальная скука?..

— ...Да, или замкнутое пространство и время.

— Коварнейшая скука путешественников, описанная еще Плинием Старшим...

— ...Да, и скука туристов, засоряющих планету. Короче говоря, замкнутость жизни. Не обязательно внешняя, но обязательно внутренняя. В любых условиях, хоть в раю, такая вот обреченность, такая обязанность — жить, такая кошмарная необходимость — жить, когда нет настоящей борьбы за жизнь. Когда нет истинного познания. Когда нет творчества. Когда нет веры...

— Нет, короче, полноты жизни.

— И нет осмысленности, придающей полноту жизни даже самой суровой, скудной и стиснутой... Когда нет любви, соединяющей жизнь отдельную с Жизнью Всеобщей, хотя бы через посредство еще только одной другой жизни, совсем маленькой, хотя бы через собачку... Вот на этот отрыв, на отторжение души от духовного тела мира она и ответствует болью...

— Похоже, мы с вами рисуем довольно заурядную картинку из жизни ребенка.

— Слава богу, сами они стараются рисовать картинки другие. Благодарение природе, дети еще играют.

— А мы им помогаем...

— Вот-вот. С раннего возраста, с помощью дяденьки Телевизора торопимся сделать детей пассивными потребителями интересненького, одновременно заставляя есть кашу под названием «надо». А потом удивляемся, почему же не развиваются интересы, и откуда такая избыточность эгоизма. «Надо — пил, надо — ел, сам себе я надоел», — как сказал один мой знакомый старичок.

— Сколько ему лет?

— Семь с половиной.

— Солидный возраст. А чем болеет?

— Чем надо, тем и болеет. Мечтает заболеть чем не надо. И знаете, что еще мне сказал? «Я живу очень разнообразно. Это очень скучно». У него много занятий — музыкой, языками, спортом, ручным трудом... Много всяческих игр и игрушек, книжек, одежек — в общем, целый «Детский мир».

— От разнообразия, помнится, скучали владельцы восточных гаремов и китайские императоры...

— После встречи с этим страдальцем я еще раз сказал себе, что развлекать детей — дело вредное.

— Однако же сплошь и рядом мы видим, что дети, предоставленные себе, маются от скуки и организуют такую энтропию, что только держись... Созидательных игр, как правило, не получается. А получается...

— Тарарам и бедлам, совершенно верно. Взбешенная пустота. Но ведь это и неестественно, когда дети предоставлены только себе. Детство творчески питается Большим Миром, а Большой Мир — детством. Скука со всеми ужасами рождается, когда между детьми и Большим Миром возводятся искусственные перегородки. Так называемая учеба. Так называемые учебники. Так называемые уроки. Так называемые детские площадки...

— Но ведь все это как раз для того, чтобы дети не скучали и учились быть взрослыми.

— А получается насильственное удержание в роли детей. Вот и приходится учиться взрослеть по-своему. Посмотрите на компашки нынешних пуберов. Уже лет с тринадцати что они делают, собираясь?.. Балдеют, подавляя в себе детство со страшной взрослой силой. Отчего и остаются духовными недоразвитками, инфантилами.

— В компашках таких обычно лидирует какой-нибудь протестант, остальные — жертвы безумной скуки семей, помешанных на идее «хорошо воспитать ребенка»...

— Цель «хорошо воспитать» нельзя ставить, тогда она достижима. Тайна воспитания есть тайна поэзии.

— Что же нам с детьми, с собой то есть, делать?..

— Что требовать от сегодняшнего родителя, учителя, воспитателя, от себя самих, понимая, что в каждом из нас томится ребенок, покалеченный скукой? Зная, что ребенок этот находится на службе у скуки?..

— Вдруг взять да и запрыгать на одной ножке?..

— А почему бы и нет? Кто призвал взрослых учиться у детей — «будьте как дети», помните?

— Если не ошибаюсь, Иисус Христос, но ведь это еще как понимать...

ЖИЗНЬ И ПРАЗДНИК
перевод с детского

— Мама! Папа! Мне скучно. Мне с вами скучно. Мне с собой скучно. Мне скучно жить. А вам — ну признайтесь, чего там, я не обижаюсь уже, давно понимаю — вам скучно со мной, скучно с собой, скуууууууууучно.............................

Так вот, я предлагаю вам, я прощу, умоляю: давайте ОБЪЯВИМ СКУКЕ ВОЙНУ — у себя дома! Здесь и сейчас! Немедленно!

Пусть будет разок-другой недостирано белье и недомыта посуда, пусть пол не всегда будет зеркально чистым и отметка не всегда лучшей, пусть и то не совсем так, и то не вовсе эдак, пускай даже и все не так!..

Но пусть каждый день будет у нас хоть самый маленький праздник — наш общий праздник! И пусть в этот праздник мы все друг у дружки будем, пусть каждый принадлежит каждому!..

Не подарки нужны мне, не мороженое, не фигли-мигли с картинками — нужен ТЫ, папа, нужна ТЫ, мама. Родительская душа в чистом виде! Со-БытиЕ нужно с вами — Совместное Бытие! А творится Со-БытиЕ из событий, творимых вместе.

В поход — да! И кукольный театр — да! И рыбок!.. Сначала придется насчет аквариумов?.. Заметано, я буду у вас заврыб... И собаку! Надо только найти самую подходящую... Гулять выводить придется, прививки всякие... Собака — это, конечно, еще целый я — зато радости!..

А еще давайте накупим масок и будем устраивать маскарады, играть во всякие сказки!

И еще вот: вместе превращать «НАДО» в «ХОЧЕТСЯ!» Интереснейшая игра! Вот возьмем хоть эту задачку про канаву... Как там? После того как землекопы, копавшие канаву, вырыли 11 м канавы, осталось на 9 м больше канавы, чем уже вырыли канавы в прошлый раз, когда надо было вырыть по плану на 5 м больше канавы, чем вырыли в предыдущий. Сколько всего метров канавы надо было вырыть землекопам за два дня копки канавы?.. Пропади она пропадом, эта канава.

А задачку мы все равно решим! Знаете как? Заменим землекопов на футболистов (хоккеистов, мороженщиков, мушкетеров, артистов...).

Не сколько канавы, а сколько голов за два матча — побеждать, в финал выходить!

А может, взять да и разыграть на нашем настольном хоккее — идея?..

А я сам знаете какую задачу придумал? На уроке скуковедения плохой ученик Ваня зевнул 16 раз, а отличница Маша в два раза больше.

Учитель зевнул в три раза больше, чем Ваня и Маша, вместе взятые, но он зевал, отворачиваясь к доске, никто этого не видел. Сколько же раз зевнул учитель?

А угадайте, в какую игру можно превратить уборку, готовку, стирку, хождение в магазин и все прочее?.. В домашнюю лотерею!!

Досталось — делай, изволь. Но и приз получай, приз-сюрприз! Давайте устроим дома: театр (кукольный, масочный, пантомимический, драматический, комический, всевозможный), художественную мастерскую, музыкальный клуб, технический клуб, литературный клуб (обмениваемся новинками, пишем стихи, рассказы, выпускаем свой журнал...), живой уголок (птицы, звери, насекомые...), общество коллекционеров (марки, машинки, спичечные коробки, фотографии артистов, значки, книги, идеи...), авто-мото-вело-фото, самодеятельную спортивную секцию, туристическое содружество, шахматный клуб, столярную артель, школу сказочников — все что угодно и все вместе взятое!!!

И учиться давайте весело, учиться играючи!

Поймите, поверьте: игра для меня — это жизнь! Это самое важное, это очень серьезно!..

Почему игра так мне нужна, почему так развивает? Потому что это единственный способ освободиться от надоевшей роли Себя Самого — и стать взрослым, оставаясь ребенком.

Так же, как и для вас, взрослых, единственный способ стать снова детьми, оставаясь взрослыми.

Только в игре я — кто хочу и делаю что хочу! Строю и разрушаю, учу и воспитываю, наказываю и награждаю, люблю и сражаюсь, рождаю и убиваю! Я живу, я творю!

Играем в футбол, в хоккей, в шахматы, в бадминтон? Помогаем шить платье для куклы, рассказываем сказки, бегаем в салочки, плаваем, строим дом, ходим вместе в лес, зоопарк, театр?

Все это хорошо, очень хорошо!.. Только МАЛО!!!

В подвижных, спортивных и деловых играх мы, конечно, сближаемся, но все же еще далеко не на равных, каждый из нас остается собою, и только. То и дело учите, указываете, помогаете, покрикиваете, поглядываете на часы... И в голову не приходит на время ПЕРЕСТАТЬ БЫТЬ РОДИТЕЛЯМИ!

Игра — дверь из Действительности в Возможность, всегда открытая в обе стороны!.. Что ты скажешь, мама, если я предложу тебе стать моей Младшей Сестрой, потом Снегурочкой, потом Малышом, Золушкой, Багирой, Дюймовочкой, Каштанкой... А я буду: твоим Старшим Братом, Дедом Морозом, Карлсоном. Принцем, Маугли, опять Принцем, потом Др-р-рессировщиком...

Моя стихия, моя главная жизнь — игры ролевые, с перевоплощением, с САМОзабвением!..

А ты, папа, не желаешь ли стать: Новорожденным Младенцем, Коровой, Людоедом, превратившимся в мышку, Двоечником, Винни-Пухом, Другом Индейцев? А Бекки Тэчер? А я буду возить тебя в колясочке и поить из бутылочки, буду Пастухом, Котом в сапогах, Директором, Кристофером Робином, Вождем Индейцев, потом Томом Сойером...

Согласны? Прекрасно!

Теперь поглядим, как это у вас получится...

Э, нет! Не то, НЕ ПО-НАСТОЯЩЕМУ.

Жалко смотреть на вас, взрослых, позволяющих себе поиграть с нами по выходным. Почему вы не выпускаете себя из взрослости? Чего вы боитесь?..

Вместо настоящей жизни в игре, всерьез, как только и можно играть, всего лишь снисходите, делаете одолжение да еще притворяетесь. У некоторых так и написано на лице: вот как я дурачусь с вами, такой солидный дядя, такая заслуженная тетя, как же с вами забавно, как мне не ай-яяй...

Некогда?.. Дел невпроворот?.. Устала, голова болит, диссертация на подходе?.. Ну а просто повозиться минут пять?! Устроить жмурки, кошки-мышки, возню-беготню!.. Страшно?.. В прятки?! В чепуху?! Войну косинусов и синусов, парад тангенсов и котангенсов, с неожиданным покушением?!

Вспомните, разве сами, в своем детстве вы не мечтали о настоящих, веселых, об ИГРОВЫХ РОДИТЕЛЯХ? Сколько было надежд, сколько терпеливого ожидания, что наконец откроется этот праздник!.. А потом, не дождавшись... Этот горький осадок, что детство не состоялось...

Ни праздность, ни рабский долг не создали ничего хорошего в этом мире. Все прекрасное рождено в содружестве Труда и Досуга, Серьезности и Игры. Давайте же искать способы наполнять праздником каждый будничный миг, каждое зернышко бытия превращать в СОБЫТИЕ.

НАШИ УСИЛИЯ НЕ ПРОПАДУТ, ОНИ СКАЖУТСЯ И В СЛЕДУЮЩИХ ПОКОЛЕНИЯХ...

Возымейте смелость отдаться детской игре изнутри, целиком — и вернутся в дома ваши мир, в души — свет, радость, счастье. Я вас зову!..

ПРОСТО ТАК

песенка для Макса, музыка его же

Шли однажды по дороге Чебурек и Чебурак.
Не спешили по тревоге, а гуляли просто так.
Не грустили, не скучали, не болтали, не молчали,
ни за что не отвечали, ничего не означали,
            а гуляли просто так. Просто так.

Шли, ни на кого не глядя Чебурак и Чебурек.
Им навстречу строгий дядя, очень важный человек.
Всеми пальцами грозя, он сказал им, что нельзя
не грустить и не скучать, не болтать и не молчать,
ни за что не отвечать, ничего не означать,
что нельзя быть Чебураком,
            что нельзя быть Чебуреком,
можно только человеком, да и то не просто так,
потому что нарушают. Никому не разрешают
на прогулки выходить без намордников.

Побежали по дороге Чебурек и Чебурак,
как медведи из берлоги, без защиты, без подмоги,
ой-ей-ей, давай бог ноги!.. Дальше дело было так.
Очутились на ограде, а навстречу строгий дядя,
искупались в водопаде, а навстречу строгий дядя,
всюду, спереди и сзади, в магазине, в зоосаде,
в винограде, в шоколаде, на торжественном параде
им навстречу — строгий дядя
            в наморднике.

И тогда Чебурек чебурахнулся,
            и тогда Чебурак чебурехнулся,
            и опять пошли гулять
                        просто так.

Детские картинки — это правды,
это много-много-много ах,
кашалоты, звезды, леопарды
и Господь с соломинкой в устах.

Ну а взрослые решают,
ну а взрослые внушают,
чья картинка хороша.
Ну а взрослые мешают,
на ушах у них лапша,
и не могут ни шиша.

Что такое время?
Дохлый ящер.
Он не пьет, не ест,
не плачет и не спит.
Притворяется живым
и настоящим,
а на самом деле
пакостью набит.

Из рисунков Володи и Маши Леви

И пока ученый муж сплетает
паутину из словесных бяк,
истина, как бабочка, летает,
гаснет на ладони, как светляк.

А душа левша,
а душа живет, шурша
кончиком карандаша..

ПЕРЕКРЕСТНЫЙ ОГОНЬ

ПСИХОДРАМА С РАЗВОДОМ

ИЗ НОВОЙ КНИГИ «ВВЕДЕНИЕ В РАЗВОДОВЕДЕНИЕ»

— ...Печальная типичность ситуации такова, что...

Д.С. — «Печальная типичность»?.. Иногда развод для детей очень даже не плох, я имею в виду превышение КПД над КВД.

— Что такое КВД?

— **Коэффициент вредного действия. Не говоря об алкоголиках, домашних тиранах и психопатах повышенного типа, но даже и просто при затяжных конфликтах...**

— Так ведь и я о том же. По-моему, если выбирать: война или развод, то развод — из двух зол меньшее.

— **Это по-вашему. А по-моему, надо спрашивать об этом еще и детей. Во-первых, до некоторых родительских войн ребенку просто нет дела...**

(Пауза).

— А во-вторых?

— **А во-вторых, если бы развод автоматически устранял конфликт. Полем военных действий, как правило, становится общий ребенок. А это уж, сами знаете...**

— Он и без развода арена битв. И ведь еще как разводиться. Вот год назад звонят давние приятели, муж и жена. «Приходи, у нас завтра праздник». — «Что, спрашиваю, за праздник?» — «Разводимся». — «Ну, поздравляю, — говорю — детки, дозрели». — «Вот-вот, — говорят (у них параллельные аппараты, как и у вас), — поняли мы теперь твою мысль, что брак явление устарелое». — «Это не моя мысль, говорю, книжки читать надо».

Пришел. Своя компания, замечательно посидели, не хуже, чем на свадьбе, кричали «горько»... Оба были помолодевшие, обнимались, целовались, плакали немножко...

— А дети?

— При сем присутствовали. Девочка 10 лет и пятилетний мальчишка. Им объяснили, что теперь у них будет не один дом, а два, папин и мамин. Девочка поняла. Мальчик спросил: «А зачем, разве нам одного дома не хватает?» Ему сказали: «Понимаешь, Сашок, нам с папой вдвоем стало тесно, боимся, что кусаться начнем. Мы лучше будем ходить друг к дружке в гости. Будем дружить». Он тоже сделал вид, будто понял.

— И как у них теперь?

— Папа женился второй раз, братик там появился. Первая и вторая жены подружились, папа с маминым другом тоже в приличных отношениях. Отпуск недавно провели все вместе, в байдарочной компании...

— **Ясно, случай один из миллиона, идиллия. Если вы поняли меня так, что взрослые должны мучиться ради детей, а тем и детей мучить, то вы ничего не поняли.**

— Кто же сказал, что понял.

— **Может, в почту заглянем?..**

Главной психотравмой моего детства был развод родителей в мои 6 лет. Отвратительный судебный процесс из-за квартиры длился 9 лет — претензия отца к матери. Слава Богу, закончили до моего совершеннолетия, а то пришлось бы свидетельствовать в суде.

Но травмой, наверное, был даже не факт, что они разошлись, а то, что я постоянно чувствовала, что в доме неладно. Мама почему-то до сих пор уверена, что я ничего НЕ МОГЛА ЗНАТЬ, ибо все тщательно скрывалось.

А я многое помню. Слушать было мерзко и одинаково жалко обоих.

Моя отцовская фамилия много лет остава-
лась в маминых устах ругательством. И до
сих пор означает «бездушный человек, эгоист, потребитель, скотина».

На случай моего плохого поведения, особенно вранья — а я много врала со страху —
имелся персональный ярлык «кровной дочери
подлеца». Это было даже не обзывательство,
а сожаление — бедное мое дитя, угораздило
же родиться от такого..

Настройка против образа отца-подлеца
забралась куда-то глубоко внутрь меня и
стала большой и чужой частью меня самой, то
и дело кусающей остальные части.

Частое поминание крови привело, наконец,
к четкому стремлению с этой кровью расстаться — буквально. В 14 лет я попыталась
вскрыть себе вены. *Марина.*

— Комментарий не нужен... А теперь маленькую
психодраму попробуем...

Я ребенок. Задавайте вопросы.

(*Долгая пауза*).

— Э-э... Гм... Мальчик, как тебя зовут?

— Не знаю.

— Как не знаешь? Ведь есть же у тебя имя. Тебе разве не говорили, как тебя зовут?

— Мама говорит, что я Митя. А папа говорит: Дима.

— Так ведь это одно и то же.

— Нет, не одно.

— Это Дмитрий. И Митя Дмитрий, и Дима Дмитрий.

— Я не Дмитрий.

— Как?.. Почему?

— Не хочу быть Дмитрием. Мне не нравится.

— Но ведь тебя не спра... А какое имя хотел бы?

— **Никакое.**

— Почему?

— **Потому что, когда у тебя нет имени, никто из-за тебя не ссорится, не дерется.**

— Ты так думаешь?.. Ну хорошо, а скажи...

— **Только не спрашивайте меня больше, пожалуйста, про моих папу и маму, ладно? Спрашивайте про других.**

— Хорошо. Скажи, как ты думаешь, это очень плохо, когда мама и папа ссорятся?

— **Нет.**

— Как ты сказал?

— **Я сказал: плохо не очень. Все ссорятся, а им нельзя?**

— А что такое плохо?

— **Когда папа и мама не хотят друг дружку простить.**

— А что такое очень плохо?

— **Когда не любят. И когда врут.**

— Это совсем плохо, да.

— **Это еще не совсем плохо.**

— А что же совсем плохо?

— **Совсем плохо, когда и тебя заставляют не любить. И заставляют врать.**

— Да... А тебя...

— **Дяденька, я же вас просил.**

— Извини...

— **Я знаю многих ребят, которых мамы заставляют не любить пап, а папы заставляют не любить мам.**

— Да, это они глупо делают...

— **И заставляют врать... А некоторых еще и заставляют любить новых пап и мам, и опять заставляют врать. Знаете, что получается с этими ребятами?..**

— Что?..

— Одному моему знакомому мальчику мама с шести лет твердила, что его папа плохой и что он ушел от них потому, что не любит их. Мальчик этому верил, но не любить своего плохого папу не мог. Только скрывал это и маме врал. И вот как-то с папой встретились. Мальчик сказал: «Папа, ты плохой. Я тебя люблю за то, что ты плохой. А маму люблю за то, что она хорошая». И заплакал.

— А папа?

— И папа заплакал... шепотом, про себя... А одна девочка, которую папа заставлял не любить маму...

(Очень долгая пауза).

...Девочка эта по решению суда жила с папой. Видеться с дочкой папа разрешал маме только в своем присутствии. Так и многие мамы делают, когда дети с ними...

Мама девочки от этого сходила с ума, а девочка не понимала, что происходит. Мама приходит и вместо того чтобы играть с ней, кусает губы и дергается, а папа смотрит на нее ледяными глазами... А когда мама уходит, говорит дочке, что мама ее не любит. Бесконечные похвалы и ласки, подарки, каких мама дарить не может. Папа даже машину купил и сказал, что это только для нее.

Как не любить папу — и как любить-не любить маму?..

Мама не отступалась. Опять состоялся суд в присутствии девочки. Папу адвокат мамы спросил: «Зачем вы купили дочке машину? Не кажется ли вам, что это преждевременно? Она еще долго не будет иметь водительских прав, машина за это время придет в негодность». — «Я купил машину для себя», — сказал папа.

Девочка вскакивает: — «Папа, ты же сказал, что для меня?!» Убежала. Ее больше не нашли...

Извините, я без предупреждения вышел из роли.

ПОДОЖДИ, КРАСНЫЙ СВЕТ

ИЗ ЗАПИСЕЙ Д.С.

...Вечером, выходя из диспансера, встретил Ксюшу С. Вел ее с пяти лет до одиннадцати — некоторые странности, постепенно смягчившиеся. (Мать лечилась у меня тоже.) Года три не появлялась. Бывший бесцветный воробышек оказался натуральной блондинкой, с меня ростом.

— Здрасте.

— Ксюша?.. Привет. Кстати, сколько сейчас времени... Мои стали.

— Двадцать две девятого.

— Попробовать подзавести... А где предки?

— Дома. Опять дерутся из-за моего воспитания.

— А что же не разняла?

— Надоело.

— Понятно. Ну пошли, проводишь? Мне в магазин. Ты сюда случайно забрела?

— Угу.

— Подожди, красный свет... А помнишь, кукла у тебя была... Танька, кажется?

— Сонька.

— Мы еще воевали, чтобы тебе в школу ее...

— Я и сейчас еще иногда с ней играю. Иногда...

— Жива, значит, старушка. Заслуженная артистка.

— Уже без рук, с одной ногой только... (Плачет.)

— Ксюша. Ну расскажи.

— Школу прогуливаю... Не могу... Развелись, а все равно еще хуже, никогда не разъедутся... Каждый день лаются. Мама кричит, что положит в больницу или сама ляжет. Папа сказал, что я расту б....ю, таким словом прямо и сказал, а у меня один Сашка, они его и не видели...

Мы с ним только целовались, больше ничего... Звонил мне два раза, мама не позвала... А другие звонки... Парни какие-то и девчонки доводят... Один раз папа подошел, а они: «Ваша Ксения трахалась в воскресенье». Папа трубку бросил, посмотрел страшно, а потом как заорет. И ударил... Я знаю, это Архимов из нашего дома, ему уже восемнадцать, он мне два раза уже предлагал... Один раз из лифта не выпускал. «Ты, сказал, уже раскупоренная бутылочка, по тебе видно...» — «А что видно?! Что?.. «

— Ксюша... Это же все чушь собачья... Архимов этот скотина. А папа... просто устал. И мама нездорова, ты понимаешь... Из-за моего воспитания тоже велись сражения. Знаешь, смахивало на то, как если бы хирурги на операции не поделили кишку или кусок сердца, поссорились, забыли о больном на столе и начали тыкать друг в друга скальпелями... Ты уже красивая стала, Ксюша.

— Собаку так и не завели... В больницу хотят класть...

— Не будет больницы, я тебе обещаю. А папу с мамой мы вразумим как-нибудь... Хоть сейчас. Зайдем вместе?..

— Лучше потом... Можно я с вами в продуктовый?..

Весь дальнейший наш разговор шел о знаменитом певце Небудуврать Непомнюкаком... Пока подошла очередь к кассе, меня успели порядочно просветить.

— Я им напишу две записки, каждому персонально, ладно?.. Приглашения... Вот черт, ни одной бумажки... На рецептурных бланках, сойдет?.. Это маме... А это папе.

— Лучше в почтовый ящик.

Поправила волосы взрослым жестом.

— А твой Саша, наверное, симпатичный парень, да?

— Да он... Ничего... На гитаре играет. Только маленький еще... Ему только пятнадцать.

— А, ну это не самый большой недостаток, мне тоже недавно было четырнадцать. Ну пока, Ксюша, жду...

НОКТЮРН СЫНУ

...Мы остались с тобой вдвоем, мой мальчик, ты спишь, а я думаю, как научиться быть взрослым... Ты так уверен, что я умею, всегда умел... А я не имею права тебя разуверять, до поры до времени...

Темно. Душно. Раскидываешься, бормочешь...

Не плачь, не просыпайся... Я слежу за полночью, я знаю расписание... Ты спи, а я тихонько расскажу тебе про нас с тобой, в одно касание...

> *Луна личинкой по небу ползет.*
> *Когда она устанет и окуклится,*
> *песчинками зажжется небосвод,*
> *и душный город темнотой обуглится...*
> *Не вспыхнет ни фонарик, ни свеча,*
> *лишь тишины беззвучное рыдание...*
> *И древние старухи, бормоча,*
> *пойдут во сне на первое свидание...*
> *И выйдет на дорогу Исполин.*
> *И вздрогнет город, темнотой оседланный.*
> *Он отряхнет кору песков и глин*
> *и двинется вперед походкой медленной.*
> *И будет шаг бесшумен и тяжел,*
> *и равномерно почвы колыхание,*
> *и будет город каждым этажом*
> *и каждой грудью знать его дыхание...*

Слушай, мой мальчик... Вот что спасет: строить Понимающий Мир. Начиная с себя.

Навык первый и главный: понимание непонимания.

Первое, мучительное, счастливое НЕ ПОНИМАЮ — главное, вечное!.. Строить Понимающий Мир — здесь, сегодня, сейчас, в своих обстоятельствах, в своем непонимающем окружении — это страшно трудно, мой мальчик, это немыслимо сложно — не на бумаге, а в жизни...

Как я обрадовался, открыв, что не понимаю себя. Как ужаснулся — увы, не вовремя, — что не понимал ни своих родителей, ни друзей и возлюбленных, ни твою маму...

Как и ты, я слишком торопился быть понятым...

Не знает свет, не понимает радуга,
как можно обходиться без лица
и для чего ночному стражу надобно
ощупывать уснувшие сердца...
Но я узнал, мне было откровение,
тот исполин в дозоре неспроста:
он гасит сны, он стережет забвение,
чтоб ты не угадал, что ночь пуста...

Непонимающий Мир огромен и страшен, наивен и лжив. Он живет и в тебе, и ты часть его.

Если сумеешь взрастить в себе хотя бы пылинку Понимания, хотя бы намек — ты не напрасен...

Ты уже не однажды испытал это счастье, припомни...

Пускай и неразделенное, Понимание не пропадает. Тайным узором навечно вплетается в ткань живого... Ты слышишь?.. Мы живем с тобой, чтобы что-то понять. Это невероятно важно, в этом великий смысл, даже если Понимание ничего не изменит. Жизнь — надежда понять...

...Ты спишь, мой маленький, а я вспоминаю, как горько плакал от двух горьких открытий.

Первое — смертность. «Неужели Я ТОЖЕ?.. Мама, как?! И ТЫ ТОЖЕ?..» Прошло. Принято. (Приговор-неизвестно-за-что-будет-приведен-в-исполнение — неизвестно-когда-подождем-посмотрим-авось-амнистия.)

Второе — бескрылость. Еще горше. Как всем детям, мне снилось, до сих пор иногда снится, что я летаю — с упоительной естественностью, как бывает, только когда просыпаешься в сон, а на самом-то деле всего лишь живешь, и украдкой об этом знаешь, и ждешь случая...

Когда-нибудь ты босиком побегаешь
по облакам, как наш бумажный змей,
но ты еще не знаешь, ты не ведаешь,
какая сила в слабости твоей...

*Тихо дышит над бумагой
голос детства. Не спеши,
не развеивай тумана,
если можешь, не пиши.*

*А когда созреют строки —
(семь бутонов у строки)
и в назначенные сроки
сон разбудит лепестки*

*и когда по шевеленью
ты узнаешь о плоде —
(по руке, по сожаленью,
по мерцающей звезде...)*

*на закрытые ресницы,
на седьмую их печать
сядут маленькие птицы,
сядут просто помолчать...*

знаю

что будет со мною

заранее знаю

идолом сделают

уши и нос обкарнают

но в Запределье

в мире высоком и тонком

вечным Ребенком останусь я

вечным Ребенком